圆桌旁的顶级谋算

揭秘二战期间国际会议及大国外交

余志和◎编著

世界知识出版社

图书在版编目（CIP）数据

圆桌旁的顶级谋算：揭秘二战期间国际会议及大国外交／
余志和编著. —北京：世界知识出版社，2015.3
ISBN 978-7-5012-4872-8

Ⅰ．①圆… Ⅱ．①余… Ⅲ．①国际会议—史料—世
界—1939～1945 ②国际关系史—史料—世界—1939～1945
Ⅳ．①D521 ②D819

中国版本图书馆CIP数据核字（2015）第043319号

责任编辑	余　岚
责任出版	刘　喆
责任校对	马莉娜

书　　名	圆桌旁的顶级谋算：揭秘二战期间国际会议及大国外交
	Yuanzhuo Pang de Dingji Mousuan: Jiemi Er'zhan Qijian Guoji Huiyi ji Daguo Waijiao
编　　著	余志和
出版发行	世界知识出版社
地址邮编	北京市东城区干面胡同51号（100010）
电　　话	010-65265923(发行)　010-85119023（邮购）
网　　址	www.wap1934.com
经　　销	新华书店
印　　刷	北京京科印刷有限公司
开本印张	720×1020毫米　1/16　21¼印张
字　　数	360千字
版次印次	2015年6月第一版　2015年6月第一次印刷
标准书号	ISBN 978-7-5012-4872-8
定　　价	48.00元

★★★ 目 录 ★★★

国际会议 01

联合国成立会议 03

    大西洋会议 03

    "世外桃源"里的联合国构想 10

    从敦巴顿橡树园到旧金山 16

    附：联合国宪章 27

卡萨布兰卡会议 53

太平洋会议 63

开罗会议 65

    会议概要 65

    《开罗宣言》毋庸置疑 73

    附：中美英三国开罗宣言 77

德黑兰会议 79

    会议概要 79

"三巨头"在德黑兰 ·· 82

"西塞罗"行动 ··· 117

附：苏美英三国德黑兰总协定 ························· 122

雅尔塔会议 ··· 125

会议概要 ··· 125

在雅尔塔的幕后 ·· 135

雅尔塔"谷地战役" ······································ 145

雅尔塔的秘密交易 ·· 148

中东铁路的变迁 ·· 156

外蒙古独立始末 ·· 160

附：苏美英三国关于日本的协定（雅尔塔协定）·········· 167

波茨坦会议 ··· 169

会议概要 ··· 169

苏美译员评波茨坦会议 ···································· 183

附：中美英三国促令日本投降之波茨坦公告 ············ 188

大国外交 ··· 191

欧非地区 ··· 193

绥靖政策酿恶果 ·· 193

附：关于捷克斯洛伐克割让苏台德领土给德国的协定 ······ 202

苏联"反革命军事法西斯组织"案 ····················· 205

苏德三次媾和秘档 ………………………………………… 210

附：苏德互不侵犯条约 …………………………………… 215

跨世纪的卡廷森林事件 …………………………………… 223

第二战场之争 ……………………………………………… 227

"月亮女神"钟情外交官 ………………………………… 241

冷战阴霾 …………………………………………………… 246

附：德国军事投降书 ……………………………………… 253

纽伦堡审判 ………………………………………………… 255

绞　刑 ……………………………………………………… 265

亚太地区 ………………………………………………… 273

东方慕尼黑阴谋 …………………………………………… 273

蒋介石与史迪威 …………………………………………… 277

日美博弈：边谈边备战 …………………………………… 283

日本二战末对外政策阴谋的破产 ………………………… 289

日本接受波茨坦公告 ……………………………………… 296

附：日本投降书 …………………………………………… 303

东京审判 …………………………………………………… 305

东条英机自杀未遂 ………………………………………… 312

执行死刑 …………………………………………………… 316

东京靖国神社供奉的日本战犯 …………………………… 321

中国审判日本战犯 ………………………………………… 327

国际会议

联合国成立会议 ★★★★

大西洋会议

1941年8月初，美国总统富兰克林·罗斯福兴致勃勃地向白宫记者团宣布，他将抽出一些时间去海上钓鱼。他的"波托马克"号游艇在马撒葡萄园岛附近随意游荡了几天，然后仿佛被鱼雷击沉了一样，消失得无影无踪。直到8月14日，全世界才获悉，当月9日—12日，他和英国首相温斯顿·丘吉尔在大西洋纽芬兰岛阿根夏湾的军舰上，举行了两国首脑会议。

这次会议被史学界称为"大西洋会议"。

纽芬兰岛位于北美洲东海岸外，海岸曲折，多半岛、港湾。冬冷夏凉，比较湿润，大部分地区生长着茂密的针叶林。东南面的纽芬兰浅滩地处寒流和暖流的交汇处，是世界上最大的渔场之一。该岛现为加拿大的一个省。

1939年9月1日德军入侵波兰后，法西斯铁蹄迅速踏遍了欧洲大陆。美国总统罗斯福陷入了进退两难的境地，情绪低落，甚至懒得待在办公室里。政府里的主战派对他施加了强大压力，要他马上站到英国人一边进行战争，而大批"孤立主义者"则对他间接支援英国进行攻击，甚至要他马上辞职。

1941年6月22日，纳粹德国突然对苏联发动闪电战，很快包围了列宁格勒，并夺占了首都莫斯科的西大门斯摩棱斯克。这个晴天霹雳使得整个美国从安静的麻木状态中惊醒过来。罗斯福异常冷静地抓住机会，决定到纽芬兰岛去同丘吉尔晤面，商讨严重的战争形势。

此前，即1940年9月2日，美英两国签订了一项交换协定：美国送给英国50艘一战时期生产的旧驱逐舰，条件是租借英国在巴哈马、牙买加、安提瓜、圣卢西亚、特立尼达和英属圭亚那、纽芬兰的阿根夏以及百慕大的基地99年。

↑1941年8月，英国首相丘吉尔（前排右）和美国总统罗斯福在大西洋的一艘军舰上举行了历史性的会见。这是两人在会谈期间做礼拜。

同年12月8日，丘吉尔在给罗斯福的一封信中写道，英国将无力偿还美国向英国提供的物资的费用。罗斯福为了使美国舆论界认识到美国继续支援英国的意义，便于当月16日在记者招待会上回应道，美国对英国的援助就好比帮助邻居救火。他说，为解燃眉之急，在把自己的橡皮管借给邻居时，不应在橡皮管值多少钱的问题上斤斤计较、纠缠不休。这就是二战史上著名的"橡皮管讲话"。12月29日，罗斯福又要求国会批准美国成为"民主国家的兵工厂"。

大西洋会议的主要成果是讨论了欧洲和亚洲局势，做出了相应的战略部署，确定了对德、对苏政策，一致同意对日本发出严重警告，并致函斯大林，建议三国在莫斯科举行会议，为援苏事宜做出正式安排。

8月9日晚上，双方在初步交谈中，对日本向东印度群岛和马来亚步步进逼的行径表示了严重的关切。丘吉尔和罗斯福认为，决不能让日本人越过法属印度支那的金兰湾，但仍应想方设法努力推迟太平洋战争的爆发。

"你说我们能争取到多长时间？"丘吉尔问。

"我想还能把日本拖上几个月。"罗斯福回答说。

丘吉尔要求美国立即对德宣战，但罗斯福认为，美国人民的思想准备还很不足。

翌日是星期日，英国人和美国人在"威尔士亲王"号上一起做了礼拜。罗斯福乘美国驱逐舰"麦克杜格尔"号前来参加。他念的经文是从《圣经·约书亚记》第一章里摘出来的："你平生的日子，必无一人能在你面前站立得住。我怎样与摩西同在，也必照样与你同在，我必不撇下你，也不丢弃你。你当刚强胆壮！"总统坐在英国军舰洒满阳光的后甲板上，不停地思索着这一场面的重大意义——两个以航海为业的伟大民族终于站在一起。

"啊，上帝，愿你在战争的日子里坚定我们的意志，"牧师祈祷说，"增强我们的决心：我们不是和人们为敌，而是反对奴役人们灵魂的黑暗势力，我们将战斗不息，直到一切敌对行为和压迫都被消灭干净，世界各国人民从恐惧中获得解放，作为上帝的孩子互相服务。"

祈祷之后，战舰上响起了年轻人雄壮的歌声，他们百感交集地高唱着罗斯福为这一天选定的一首水兵赞美诗：

永恒的上帝，万能的救世主，
汹涌的波涛已被你制服。
你挥动巨臂，力挽狂澜，
深邃的大海被迫就范。
啊，人们在海上遇难，
请倾听我们的呼唤。

总统心潮起伏，竭力抑制住刺眼的泪水。他情不自禁地向丘吉尔瞟了一眼，发现这位坚强的英国捍卫者正在偷偷地擦着眼泪。

这一天，当两国参谋人员开会研究战争形势时，英国外交部常务次官亚历山大·卡多根和美国代理国务卿萨姆纳·韦尔斯却在用心起草《致日本政府的平行的信件》。这封信将用电报的形式，从华盛顿、伦敦、阿姆斯特丹分别发往东京。信中说："日本在西南太平洋任何进一步的侵犯都将造成迫使美国—英国—荷兰政府采取反措施的一种局势，即使这些反措施可能导致美国—英国—荷兰和日本之间的战争；倘若任何第三国由于这些反措施或对这些反措施给以支持而竟成为日本侵略的对象，美国政府—英国政府—荷兰政府，将给予该第三国一切可能的援助。"

与此同时，罗斯福还做出承诺，说他回华盛顿后将召见日本驻美大使野村。8月17日，美国政府对野村发出警告："本政府现在感到有必要向日本政府表示，日本政府如果采取任何进一步的步骤，以武力推行其对邻国的军事统治或以武力相威胁的政策或计划，美国政府势将被迫立即采取它所认为的任何和一切必要的步骤，以保障美国和美国侨民的合法权利与利益，并确保美国的安全与安宁。"

会议期间，罗斯福和丘吉尔还"特别机密"地谈到了原子弹的研制工作。

"你们的人在核裂变方面，干了些什么没有？"罗斯福问道。

"干了不少，"丘吉尔回答，"快把彻韦尔教授请来！"

彻韦尔教授叙述了英国科学家在约翰·安德森爵士领导下进行的研究工作。研究成果和美国科学家所获得的结果极为相似。在某些方面，英国人还走在美国的前头。

"这东西可能厉害得不得了。"罗斯福指出，"我们最好联合起来干，抢在纳粹分子的前面。"

"非常正确。"丘吉尔说。

于是，双方立即达成一项互通情报的协议。

在向苏联提供援助方面，刚刚访问了莫斯科的总统顾问哈里·霍普金斯说，斯大林向西方盟国打开了他的"神秘账本"，已把坦克、枪炮、飞机和兵员的数字和盘托出，有关数字比人们猜测的要大得多。斯大林曾斩钉截铁地对霍普金斯表示："德国人今年拿不下莫斯科，我们有信心坚持到最后胜利！"

当然，会议期间，双方也有红脸的时候——罗斯福和丘吉尔曾就各自的殖民利益展开激烈的争论。罗斯福指责英帝国主义的关税限制和英德操纵世界贸易的行为，并且表示，大战以后，必须把英国殖民地问题拿出来讨论。丘吉尔予以严词驳斥，说他当英国首相的目的，"并不是来主持大英帝国的解体"。

美国历史学家内森·米勒在《罗斯福正传》一书中曾就此写道：

这两位领导人是带着互不相同的、需要优先处理的问题前来参加大西洋会议的。丘吉尔希望能够说服罗斯福参战，至少同英国一道，警告日本不要对马来亚和荷属东印度群岛发动进攻。这样做是为了遏制战争，不使战争蔓延。丘吉尔担心，日本人可能切断英国通向印度和东南亚的生命线，他认为要是发表一项强有力的宣言，日本人可能不得不三思而后行。罗斯福告诉英国人，他已经决定开始把船队最远护送到冰岛，这将使英国可腾出40艘驱逐舰和小型护卫舰去执行其他任务。他还同意向日本递交一份强硬的照会（国务卿赫尔后来降低了这份照会的调子），但是他不能答应美国将去参战。在大西洋会议上，他得到消息说，国会以只多一票的多数通过把应征入伍者的服役期再延长18个月，这好像是为了突出表明他的权力的局限性一样。

罗斯福在阿根夏的主要目标是发表一项阐明战争目标的联合宣言。尽管他同丘吉尔保持着诚挚的关系，但他并不完全相信英国人。他认为，这样一项宣言会防止英国和苏联达成干扰第一次世界大战后的和平解决办法的那种秘密协议。会议结束时发表的大西洋宪章包括罗斯福的"四大自由"，这使人们清楚地回想起伍德罗·威尔逊的十四点计划。它还宣告各国人民都享有自决权和对世界财富进行公平分配的权利，它宣布英国和美国不谋求任何新的领土。丘吉尔打消了罗斯福想迫使英国放松它的帝国作用的反殖民主义企图，而总统则坚决主张，在宪章上应删掉提到成立一个国际联盟式的国际组织的所有字眼，以免引起孤立主义者的怀疑。在私下，他希望美国、英国、苏联，也许还有中国——"四大警察"——在全世界维持治安，以保证这个国际组织不会由于它的许多成员国不能取得一致意见而陷于瘫痪。

8月12日，双方在罗斯福"奥古斯塔"号巡洋舰正方形的大船舱内，合力起草了一份联合声明。当时，船舱的墙壁和舷窗都沉浸在大西洋的浓雾中。在场的除了罗斯福和丘吉尔外，还有负责草拟初稿的亚历山大·卡多根、萨姆纳·韦尔斯、哈里·霍普金斯以及刚从英国飞来的比弗布鲁克勋爵。

总统用洪亮而动听的声音慢条斯理地口授道："美利坚合众国总统罗斯福和联合王国国王陛下政府代表首相丘吉尔先生，认为有必要……"

"总统先生，"丘吉尔插话说，"我们是否应该说：'经过会晤之后认为有必要'？"

"温斯顿，很好。"罗斯福大声说，"就这么说……"

他们逐字逐句地推敲着，有时意见一致，有时激烈争辩，就像一个雕塑家在把粗糙的花岗石雕琢成一块纪念碑一样。

8月13日，双方签署了联合声明。8月14日，联合声明正式公布。

联合声明共有八条，史称《大西洋宪章》。

美利坚合众国总统罗斯福和联合王国国王陛下政府代表首相丘吉尔经过会晤，认为他们两国国策中某些共同原则应该予以宣布。他们对于世界所抱有的一个美好未来局面的希望是以此项政策为根据。

（一）两国并不追求领土或其他方面的扩张。

（二）凡未经有关民族自由意志所同意的领土改变，两国不愿其实现。

（三）尊重各民族自由选择其所赖以生存的政府形式的权利。各民族中的主权和自治权有横遭剥夺者，两国俱欲设法予以恢复。

（四）两国在尊重它们的现有义务的同时，力使一切国家，不论大小，胜败，对于为了它们的经济繁荣所必需的世界贸易及原料的取得俱享受平等待遇。

（五）两国愿意促成一切国家在经济方面最全面的合作，以便向大家保证改进劳动标准，经济进步与社会安全。

（六）待纳粹暴政被最后毁灭后，两国希望可以重建和平，使各国俱能在其疆土以内安居乐业，并使全世界所有人类悉有自由生活，无所恐惧，亦不虞匮乏的保证。

（七）这样一个自由，应使一切人类可以横渡公海大洋，不受阻碍。

（八）两国相信世界所有各国，无论为实际上或精神上的原因，必须放弃使用武力。倘国际间仍有国家继续使用陆海空军军备，致在边境以外实施侵略威胁，或有此可能，则未来和平势难保持。两国相信，在广泛而永久的普遍安全制度未建立之前，此等国家军备的解除，实属必要。同时，两国当赞助与鼓励其他一切实际可行的措施，以减轻爱好和平人民对于军备的沉重负担。

弗兰克林·罗斯福

温斯顿·丘吉尔[①]

《大西洋宪章》作为一个重要文献，成了后来《联合国宪章》的基础。不过，罗斯福和丘吉尔本人当时对此并没有清晰、透彻的认识。美国历史学家詹姆斯·伯恩斯在《罗斯福：狮子与狐狸》一书中说："总统密切注意眼前的战术行动，而不大重视伟大的战略部署，因此，他和丘吉尔共同宣布的那个崇高的大西洋宪章，几乎只是7月间举行的大西洋会议的一个副产品。会议讨论的主要内容大部分是同两国事务密切相关的具体项目，如对生产、后勤、协调行动等问题以及谍报工作，都认真地加以考虑。崇高的宪章本身实际上都是匆匆写在零星的纸上，作为新闻发布的几项声明，但由于渴望获得总统领导和指示的美国人民予以接受，因此它便成为历史性的文献。"

8月13日，当丘吉尔乘"威尔士亲王"号离开阿根夏时，美国驱逐舰队把他的舰只一直护送到冰岛。丘吉尔后来在一次广播演说中谈道："就这

---

① 引自《国际条约集》（1934—1944），世界知识出版社1961年版，第337—338页。

样，我们乘风破浪，越洋返航，精神为之振奋，决心为之增强。正在给冰岛美国海军陆战队送文件的几艘美国驱逐舰，恰好与我们走的是同一航线，因此我们在海上成为旅行良伴。"

1941年9月，在伦敦召开的同盟国会议讨论了《大西洋宪章》。参加会议的有英国、苏联、比利时、卢森堡、荷兰、南斯拉夫、波兰、捷克斯洛伐克、希腊、挪威和"自由法国"。会上，罗斯福和丘吉尔联名致函斯大林，建议召开苏、美、英三国会议，讨论共同对德作战的问题和援苏问题。

9月24日，苏联发表声明，同意《大西洋宪章》的基本原则。

"世外桃源"里的联合国构想

大西洋会议后，美国一步步卷入了战争。

1941年9月4日，大西洋中突发"格里尔事件"：英国飞机通知正在驶往冰岛的美国"格里尔"号驱逐舰，说是在它附近发现了一艘德国潜艇。"格里尔"号按英机报告的方位，果然测出了附近的德军U-652号潜艇（艇长弗拉茨海军中尉）。英机用深水炸弹攻击潜艇，德国潜艇误将"格里尔"号当作进攻者，遂以鱼雷还击。随后，"格里尔"号也以深水炸弹回击，未中。9月11日，作为对"格里尔"号事件的回答，罗斯福总统发布了所谓"射击命令"。他宣布，轴心国的船只胆敢驶入为保障"美国防务所必须保护的"海域，一旦被发现，美方就立即射击。据认为，这是美国直接参战的一个标志性事件。

1941年9月29日到10月1日，苏、美、英三国会议在莫斯科召开。苏联代表团团长是外交人民委员莫洛托夫，英国代表团团长是军需大臣比弗布鲁克，美国代表团团长是罗斯福总统的特使哈里曼。斯大林也参加了这次会议。会议主要讨论了美英向苏联提供武器装备和战略物资的问题。斯大林在会前同丘吉尔的通信中，希望英国能在1941年内在巴尔干或法国开辟第二战场，以迫使德国从东线调走30—40个师。但英国当时自身难保，无法满足苏联的要求。

莫斯科会议取得了很大成果。1941年10月30日，罗斯福代表美国政府写信给斯大林，宣布给苏联10亿美元的无息贷款。11月7日，美国把租借法案①

---

① 1941年3月11日，当美国还是一个中立国时，罗斯福总统就签署了一项租借法案。法案准许美国总统在他认为某国的国防对美国国防有重要意义时，可采取出售、出租或出借的方式向该国提

扩大到苏联。到1941年年底，美国援助苏联204架飞机、182辆坦克；英国供给苏联669架飞机、487辆坦克和301支反坦克枪。

11月11日，美国又将租借法案扩大到适用于戴高乐领导的"自由法国"。

11月13日，美国修改中立法，准许美国商船在作战海域行驶，并为商船配备武器。

12月8日（东京时间），日本发动了太平洋战争，美国正式参加了第二次世界大战。

12月22日，美英两国首脑在华盛顿聚会，商讨两国的整个作战计划。这次会议的代号是"阿卡迪亚"，意为"世外桃源"。会议期间，美国倡议由所有对轴心国作战的国家建立一个国际组织，并为此签署一项共同宣言。美国提出的宣言草案经与英苏两国政府磋商并加以修改后，用急电发给各同盟国政府。12月27日，罗斯福和丘吉尔分批会见了各同盟国驻华盛顿大使，并告知他们这个宣言的内容。

关于新的国际组织的名称，曾有这样一段有趣的插曲：其时，当26个国家的代表在华盛顿准备签署这个共同宣言时，却突然遇到了一个"名称"问题。美国总统罗斯福和英国首相丘吉尔一直在围绕这个问题苦思冥想。一天晚上，罗斯福和丘吉尔就宣言的名字问题讨论了好几个小时："同盟"这个词，已被"神圣同盟"、"反法同盟"等称谓用滥；"联盟"又会使人联想到不光彩的"国际联盟"①。到底该用一个什么新名词呢？翌日早晨，罗斯福起床穿衣时突然叫了起来："我想出来了！"他坐着轮椅去找丘吉尔。丘吉尔正在洗澡。罗斯福对丘吉尔说："叫联合国行不行？"丘吉尔涂满肥皂的脸上绽开笑容，回答说："应该是行的。"就这样，"联合国"一词产生了，26国共同宣言也就称为《联合国家宣言》，后来又被译作《联合国宣言》。

供劳务或物资。只要总统同意，美国可同意该国付款或用实物偿还，或使美国直接或间接受益。此后受惠的国家有英国及其盟国、苏联、土耳其等受轴心国威胁的国家。虽然这一法律在1945年9月27日终止，但由于杜鲁门主义，租借法案又用另一形式继续存在，如马歇尔计划。

① 国际联盟简称"国联"，它是第一次世界大战的产物，是第一个立誓共同防御侵略、以非暴力方式解决争端的世界性的国际组织。一战期间，美国总统威尔逊就主张建立国际联盟。1920年1月10日，国际联盟正式成立，凡是在大战中对德奥集团宣战的国家和新成立的国家都是国际联盟的创始成员国。国际联盟的会员国此后由44个国家增加到63个国家。总部设在日内瓦。中国于1920年6月29日加入国际联盟。第二次世界大战后，由于国际联盟无法制止战争，因而被"联合国"取代。

1942年1月1日，26个国家的代表开始在《联合国家宣言》上签字。美、英、苏、中四国的代表罗斯福、丘吉尔、李维诺夫和中国新任外长宋子文，先在白宫罗斯福的书房里签了字。1月2日，宣言移放国务院，其余22国大使按英文字母顺序依次签了字。

《宣言》全文如下：

美利坚合众国、大不列颠和北爱尔兰联合王国、苏维埃社会主义共和国联盟、中国、澳大利亚、比利时、加拿大、哥斯达黎加、古巴、捷克斯洛伐克、多米尼加共和国、萨尔瓦多、希腊、危地马拉、海地、洪都拉斯、印度、卢森堡、荷兰、新西兰、尼加拉瓜、挪威、巴拿马、波兰、南非联邦、南斯拉夫各国的联合宣言。

本宣言签字国政府，

对于1941年8月14日美利坚合众国总统与大不列颠和北爱尔兰联合王国首相所作联合宣言称为大西洋宪章内所载宗旨与原则的共同方案业已表示赞同，深信完全战胜它们的敌国对于保卫生命、自由、独立和宗教自由并对于保全其本国和其他各国的人权和正义非常重要，同时，它们现在正对力图征服世界的野蛮和残暴的力量从事共同的斗争，兹宣告：

（一）每一政府各自保证对与各该政府作战的三国同盟成员国及其附从者使用其全部资源，不论军事的或经济的。

（二）每一政府各自保证与本宣言签字国政府合作，并不与敌人缔结单独停战协定或和约。

现在或可能将在战胜希特勒主义的斗争中给予物质上援助和贡献的其他国家得加入上述宣言。

1942年1月1日签字于华盛顿。

（各国代表签名略）

《大西洋宪章》和《联合国家宣言》，为联合国的成立奠定了基础。

在1943年的德黑兰会议期间，与会者一般性地谈到了世界战后的安排问题。11月29日，罗斯福同斯大林举行了为时45分钟的会谈，双方重点讨论了世界未来的国际关系格局。罗斯福认为，必须建立一个能够真正保障战后持久和平的组织，苏联方面表示赞同。罗斯福说，他设想在战争结束之后，应该在联合国家的原则基础上，成立一个世界性的组织，这个组织将不处理军事问题，也不应该像国际联盟那样行事。这个组织将由35个或者50个联合国家组成，它将只提出各种建议，不应有任何其他权力。

罗斯福解释说，这样的组织应该由三个层次的机构组成。最低层次是全体大会，中间层次是执行委员会，最高层次是"四警察"，即由美国、苏联、英国和中国组成的机构，这个机构将有权迅速处理任何对和平的威胁，以及任何突发事件。

斯大林问："这个组织的执行机构应由哪些国家组成？"

罗斯福回答："执行委员会应该包括苏联、大不列颠、美利坚合众国、中国、两个欧洲国家、一个南美国家、一个中东国家、一个亚洲国家（除中国外）、一个不列颠帝国自治领。"

他说，丘吉尔不同意后一个建议，因为这样一来，英国就只能有两票——大不列颠一票，自治领一票。

罗斯福接着说，他建议这个执行委员会要处理农业、粮食、经济和卫生保健问题[1]，还应设立警察委员会，组成该委员会的国家将负责维护和平和防止德国重新进行侵略。

当罗斯福提到警察委员会时，斯大林想知道，这个委员会是否能够通过对其他国家具有约束力的决议。他问道："如果某个国家拒绝执行这个委员会通过的决议，那该怎么办？"

罗斯福回答："在这种情况下，拒绝执行决议的国家就没有资格继续参加这一委员会的表决。"

"执行委员会和警察委员会将是总的组织的一部分，还是独立的机构？"

"这将是三个独立的机构。总组织将由35个联合国家组成。执行委员会由10个或11个国家组成。警察委员会则由四个大国组成。当出现侵略或其他某种破坏和平的危险时，必须有一个能够迅速行动的机构，因为那时甚至在执行委员会这样的机构里，都没有时间来讨论这类问题。"

---

[1] 在这方面的一个重要举措是，1943年9月，创建国际货币基金组织和世界银行的国际会议在华盛顿开幕，1944年7月在新罕布什尔的布雷顿森林结束。会议签订了《国际货币基金协定》。1945年12月27日，国际货币基金组织在华盛顿正式成立。据认为，正是布雷顿森林协定确立了美元的"霸主"地位。

"那就是说，这是一个带有强制性的机构？"

罗斯福没有直接回答。他说，他想举个例子，当1935年意大利对阿比西尼亚不宣而战时，他，罗斯福，曾请求法国和英国封锁苏伊士运河，使意大利无法继续进行这场战争。可是，无论是英国还是法国，都没有采取任何措施，却把这个问题提交给国际联盟解决，这就给意大利造成了继续侵略的机会。现在建议成立的这个机构只由四个大国组成，它将能够迅速行动，在类似的情况下，它能毫不拖延地做出封锁苏伊士运河的决定。

斯大林说："我理解这一点。"

罗斯福继续说，他很高兴能够向苏联主席介绍他的想法。他解释说，这些想法还很笼统，还需要进一步认真研究，其主旨是设法避免过去的错误。

斯大林听完美国总统的表述后，也发表了一些一般性的看法。他委婉地表示，中国的仗打得并不好，而且他不认为中国在战争结束时会是非常强大的国家。他说，欧洲的一些小国不会喜欢"四警察"组成的机构，例如，某个欧洲国家或许会对中国有权对它运用某种权力表示不满。

考虑到美国可能会坚持拉拢中国，斯大林提出了一个替代方案。他说，也许成立一个欧洲组织比较合适，这个组织有美国、英国和苏联三国或者还有某一个欧洲国家参加。此外，再成立另一个组织，如远东组织。苏联方面认为，总统提出的格局本身是好的，但是，也许要建立的不是一个组织，而是两个组织，一个是欧洲组织，另一个是远东组织或者也许是世界组织。这样的话，或者是一个欧洲组织和一个远东组织，或者是一个欧洲组织和一个世界组织。

斯大林问罗斯福对此有何意见，罗斯福回答说，这个建议在某种程度上和丘吉尔的建议不谋而合。英国也主张由"三警察"而不是"四警察"来治理世界。区别仅仅在于，丘吉尔建议成立一个欧洲组织、一个远东组织和一个美洲组织。但是，问题在于美国不能成为欧洲组织的成员。罗斯福说，只有像这场战争这样巨大的震撼，才能迫使美国派军队远渡重洋。

罗斯福仍然坚持自己的主张。他说，他不是没有认识到中国目前还很虚弱，但他想到了更远的将来，中国毕竟是一个有四亿人口的国家，把它当作朋友，总比把它当作一个潜在的麻烦要好得多。

由于美国的坚持，中国隐隐约约地进入了"世界警察"集团。

此后，丘吉尔为了抗衡美苏两国，又把法国拉入大国集团，"四警察"变成了"五警察"——这就是现今联合国安理会的五个常任理事国。

从敦巴顿橡树园到旧金山

1944年，反法西斯同盟国胜利在望。为了协调战后的国际关系，美、苏、英、中四国在华盛顿附近的敦巴顿橡树园举行了会议，史称"敦巴顿橡树园会议"。会议规划了联合国宪章的基本轮廓，解决了联合国建立的主要问题。

由于当时苏联以它还没有同日本开战为理由，不愿与中国代表坐在一张会议桌旁，最后各方商定，会议分为两个阶段：第一个阶段从1944年8月21日到9月28日，美、英、苏三国参加（"苏联阶段"），解决战后联合国的组织机构问题；第二个阶段从9月29日到10月7日，美、英、中三国参加（"中国阶段"），对联合国的组织机构进行更深入的讨论。

敦巴顿橡树园位于美国首都华盛顿豪华城区乔治顿的中心，给人的印象是孤寂清冷：两旁布满大树林立的空旷街道，还有一幢幢白色的住宅和碧绿的草坪。

这个古老的庄园曾经属于富有的美国外交官罗伯特·伍兹·布利斯的家族，后来成了哈佛大学的产业。1944年秋天，美国国务院临时租用了这个庄园。

办公场地是一栋大树环抱、爬满常春藤的三层别墅，它屹立在庭院尽头的小丘上。草地上的青草修剪得整整齐齐，夹竹桃开出粉红色的花朵。庭院的低处备有游泳池和淋浴间。

别墅第一层的窗户很高，安装着稀疏的窗棂。第二层的灰墙衬托出绿色的百叶窗，而第三层的窗户则像嵌在高大的瓦房顶上一样。

召集全体会议的大厅位于第一层，厅里砌着大理石壁炉，整面墙上挂着古老的壁毯，地板光亮如镜，天花板上悬着青铜枝形吊灯。这里没有讲究的家具，只为代表团摆了三张抛光的黑木长桌，另有一张小一点的桌子是为会议秘书处准备的。

除了这个大厅外，在楼的东侧还有一间不大的办公室，是为代表团的领导人开会预备的。办公室里装饰着浸染的柞木壁板、书架和壁炉。这个房间布置得比较舒适，备有柔软的圈椅和格绸蒙面的沙发，中间放着一张抛光的红木圆桌。

二楼是会议联合秘书处和每一个代表团的办公室。

会议开幕式

1944年8月21日上午近10时，会议参加者挤满了全体会议大厅。为此，在大厅的另一头，靠近灰色帷幔遮住的墙边，摆了一张小桌，是为美国国务卿科德尔·赫尔、美国代表团团长爱德华·斯退丁纽斯（副国务卿）、苏联代表团团长安·葛罗米柯（驻美大使）、英国代表团团长亚历山大·贾德干（外交部常务次官）、英国驻华盛顿大使哈里法克斯勋爵准备的。

主席团的桌子上放着一个主席用的小木槌和几个话筒。

当各国代表团在各自的桌旁就座后，会议领导人以及科德尔·赫尔和哈里法克斯勋爵步入大厅。掌声响起，赫尔躬了躬身子。他瘦高个子，举止端庄而安详。他们在帷幔前停了一会儿，交谈了几句，然后赫尔、葛罗米柯和斯退丁纽斯对了对表：10时整。赫尔走到桌子中央，葛罗米柯、斯退丁纽斯、贾德干和哈里法克斯在圈椅上坐了下来。

赫尔用小槌敲了三下，大厅里立刻安静下来。他戴上夹鼻眼镜，清了清嗓子，打开面前的文件夹，吱吱呀呀地念了起来：

我谨以罗斯福总统和我个人的名义，欢迎诸位到华盛顿来。在宣布这个重要会议开幕之际，我想以我们两个人的名义简单讲几点意见。我们今天开始的一系列会谈，标志着在各国之间建立有组织的和平关系的牢固体系方面，迈出了新的一步。我们是在自由力量在战争中已接近取得辉煌胜利的时刻聚在一起的。我们的任务是奠定一个基础，以便在此基础上，在赢得胜利和缔结和约之后，能够为下一代确保和平、自由和日新月异的繁荣。

这场战争的性质本身，迫使我们寻求确立一个以公正裁判和对某些国家持公正态度为基础的持久和平。我们过去是，而且至今仍然是善良的文明人视为无以复加的野蛮势力的猖狂行径的见证人。用现代科学技术的一切手段，以及如此强大的暴力和欺骗手段武装起来的这种势力，几乎得以使人类沦为奴隶。在侵略者准备进攻的那些年代里，爱好和平国家之间没有团结，它们没有力量，因为它们对面临的危险没有警惕和认识。现在，这些万恶势力已经面临彻底的毁灭，因为它们选定做牺牲品的那些国家终于实现了团结一致，并且武装起来。正是这一点，现在给我们带来胜利。

我们从过去的孤立分散和软弱无力中所吸取的教训，应当铭刻在我们这一代和下一代人的心灵深处；我们从团结一致和在这场战争中联合国家由此而积累起来的力量中所取得的经验，也应铭刻在心。为共同的利益和反对共同危险而共同一致行动，这是爱好和平国家在战争时期赖以确保自己的安全、秩序、进步、自由和正义的唯一有效办法。

……

大家都承认，任何一个和平安全组织，如果没有武力作为后盾（在采用任何其他手段仍无法维护和平时，得以最后用此手段），则必然要破产。这个武力应具有必要的规模，并能随时毫不犹豫地加以使用。世界各国应尽力拥有足够的武力，以便在必要时为制止对和平的破坏而采取共同行动。

赫尔发言后，又敲了一下小槌说："现在请苏联代表团团长葛罗米柯大使发言。请吧，大使先生……"

在葛罗米柯和贾德干相继发言后，赫尔对与会者表示感谢。他说："现在会议可以转而进行实际工作。"

8月22日上午10时30分开始举行的第一次全体会议一致达成协议：国际安全组织的主要机构应是"大会"和"理事会"。下午的指导委员会会议决定设立四个小组委员会，它们是起草小组委员会、法律小组委员会、安全问题小组委员会和军事代表小组委员会。

创始会员国

对于"联合国家"创始会员国的资格问题，美国提出，除了26个《联合国家共同宣言》签字国外，再增加八个未曾向轴心国宣战的国家，其中六个是拉美国家。苏联代表葛罗米柯提出，假如16个苏联加盟共和国也被列为创始会员国，苏联就同意接纳这八个非宣战国。闻此，美国代表大惊失色。罗斯福认为，苏联的要求就像美国要求接纳美国的48个州为联合国会员国一样，实在"荒谬"，他要求会议对此问题严加保密。

在8月29日下午举行的指导委员会例会上，苏联代表葛罗米柯再次提议把16个苏维埃共和国作为国际安全组织的创始会员国。他说："昨天谈到这个问题时，我只是想让其他两个代表团注意到这一点，但我并不坚持在敦巴顿橡树园会谈中进一步讨论这个问题。"

两天后，9月1日，罗斯福总统写信给斯大林说："在敦巴顿橡树园会议上您的代表团谈到，苏联政府可能希望考虑让16个苏维埃共和国分别为新的国际组织的成员。这个意见引起我的很大关注。尽管您的代表团已经表明，这个问题将不再在目前阶段的会谈中提出，但我感到我必须告诉您，就美国以及无疑就其他重要国家来说，如果在国际组织最后建立和开始工作以前的任何阶段提出这个问题，整个提案肯定会遭受危险。我希望您能在这个问题上使我放心。……现在把这个问题推迟并不会妨碍以后在大会成立时进行讨论。届时，大会有作出决定的全权。"

一周之后，9月7日，斯大林给罗斯福写了回信。他说："我认为，苏联代表团就这个问题发表声明是十分重要的。自从今年年初我国宪法做了某种改革以后，各苏维埃共和国政府都十分关心友好国家对苏联宪法规定的扩大它们在国际关系方面的权力的反应。您当然知道，举例来说，加入苏联的乌克兰和白俄罗斯，在人口的数量和政治作用上，都要超过某些我们大家都同意应当成为国际组织创始国的国家。因此，我希望能再有机会向您说明苏联代表团在敦巴顿橡树园会议上提出的这个问题的政治重要性。"

最后，敦巴顿橡树园会议决定推迟讨论这个问题，让"三巨头"到雅尔塔会议上去解决。

在1945年2月的美、苏、英三国首脑雅尔塔会议上，斯大林指出，美国能够影响拉丁美洲国家的投票，而英国人可以指望得到英联邦的投票，因此，苏联所有16个加盟共和国都应享有表决权。罗斯福反驳说，这等于让美国48个州中的每一个州都有一票。他接着提出了一个折中方案：一方面，美、英对苏作出让步，同意乌克兰和白俄罗斯为该组织创始国；另一方面，三方达成一项默契，如果美国要求增加投票权，苏英将支持美国享有同苏联相等的三票。然而，这一消息传出后，美国公众舆论指责美苏进行"幕后交易"，美国政府不得不于4月3日宣布，美国支持苏联的要求，但不为自己谋求三个投票权。

关于名称的讨论

8月31日下午，在安全问题小组委员会开会时，主持会议的斯退丁纽斯介绍说，名称汇录小组委员会已草拟了一个报告，提出了未来的国际组织的一些名称。接着，美国代表弗莱彻发言说明，拟将新的国际组织命名为"联合国家"。他认为，这一名称象征着在战争时期所取得的团结一致，这种团结一致在和平条件下必须保持下去。

英国代表鲍曼支持斯退丁纽斯的提议，他说，莫斯科宣言第五条也用"联合国家"，这个名称已经以自己的军事成就和反轴心国的共同斗争驰名世界。

苏联代表葛罗米柯说，这是一个新的建议，因为英国和美国此前的备忘录均未提及。

英国代表杰布提请注意，该国的一份备忘录提到，"联合国家"这个词现在已被普遍使用，因此看来没有充分理由以任何别的名称来代替。

苏联代表答应考虑这项提议。

随后，会议讨论了基本文件的名称问题。贾德干声明，虽然还不知道本国政府的最后决定，但他估计不会反对"宪章"这个名词。葛罗米柯说，这在俄文的翻译上可能出现困难，并且问道，按英文的理解，"宪章"和"规约"这两个词是否有本质上的区别？弗莱彻解释说，"宪章"是更为广义的一个词。

在后来的讨论中，英国代表马尔金说，"规约"这个词对国际法院更为适宜，如果也用这个词作为联合国组织基本文件的名称，可能造成混乱。苏联代表索波列夫提出，对于"宪章"这个词，苏联已用于"大西洋宪章"，因此对于安全组织的主要文件采用同英文含义相同的俄文名词"规约"可能更好些。英国和美国代表继续坚持用"宪章"一词。葛罗米柯最后说，苏联代表团将对这个问题进行仔细研究。

在下一次会议上，葛罗米柯宣布：苏联同意"宪章"这一名称。

会议在讨论未来的国际组织各主要机构的名称时，斯退丁纽斯说，两个主要的名称是联合国家"大会"和"安全理事会"。葛罗米柯指出，如果这个组织的名称是"联合国家"，那么"安全"可以用来命名一个主要机构，即命名理事会。英国和美国代表同意用"大会"和"安全理事会"这两个名称。

当转到讨论理事会和大会的领导职务名称时，委员会成员对"主席"一词达成协议。

接着，大家一致赞同"国际法院"的提法，同时商定，秘书处主要职务的名称是联合国家"秘书长"。

安理会投票程序

联合国的前身是国际联盟，这个组织在二战的最初几年就已名存实亡，因为它没有能力制止纳粹德国和日本法西斯的侵略。在创建新的安全组织时，三大国代表都认为，必须吸取国际联盟可悲的教训。因此，他们在敦巴顿橡树园的谈判中，对未来世界组织的领导机构之一——安理会的表决程序问题，给予了特别的注意。然而，恰恰在这个最重要的问题上，橡树园会议遇到了最大的困难。

按照《提案》，"联合国家"包括大会、安理会、国际法庭和秘书处四个主要机构。安理会负有维护世界和平的主要责任，由美、英、苏、中、法五个常任理事国和六个非常任理事国组成。谈判的所有参加者原则上认为，安理会通过重要决议时，需要它的常任理事国的一致同意，即每个成员都有否决权，因为它们肩负着维护和平的主要责任。但是，英美代表却建议，当问题涉及与安理会某个常任理事国有关的争端时，就需要把相关问题作为例外加以处理。在这种情况下，该国的代表就不能参加表决。在当时世界上只有苏联一个社会主义国家的情况下，苏联当然害怕孤立，因此，葛罗米柯提出，如果采纳这样的建议，大国的"行动一致"就会遭到破坏；假如安理会某个常任理事国被剥夺了参加表决的权利，而安理会又在该国缺席的情况下通过决议，甚至是通过反对它的决议，那它们的合作就会受到严重损害。

葛罗米柯在会上多次重申了苏联政府的这一立场："不允许对大国一致的原则作任何改变。一致的原则是业已商定的基础，大家都应从这一基础出发。显然，仅仅就因为正是这些大国对维持和平承担主要责任这一简单事实，它们在联合国组织中就该占有特殊地位。鉴于小国的一贯做法，相信它们会接受这一原则。"

英国代表认为，如果通过苏联方面所坚持的原则，那就没有一个英国自治领同意加入新的国际安全组织。

斯退丁纽斯也道出了他的疑虑：如果把在这个问题上的观点分歧公之于众，将会造成不良后果。如果到会议结束时不在这个问题上发表任何声明，这将被认为是敦巴顿橡树园会晤的失败。

葛罗米柯反驳说："不要预先就认为，对各国人民的安全负有主要责任的大国会马上卷入争端。相反，应该期望，它们在战争中成功的合作以及它们目前为人类的安全所进行的斗争，就是今后对维持和平也具有重大意义。"

"这样一来，"斯退丁纽斯意味深长地说，"会议已到了转折关头。我必须指出，如果就这一主要问题能推敲出大家都能接受的措词，那么，就其他各项条款达成协议就不会发生困难。"

由于出现僵持局面，华盛顿决定施加新的压力。在葛罗米柯会见科德尔·赫尔时，后者提请苏联大使注意，美国很重视安理会的投票程序。赫尔要求把美国的观点转告莫斯科。罗斯福总统9月8日约见苏联大使时表示，有关"绝对否决权"的任何建议，无论在美国国会或在同其他联合国家的关系中，都会造成很大困难。第二天，罗斯福给斯大林发出一封私人密信说："我和您的大使就敦巴顿橡树园会议的进展情况进行了一次有趣的和愉快的会谈。目前显然还有一个重要问题，我们还没有达成协议，这就是理事会的投票问题。我们和英国坚决主张理事会在做出决定时，争端的当事各方不应参加投票，即使一方是理事会的常任理事国，但我从您的大使那里知道，您的政府持有相反的意见。"

罗斯福说，按照美国的传统，他不能背离美国人提出的原则，更何况在他看来，小国会把这一点看作是大国企图把自己置于法律之上的表现。

罗斯福在信的结尾写道："因此，我希望您能指示您的代表团，同意我们关于投票问题的建议。如果能做到这一点，敦巴顿橡树园会谈就能迅速地结束而取得完全的和出色的成功。"

斯大林的回信日期是9月14日。他写道："我认为，理事会的投票程序，对于这个国际安全组织的工作的成就将有不小的意义，因为非常重要的是，理事会的工作应当建立在四大国对所有问题（包括与每一大国直接有关的问题）进行协商并一致同意的原则的基础之上。我认为，美国最初提出的建议是正确的，它主张为与安理会一个或数个常任理事国直接有关的争端规定一个特别的投票程序。否则，我们在德黑兰会议上本着首先保证四大国行动一致（这种一致是为防止未来的侵略所必需的）的原则所达成的协议就将化为泡影。自然，这种一致要求各大国之间没有猜疑。至于苏联，它不能忽视目前存在的某些无稽的偏见，这种偏见往往妨碍对苏联采取真正客观的态度。此外，其他国家也应考虑各大国之间缺乏一致会有什么样的后果。我希望您能了解这些考虑的重要性，并希望我们能在这个问题上取得一致的协议。"

由于意见不能统一，敦巴顿橡树园会议的议案只说"安理会的投票程序仍在考虑之中"。

中国登上国际舞台

中国国民政府对在战后成立一个新的国际组织早有筹谋，相关部门提出了多个方案。蒋介石在获悉会议消息后，曾致电美国总统罗斯福，表示中国将积极参加会议，并且指出，如果没有东方人民的代表，会议将对世界一半人口失去意义。

出席敦巴顿橡树园会议的中国代表团由驻英大使顾维钧、外交部次长胡世泽、驻美大使魏道明和驻美军事代表团团长商震组成，顾维钧任首席代表，正在美国的行政院副院长孔祥熙奉蒋介石之令"就近指导"。

中国在第二阶段会议上除同意前一阶段的议案外，还补充了三点重要建议：1. 在和平解决争端上，国际组织应适当考虑正义和国际法原则；2. 大会应承担国际法的编纂和发展的任务；3. 经济及社会理事会应扩大到教育和其他文化合作。中国的建议先后取得美、英、苏的赞同。

经过会谈，会议通过了关于建立普遍性国际组织的议案，而议案规定了联合国的宗旨和原则，规定了联合国大会、安全理事会、秘书处等主要机构的组织和职权，并对维护国际和平及安全以及关于国际经济与社会合作的问题作出了安排。

会议决定：大会的重要决议由与会国2／3的多数票通过，一般决议由简单多数票通过。同时，议案提出：一致同意中国在未来的联合国安理会中拥有常任理事国的席位。

会议虽然在常任理事国、安理会的否决权、创始会员国的资格等问题上存在分歧，但它通过的议案最终成了1945年旧金山会议制定的《联合国宪章》的基础。因此，美国总统罗斯福将会议的这个议案称为"国际政治合作的奠基石"，苏联领导人斯大林也认为，这次会议是"联合国家战线的鲜明标志"。

1945年4月25日至6月26日，《联合国宪章》制宪会议在美国旧金山富丽堂皇的市歌剧院召开。此时，欧亚大陆满目疮痍，苏军的柏林战役也已进入激烈的巷战阶段，而旧金山市区却呈现出一派热闹繁华的气氛。根据1945年2月雅尔塔会议的决议，这个重要会议由中、苏、美、英四国发起，有50个国家派代表参加。大会有正式代表282名，而顾问、翻译、秘书、工作人员、记者多达5400多人。波兰虽未派代表与会，但会议为它保留了创始会员国的资格。

中国代表团引起了与会者的广泛关注，因为它由国民党、共产党、民盟和无党派人士共同组成。

起初，蒋介石想由国民党一党包办一切，但遭到中国共产党和民主党派的强烈反对。1945年2月18日，毛泽东表示，旧金山会议应反映民主同盟联合提出的要求。同日，周恩来致电美国驻华大使赫尔利，指出参加旧金山会议的中国代表团应包括国民党、共产党和民主同盟，并具体要求三方各占1/3的名额。3月7日，中共方面拟派周恩来、董必武、博古三人参加代表团，但被国民政府拒绝。

⬆ 董必武在《联合国宪章》上签字。

1945年3月1日，中国驻英国大使、职业外交家顾维钧回到重庆，从国家和民族利益出发，力主扩大代表团的政治基础和规模。3月6日，蒋介石的立场有所松动，但仅同意增派一名妇女代表和一名无党派代表作为顾问参加会议。3月19日，国民党内定了总共八人的中国代表团名单，完全把中国共产党和民盟排除在外。

由于中国共产党坚持不懈的斗争，美国总统罗斯福终于致电蒋介石，用委婉的外交辞令对他施压，表达了中国代表团中应该包括中共代表的意思。顾维钧也向蒋介石衷心进言。最后，蒋介石被迫做出让步，选择顾维钧推荐的"通晓国际事务"的董必武作为中共代表。

3月27日，国民政府行政院正式公布了出席旧金山联合国制宪会议的10位代表名单：代理行政院院长宋子文（首席代表）、驻英大使顾维钧、国民参政会主席王宠惠、驻美大使魏道明、前驻美大使胡适、民社党代表张君劢、青年党代表李璜、前南京金陵女子大学校长吴贻芳、中共代表董必武、《大公报》总编辑胡霖。4月中下旬，代表团和随从人员共90余人相继启程赴美。这是国共自1927年分裂以来，唯一一次共同组团参加的重大国际会议。

对于联合国旧金山制宪会议，各国代表都给予了高度重视。截至1945年5月5日，大会秘书处共收到36个国家提出的1200个修正案。

会议共分三个阶段进行，分别就会议的组织工作、宪章内容、宪章条文的审定，进行了激烈的辩论。中国代表团提出的关于国际法院、非联合国会员国的权利、安理会非常任理事国的地域分配等三点重要建议，都被会议接受，并被写进了《联合国宪章》。

大会期间，中国首席代表宋子文因忙于与美国洽商财政事宜，具体事务实际上由顾维钧负责处理。他在大国间斡旋调停，得到各国的一致好评。美国首席代表、国务卿斯退丁纽斯盛赞他"在各种委员会讨论微妙问题时，善于运用机智，贡献颇多"。富有长者风范的中共代表董必武和蔼可亲，为代表团的团结协作作出了贡献。他作为中国代表中最年长的一位，受到其他代表团成员的尊重。

会议期间，中国代表团举办了一场记者会。大家事先约定不谈内政，用"我是中国代表，代表中国"来统一发声。600多名中外记者出席了记者会。宋子文在会上宣读了一项共同起草的声明，取得了一定的宣传效果。还有记者问董必武："您是否认为旧金山会议的成功有助于造成中国政治上更大的团结与和谐？"董必武的回答准确、简洁而有分寸："是的，但不是直接的影响。"

旧金山制宪会议决定，联合国总部设在美国纽约，但是在瑞士的日内瓦增设欧洲办事处。会议还决定，联合国大会、安理会和其他机构的会议通常在总部举行。

会议通过的《联合国宪章》共19章、111条。它规定联合国的宗旨是："维护国际和平及安全"，"发展国际间以尊重人民平等权利及自决原则为根据之友好关系"，"制止侵略行为"，"促成国际合作"等。《宪章》规定联合国及其成员国应遵循的原则是：各国主权平等；以和平方法解决国际争端；联合国不得干涉各国的政策。《宪章》还规定了会员国的义务和权利以及六个主要联合国机构的职能范围。

6月26日，各国代表签署了《联合国宪章》。签字仪式是在退伍军人纪念堂举行的。大礼堂的讲台上插着数十面会员国的国旗，大圆桌上放着五种文本的《宪章》。

签字仪式上，由于中国代表团在发起国中按英文字母顺序排在第一位，代理宋子文担任首席代表的顾维钧便第一个在《宪章》上写下了自己的名字。中国共产党的代表董必武也走上前去，用毛笔签上了自己的大名。接着是苏联、英国、法国三个常任理事国的代表，而其他国家则依照各自国名的英文字母顺序签字。美国作为东道国，最后一个签字（杜鲁门总统在场）。波兰代表其后补签。整个签字仪式持续了八个小时。

6月26日这一天，后来被定为联合国的"宪章日"。

《联合国宪章》在很大程度上决定了当今世界的面貌。

附：联合国宪章①

【题注】《联合国宪章》是1945年6月26日由中、苏、美、英、法等51国代表制订和签署的（波兰代表后来补签）。同年10月24日，《宪章》生效，联合国随之诞生。中国系联合国创始成员国，分别于1945年6月26日和9月28日签署和批准《宪章》。

《联合国宪章》全文如下：

我联合国人民

同兹决心

欲免后世再遭今代人类两度身历惨不堪言之战祸，

重申基本人权，人格尊严与价值，以及男女与大小各国平等权利之信念，

创造适当环境，俾克维持正义，尊重由条约与国际法其他渊源而起之义务，久而弗懈，

促成大自由中之社会进步及较善之民生，

并为达此目的

力行容恕，彼此以善邻之道，和睦相处，

集中力量，以维持国际和平及安全，

接受原则，确立方法，以保证非为公共利益，不得使用武力，

运用国际机构，以促成全球人民经济及社会之进展，

用是发愤立志，务当同心协力，以竟厥功。

---

① 引自《影响世界的著名文献—法律·军事卷》，顾问费孝通，主编邢贲思等，新华出版社1997年版，第769—805页。

爰由我各本国政府，经齐集旧金山市之代表各将所奉全权证书，互相校阅，均属妥善，议定本联合国宪章，并设立国际组织，定名联合国。

第一章　宗旨及原则

第一条

联合国之宗旨为：

一、维持国际和平及安全；并为此目的：采取有效集体办法，以防止且消除对于和平之威胁，制止侵略行为或其他和平之破坏；并以和平方法且依正义及国际法之原则，调整或解决足以破坏和平之国际争端或情势。

二、发展国际间以尊重人民平等权利及自决原则为根据之友好关系，并采取其他适当办法，以增强普遍和平。

三、促成国际合作，以解决国际间属于经济、社会、文化及人类福利性质之国际问题，且不分种族、性别、语言或宗教，增进并激励对于全体人类之人权及基本自由之尊重。

四、构成一协调各国行动之中心，以达成上述共同目的。

第二条

为求实现第一条所述各宗旨起见，本组织及其会员国应遵行下列原则：

一、本组织系基于各会员国主权平等之原则。

二、各会员国应一秉善意，履行其依本宪章所担负之义务，以保证全体会员国由加入本组织而发生之权益。

三、各会员国应以和平方法解决其国际争端，俾免危及国际和平、安全及正义。

四、各会员国在其国际关系上不得使用威胁或武力，或以与联合国宗旨不符之任何其他方法，侵害任何会员国或国家之领土完整或政治独立。

五、各会员国对于联合国依本宪章规定而采取之行动，应尽力予以协助，联合国对于任何国家正在采取防止或执行行动时，各会员国对该国不得给予协助。

六、本组织在维持国际和平及安全之必要范围内，应保证非联合国会员国遵行上述原则。

七、本宪章不得认为授权联合国干涉在本质上属于任何国家国内管辖之事件，且并不要求会员国将该项事件依本宪章提请解决；但此项原则不妨碍第七章内执行办法之适用。

第二章　会　员

第三条

凡曾经参加旧金山联合国国际组织会议或前此曾签字于1942年1月1日联合国宣言之国家，签订本宪章，且依宪章第一百一十条规定而予以批准者，均为联合国之创始会员国。

第四条

一、凡其他爱好和平之国家，接受本宪章所载之义务，经本组织认为确能并愿意履行该项义务者，得为联合国会员国。

二、准许上述国家为联合国会员国，将由大会经安全理事会之推荐以决议行之。

第五条

联合国会员国，业经安全理事会对其采取防止或执行行动者，大会经安全理事会之建议，得停止其会员权利及特权之行使。此项权利及特权之行使，得由安全理事会恢复之。

第六条

联合国之会员国中，有屡次违犯本宪章所载之原则者，大会经安全理事会之建议，得将其由本组织除名。

第三章　机　关

第七条

一、兹设联合国之主要机关如下：

大会、安全理事会、经济及社会理事会、托管理事会、国际法院及秘书处。

二、联合国得依本宪章设立认为必需之辅助机关。

第八条

联合国对于男女均得在其主要及辅助机关在平等条件之下，充任任何职务，不得加以限制。

第四章　大　会

组　织

第九条

一、大会由联合国所有会员国组织之。

二、每一会员国在大会之代表，不得超过五人。

职　权

第十条

大会得讨论本宪章范围内之任何问题或事项，或关于本宪章所规定任何机关之职权；并除第十二条所规定外，得向联合国会员国或安全理事会或兼向两者，提出对各该问题或事项之建议。

第十一条

一、大会得考虑关于维持国际和平及安全之合作之普通原则，包括军缩及军备管制之原则；并得向会员国或安全理事会或兼向两者提出对于该项原则之建议。

二、大会得讨论联合国任何会员国或安全理事会或非联合国会员国依第三十五条第二项之规定向大会所提关于维持国际和平及安全之任何问题；除第十二条所规定外，并得向会员国或安全理事会或兼向两者提出对于各该项问题之建议。凡对于需要行动之各该项问题，应由大会于讨论前或讨论后提交安全理事会。

三、大会对于足以危及国际和平与安全之情势，得提请安全理事会注意。

四、本条所载之大会权力并不限制第十条之概括范围。

第十二条

一、当安全理事会对于任何争端或情势，正在执行本宪章所授予该会之任务时，大会非经安全理事会请求，对于该项争端或情势，不得提出任何建议。

二、秘书长经安全理事会之同意，应于大会每次会议时，将安全理事会正在处理中关于维持国际和平及安全之任何事件，通知大会；于安全理事会停止处理该项事件时，亦应立即通知大会，或在大会闭会期内通知联合国会员国。

第十三条

一、大会应发动研究，并作成建议：

（子）以促进政治上之国际合作，并提倡国际法之逐渐发展与编纂。

（丑）以促进经济、社会、文化、教育及卫生各部门之国际合作，且不分种族、性别、语言或宗教，助成全体人类之人权及基本自由之实现。

二、大会关于本条第一项(丑)款所列事项之其他责任及职权，于第九章及第十章中规定之。

第十四条

大会对于其所认为足以妨害国际间公共福利或友好关系之任何情势，不论其起源如何，包括由违反本宪章所载联合国之宗旨及原则而起之情势，得建议和平调解办法，但以不违背第十二条之规定为限。

第十五条

一、大会应收受并审查安全理事会所送之常年及特别报告；该项报告应载有安全理事会对于维持国际和平及安全所已决定或施行之办法之陈述。

二、大会应收受并审查联合国其他机关所送之报告。

第十六条

大会应执行第十二章及第十三章所授予关于国际托管制度之职务，包括关于非战略防区托管协定之核准。

第十七条

一、大会应审核本组织之预算。

二、本组织之经费应由各会员国依照大会分配限额担负之。

三、大会应审核经与第五十七条所指各种专门机关订定之任何财政及预算办法，并应审查该项专门机关之行政预算，以便向关系机关提出建议。

投　票

第十八条

一、大会之每一会员国，应有一个投票权。

二、大会对于重要问题之决议应以到会及投票之会员国三分之二多数决定之。此项问题应包括：关于维持国际和平及安全之建议，安全理事会非常任理事国之选举，经济及社会理事会理事国之选举，依第八十六条第一项(寅)款所规定托管理事会理事国之选举，对于新会员国加入联合国之准许，会员国权利及特权之停止，会员国之除名，关于施行托管制度之问题，以及预算问题。

三、关于其他问题之决议，包括另有何种事项应以三分之二多数决定之问题，应以到会及投票之会员国过半数决定之。

第十九条

凡拖欠本组织财政款项之会员国，其拖欠数目如等于或超过前两年所应缴纳之数目时，即丧失其在大会投票权。大会如认拖欠原因，确由于该会员国无法控制之情形者，得准许该会员国投票。

程　序

第二十条

大会每年应举行常会，并于必要时，举行特别会议。特别会议应由秘书长经安全理事会或联合国会员国过半数之请求召集之。

第二十一条

大会应自行制定其议事规则。大会应选举每次会议之主席。

第二十二条

大会得设立其认为于行使职务所必需之辅助机关。

第五章　安全理事会

组　织

第二十三条

一、安全理事会以联合国十五个会员国组织之。中华民国、法兰西、苏维埃社会主义共和国联盟、大不列颠及北爱尔兰联合王国及美利坚合众国应为安全理事会常任理事国。大会应选举联合国其他十会员国为安全理事会非常任理事国，选举时首宜充分斟酌联合国各会员国在维持国际和平与安全及本组织其余各宗旨上之贡献，并宜充分斟酌地域上之公匀分配。

二、安全理事会非常任理事国任期定为二年。安全理事会理事国自十一国增至十五国后第一次选举非常任理事国时，所增四国中两国之任期应为一年。任满之理事国不得即行连选。

三、安全理事会每一理事国应有代表一人。

职　权

第二十四条

一、为保证联合国行动迅速有效起见，各会员国将维持国际和平及安全之主要责任，授予安全理事会，并同意安全理事会于履行此项责任下之职务时，即系代表各会员国。

二、安全理事会于履行此项职务时，应遵照联合国之宗旨及原则。为履行此项职务而授予安全理事会之特定权力，于本宪章第六章、第七章、第八章及第十二章内规定之。

三、安全理事会应将常年报告、并于必要时将特别报告，提送大会审查。

第二十五条

联合国会员国同意依宪章之规定接受并履行安全理事会之决议。

第二十六条

为促进国际和平及安全之建立及维持，以尽量减少世界人力及经济资源之消耗于军备起见，安全理事会借第四十七条所指之军事参谋团之协助，应负责拟具方案，提交联合国会员国，以建立军备管制制度。

投 票

第二十七条

一、安全理事会每一理事国应有一个投票权。

二、安全理事会关于程序事项之决议，应以九理事国之可决票表决之。

三、安全理事会对于其他一切事项之决议，应以九理事国之可决票包括全体常任理事国之同意票表决之；但对于第六章及第五十二条第三项内各事项之决议，争端当事国不得投票。

程 序

第二十八条

一、安全理事会之组织，应以使其能继续不断行使职务为要件。为此目的，安全理事会之各理事国应有常驻本组织会所之代表。

二、安全理事会应举行定期会议，每一理事国认为合宜时得派政府大员或其他特别指定之代表出席。

三、在本组织会所以外，安全理事会得在认为最能便利其工作之其他地点举行会议。

第二十九条

安全理事会得设立其认为于行使职务所必需之辅助机关。

第三十条

安全理事会应自行制定其议事规则，包括其推选主席之方法。

第三十一条

在安全理事会提出之任何问题，经其认为对于非安全理事会理事国之联合国任何会员国之利益有特别关系时，该会员国得参加讨论，但无投票权。

第三十二条

联合国会员国而非为安全理事会之理事国，或非联合国会员国之国家，如于安全理事会考虑中之争端为当事国者，应被邀参加关于该项争端之讨论，但无投票权。安全理事会应规定其所认为公平之条件，以便非联合国会员国之国家参加。

第六章　争端之和平解决

第三十三条

一、任何争端之当事国，于争端之继续存在足以危及国际和平与安全之维持时，应尽先以谈判、调查、调停、和解、公断、司法解决、区域机关或区域办法之利用、或各该国自行选择之其他和平方法，求得解决。

二、安全理事会认为必要时，应促请各当事国以此项方法，解决其争端。

第三十四条

安全理事会得调查任何争端或可能引起国际摩擦或惹起争端之任何情势，以断定该项争端或情势之继续存在是否足以危及国际和平与安全之维持。

第三十五条

一、联合国任何会员国得将属于第三十四条所指之性质之任何争端或情势，提请安全理事会或大会注意。

二、非联合国会员国之国家如为任何争端之当事国时，经预先声明就该争端而言接受本宪章所规定和平解决之义务后，得将该项争端，提请大会或安全理事会注意。

三、大会关于按照本条所提请注意事项之进行步骤，应遵守第十一条及第十二条之规定。

第三十六条

一、属于第三十三条所指之性质之争端或相似之情势，安全理事会在任何阶段，得建议适当程序或调整方法。

二、安全理事会对于当事国为解决争端业经采取之任何程序，理应予以考虑。

三、安全理事会按照本条作成建议时，同时理应注意凡具有法律性质之争端，在原则上，理应由当事国依国际法院规约之规定提交国际法院。

第三十七条

一、属于第三十三条所指之性质之争端，当事国如未能依该条所示方法解决时，应将该项争端提交安全理事会。

二、安全理事会如认为该项争端之继续存在，在事实上足以危及国际和平与安全之维持时，应决定是否当依第三十六条采取行动或建议其所认为适当之解决条件。

第三十八条

安全理事会如经所有争端当事国之请求，得向各当事国作成建议，以求争端之和平解决，但以不妨碍第三十三条至第三十七条之规定为限。

第七章　对于和平之威胁、和平之破坏及侵略行为之应付办法

第三十九条

安全理事会应断定任何和平之威胁、和平之破坏或侵略行为之是否存在，并应作成建议或抉择依第四十一条及第四十二条规定之办法，以维持或恢复国际和平及安全。

第四十条

为防止情势之恶化，安全理事会在依第三十九条规定作成建议或决定办

法以前，得促请关系当事国遵行安全理事会所认为必要或合宜之临时办法。此项临时办法并不妨碍关系当事国之权利、要求或立场。安全理事会对于不遵行此项临时办法之情形，应予适当注意。

第四十一条

安全理事会得决定所应采武力以外之办法，以实施其决议，并得促请联合国会员国执行此项办法。此项办法得包括经济关系、铁路、海运、航空、邮电、无线电及其他交通工具之局部或全部停止，以及外交关系之断绝。

第四十二条

安全理事会如认第四十一条所规定之办法为不足或已经证明为不足时，得采取必要之空海陆军行动，以维持或恢复国际和平及安全。此项行动得包括联合国会员国之空海陆军示威、封锁及其他军事举动。

第四十三条

一、联合国各会员国为求对于维持国际和平及安全有所贡献起见，担任于安全理事会发令时，并依特别协定，供给为维持国际和平及安全所必需之军队、协助及便利，包括过境权。

二、此项特别协定应规定军队之数目及种类，其准备程度及一般驻扎地点，以及所供便利及协助之性质。

三、此项特别协定应以安全理事会之主动，尽速议订。此项协定应由安全理事会与会员国或由安全理事会与若干会员国之集团缔结之，并由签字国各依其宪法程序批准之。

第四十四条

安全理事会决定使用武力时，于要求非安全理事会会员国依第四十三条供给军队以履行其义务之前，如经该会员国请求，应请其遣派代表，参加安全理事会关于使用其军事部队之决议。

第四十五条

为使联合国能采取紧急军事办法起见，会员国应将其本国空军部队为国际共同执行行动随时供给调遣。此项部队之实力与准备之程度，及其共同行动之计划，应由安全理事会以军事参谋团之协助，在第四十三条所指之特别协定范围内决定之。

第四十六条

武力使用之计划应由安全理事会以军事参谋团之协助决定之。

第四十七条

一、兹设立军事参谋团，以便对于安全理事会维持国际和平及安全之军事需要问题，对于受该会所支配军队之使用及统率问题，对于军备之管制及可能之军缩问题，向该会贡献意见并予以协助。

二、军事参谋团应由安全理事会各常任理事国之参谋总长或其代表组织之。联合国任何会员国在该团未有常任代表者，如于该团责任之履行在效率上必需该国参加其工作时，应由该团邀请参加。

三、军事参谋团在安全理事会权力之下，对于受该会所支配之任何军队，负战略上之指挥责任；关于该项军队之统率问题，应待以后处理。

四、军事参谋团，经安全理事会之授权，并与区域内有关机关商议后，得设立区域分团。

第四十八条

一、执行安全理事会为维持国际和平及安全之决议所必要之行动，应由联合国全体会员国或由若干会员国担任之，一依安全理事会之决定。

二、此项决议应由联合国会员国以其直接行动及经其加入为会员之有关国际机关之行动履行之。

第四十九条

联合国会员国应通力合作，彼此协助，以执行安全理事会所决定之办法。

第五十条

安全理事会对于任何国家采取防止或执行办法时，其他国家，不论其是否为联合国会员国，遇有因此项办法之执行而引起之特殊经济问题者，应有权与安全理事会会商解决此项问题。

第五十一条

联合国任何会员国受武力攻击时，在安全理事会采取必要办法，以维持国际和平及安全以前，本宪章不得认为禁止行使单独或集体自卫之自然权利。会员国因行使此项自卫权而采取之办法，应立即向安全理事会报告，此项办法于任何方面不得影响该会按照本宪章随时采取其所认为必要行动之权责，以维持或恢复国际和平及安全。

第八章　区域办法

第五十二条

一、本宪章不得认为排除区域办法或区域机关、用以应付关于维持国际和平及安全而宜于区域行动之事件者；但以此项办法或机关及其工作与联合国之宗旨及原则符合者为限。

二、缔结此项办法或设立此项机关之联合国会员国，将地方争端提交安全理事会以前，应依该项区域办法，或由该项区域机关，力求和平解决。

三、安全理事会对于依区域办法或由区域机关而求地方争端之和平解决，不论其系由关系国主动，或由安全理事会提交者，应鼓励其发展。

四、本条绝不妨碍第三十四条及第三十五条之适用。

第五十三条

一、安全理事会对于职权内之执行行动，在适当情形下，应利用此项区域办法或区域机关。如无安全理事会之授权，不得依区域办法或由区域机关采取任何执行行动；但关于依第一百零七条之规定对付本条第二项所指之任何敌国之步骤，或在区域办法内所取防备此等国家再施其侵略政策之步骤，截至本组织经各关系政府之请求，对于此等国家之再次侵略，能担负防止责任时为止，不在此限。

二、本条第一项所称敌国系指第二次世界大战中为本宪章任何签字国之敌国而言。

第五十四条

关于为维持国际和平及安全起见，依区域办法或由区域机关所已采取或正在考虑之行动，不论何时应向安全理事会充分报告之。

第九章 国际经济及社会合作

第五十五条

为造成国际间以尊重人民平等权利及自决原则为根据之和平友好关系所必要之安定及福利条件起见，联合国应促进：

（子）较高之生活程度，全民就业，及经济与社会进展。

（丑）国际间经济、社会、卫生及有关问题之解决；国际间文化及教育合作。

（寅）全体人类之人权及基本自由之普遍尊重与遵守，不分种族、性别、语言或宗教。

第五十六条

各会员国担允采取共同及个别行动与本组织合作，以达成第五十五条所载之宗旨。

第五十七条

一、由各国政府间协定所成立之各种专门机关，依其组织约章之规定，于经济、社会、文化、教育、卫生及其他有关部门负有广大国际责任者，应依第六十三条之规定使与联合国发生关系。

二、上述与联合国发生关系之各专门机关，以下简称专门机关。

第五十八条

本组织应作成建议，以调整各专门机关之政策及工作。

第五十九条

本组织应于适当情形下，发动各关系国间之谈判，以创设为达成第五十五条规定宗旨所必要之新专门机关。

第六十条

履行本章所载本组织职务之责任，属于大会及大会权力下之经济及社会理事会。为此目的，该理事会应有第十章所载之权力。

第十章　经济及社会理事会

组　织

第六十一条

一、经济及社会理事会由大会选举联合国五十四会员国组织之。

二、除第三项所规定外，经济及社会理事会每年选举理事九国，任期三年。任满之理事国得即行连选。

三、经济及社会理事会理事国自二十七国增至五十四国后第一次选举时，除选举理事九国接替任期在该年年终届满之理事国外，应另增选理事二十七国。增选之理事二十七国中，九国任期一年，另九国任期二年，一依大会所定办法。

四、经济及社会理事会之每一理事国应有代表一人。

职　权

第六十二条

一、经济及社会理事会得作成或发动关于国际经济、社会、文化、教育、卫生及其他有关事项之研究及报告；并得向大会、联合国会员国及关系专门机关提出关于此种事项之建议案。

二、本理事会为增进全体人类之人权及基本自由之尊重及维护起见，得作成建议案。

三、本理事会得拟具关于其职权范围内事项之协约草案，提交大会。

四、本理事会得依联合国所定之规则召集本理事会职务范围以内事项之国际会议。

第六十三条

一、经济及社会理事会得与第五十七条所指之任何专门机关订立协定，订明关系专门机关与联合国发生关系之条件。该项协定须经大会之核准。

二、本理事会，为调整各种专门机关之工作，得与此种机关会商并得向其提出建议，并得向大会及联合国会员国建议。

第六十四条

一、经济及社会理事会得取适当步骤，以取得专门机关之经常报告。本理事会得与联合国会员国及专门机关商定办法，俾就实施本理事会之建议及大会对于本理事会职权范围内事项之建议所采之步骤，取得报告。

二、本理事会得将对于此项报告之意见提送大会。

第六十五条

经济及社会理事会得向安全理事会供给情报，并因安全理事会之邀请，予以协助。

第六十六条

一、经济及社会理事会应履行其职权范围内关于执行大会建议之职务。

二、经大会之许可，本理事会得应联合国会员国或专门机关之请求，供其服务。

三、本理事会应履行本宪章他章所特定之其他职务，以及大会所授予之职务。

投　票

第六十七条

一、经济及社会理事会每一理事国应有一个投票权。

二、本理事会之决议，应以到会及投票之理事国过半数表决之。

程 序

第六十八条

经济及社会理事会应设立经济与社会部门及以提倡人权为目的之各种委员会，并得设立于行使职务所必需之其他委员会。

第六十九条

经济及社会理事会应请联合国会员国参加讨论本理事会对于该国有特别关系之任何事件，但无投票权。

第七十条

经济及社会理事会得商定办法使专门机关之代表无投票权而参加本理事会及本理事会所设各委员会之讨论，或使本理事会之代表参加此项专门机关之讨论。

第七十一条

经济及社会理事会得采取适当办法，俾与各种非政府组织会商有关于本理事会职权范围内之事件。此项办法得与国际组织商定之，关于适当情形下，经与关系联合国会员国会商后，得与该国国内组织商定之。

第七十二条

一、经济及社会理事会应自行制定其议事规则，包括其推选主席之方法。

二、经济及社会理事会应依其规则举行必要之会议。此项规则应包括因理事国过半数之请求而召集会议之条款。

第十一章 关于非自治领土之宣言

第七十三条

联合国各会员国，于其所负有或承担管理责任之领土，其人民尚未臻自治之充分程度者，承认以领土居民之福利为至上之原则，并接受在本宪章所建立之国际和平及安全制度下，以充量增进领土居民福利之义务为神圣之信托，且为此目的：

（子）于充分尊重关系人民之文化下，保证其政治、经济、社会及教育之进展，予以公平待遇，且保障其不受虐待。

（丑）按各领土及其人民特殊之环境、及其进化之阶段，发展自治；对各该人民之政治愿望，予以适当之注意；并助其自由政治制度之逐渐发展。

（寅）促进国际和平及安全。

（卯）提倡建设计划，以求进步；奖励研究；各国彼此合作，并于适当之时间及场合与专门国际团体合作，以求本条所载社会、经济及科学目的之实现。

（辰）在不违背安全及宪法之限制下，按时将关于各会员国分别负责管理领土内之经济、社会及教育情形之统计及具有专门性质之情报，递送秘书长，以供参考。本宪章第十二章及第十三章所规定之领土，不在此限。

第七十四条

联合国各会员国共同承诺对于本章规定之领土，一如对于本国区域，其政策必须以善邻之道奉为圭臬；并于社会、经济及商业上，对世界各国之利益及幸福，予以充分之注意。

第十二章　国际托管制度

第七十五条

联合国在其权力下，应设立国际托管制度，以管理并监督凭此后个别协定而置于该制度下之领土。此项领土以下简称托管领土。

第七十六条

按据本宪章第一条所载联合国之宗旨，托管制度之基本目的应为：

（子）促进国际和平及安全。

（丑）增进托管领土居民之政治、经济、社会及教育之进展；并以适合各领土及其人民之特殊情形及关系人民自由表示之愿望为原则，且按照各托管协定之条款，增进其趋向自治或独立之逐渐发展。

（寅）不分种族、性别、语言或宗教，提倡全体人类之人权及基本自由之尊重，并激发世界人民互相维系之意识。

（卯）于社会、经济及商业事件上，保证联合国全体会员国及其国民之平等待遇，及各该国民于司法裁判上之平等待遇，但以不妨碍上述目的之达成，且不违背第八十条之规定为限。

第七十七条

一、托管制度适用于依托管协定所置于该制度下之下列各种类之领土：

（子）现在委任统治下之领土。

（丑）因第二次世界大战结果或将自敌国割离之领土。

（寅）负管理责任之国家自愿置于该制度下之领土。

二、关于上列种类中之何种领土将置于托管制度之下，及其条件，为此后协定所当规定之事项。

第七十八条

凡领土已成为联合国之会员国者，不适用托管制度；联合国会员国间之关系，应基于尊重主权平等之原则。

第七十九条

置于托管制度下之每一领土之托管条款，及其更改或修正，应由直接关系各国、包括联合国之会员国而为委任统治地之受托国者，予以议定，其核准应依第八十三条及第八十五条之规定。

第八十条

一、除依第七十七条、第七十九条及第八十一条所订置各领土于托管制度下之个别托管协定另有议定外，并在该项协定未经缔结以前，本章任何规定绝对不得解释为以任何方式变更任何国家或人民之权利、或联合国会员国个别签订之现有国际约章之条款。

二、本条第一项不得解释为对于依第七十七条之规定而订置委任统治地或其他领土于托管制度下之协定，授以延展商订之理由。

第八十一条

凡托管协定均应载有管理领土之条款，并指定管理托管领土之当局。该项当局，以下简称管理当局，得为一个或数个国家，或为联合国本身。

第八十二条

于任何托管协定内，得指定一个或数个战略防区，包括该项协定下之托管领土之一部或全部，但该项协定并不妨碍依第四十三条而订立之任何特别协定。

第八十三条

一、联合国关于战略防区之各项职务，包括此项托管协定条款之核准、及其更改或修正，应由安全理事会行使之。

二、第七十六条所规定之基本目的，适用于每一战略防区之人民。

三、安全理事会以不违背托管协定之规定且不妨碍安全之考虑为限，应利用托管理事会之协助，以履行联合国托管制度下关于战略防区内之政治、经济、社会及教育事件之职务。

第八十四条

管理当局有保证托管领土对于维持国际和平及安全尽其本分之义务。该当局为此目的得到用托管领土之志愿军、便利及协助，以履行该当局对于安全理事会所负关于此点之义务，并以实行地方自卫，且在托管领土内维持法律与秩序。

第八十五条

一、联合国关于一切非战略防区托管协定之职务，包括此项托管协定条款之核准及其更改或修正，应由大会行使之。

二、托管理事会于大会权力下，应协助大会履行上述之职务。

第十三章　托管理事会

组　织

第八十六条

一、托管理事会应由下列联合国会员国组织之：

（子）管理托管领土之会员国。

（丑）第二十三条所列名之国家而现非管理托管领土者。

（寅）大会选举必要数额之其他会员国，任期三年，俾使托管理事会理事国之总数，于联合国会员国中之管理托管领土者及不管理者之间，得以平均分配。

二、托管理事会之每一理事国应指定一特别合格之人员，以代表之。

职　权

第八十七条

大会及在其权力下之托管理事会于履行职务时得：

（子）审查管理当局所送之报告。

（丑）会同管理当局接受并审查请愿书。

（寅）与管理当局商定时间，按期视察各托管领土。

（卯）依托管协定之条款，采取上述其他行动。

第八十八条

托管理事会应拟定关于各托管领土居民之政治、经济、社会及教育进展之问题单；就大会职权范围内，各托管领土之管理当局应根据该项问题单向大会提出常年报告。

投　票

第八十九条

一、托管理事会之每一理事国应有一个投票权。

二、托管理事会之决议应以到会及投票之理事国过半数表决之。

程　序

第九十条

一、托管理事会应自行制定其议事规则，包括其推选主席之方法。

二、托管理事会应依其所定规则，举行必要之会议。此项规则应包括关于经该会理事国过半数之请求而召集会议之规定。

第九十一条

托管理事会于适当时，应利用经济及社会理事会之协助，并对于各关系事项，利用专门机关之协助。

第十四章　国际法院

第九十二条

国际法院为联合国之主要司法机关，应依所附规约执行其职务。该项规约系以国际常设法院之规约为根据，并为本宪章之构成部分。

第九十三条

一、联合国各会员国为国际法院规约之当然当事国。

二、非联合国会员国之国家得为国际法院规约当事国之条件，应由大会经安全理事会之建议就各别情形决定之。

第九十四条

一、联合国每一会员国为任何案件之当事国者，承诺遵行国际法院之判决。

二、遇有一造不履行依法院判决应负之义务时，他造得向安全理事会申诉。安全理事会如认为必要时，得作成建议或决定应采办法，以执行判决。

第九十五条

本宪章不得认为禁止联合国会员国依据现有或以后缔结之协定，将其争端托付其他法院解决。

第九十六条

一、大会或安全理事会对于任何法律问题得请国际法院发表咨询意见。

二、联合国其他机关及各种专门机关，对于其工作范围内之任何法律问题，得随时以大会之授权，请求国际法院发表咨询意见。

第十五章　秘书处

第九十七条

秘书处置秘书长一人及本组织所需之办事人员若干人。秘书长应由大会经安全理事会之推荐委派之。秘书长为本组织之行政首长。

第九十八条

秘书长在大会、安全理事会、经济及社会理事会、及托管理事会之一切会议，应以秘书长资格行使职务，并应执行各该机关所托付之其他职务。秘书长应向大会提送关于本组织工作之常年报告。

第九十九条

秘书长得将其所认为可能威胁国际和平及安全之任何事件，提请安全理事会注意。

第一百条

一、秘书长及办事人员于执行职务时，不得请求或接受本组织以外任何政府或其他当局之训示，并应避免足以妨碍其国际官员地位之行动。秘书长及办事人员专对本组织负责。

二、联合国各会员国承诺尊重秘书长及办事人员责任之专属国际性，决不设法影响其责任之履行。

第一百零一条

一、办事人员由秘书长依大会所定章程委派之。

二、适当之办事人员应长期分配于经济及社会理事会、托管理事会，并于必要时，分配于联合国其他之机关。此项办事人员构成秘书处之一部。

三、办事人员之雇用及其服务条件之决定，应以求达效率、才干及忠诚之最高标准为首要考虑。征聘办事人员时，于可能范围内，应充分注意地域上之普及。

第十六章　杂项条款

第一百零二条

一、本宪章发生效力后，联合国任何会员国所缔结之一切条约及国际协定应尽速在秘书处登记，并由秘书处公布之。

二、当事国对于未经依本条第一项规定登记之条约或国际协定，不得向联合国任何机关援引之。

第一百零三条

联合国会员国在本宪章下之义务与其依任何其他国际协定所负之义务有冲突时，其在本宪章下之义务应居优先。

第一百零四条

本组织于每一会员国之领土内，应享受于执行其职务及达成其宗旨所必需之法律行为能力。

第一百零五条

一、本组织于每一会员国之领土内，应享受于达成其宗旨所必需之特权及豁免。

二、联合国会员国之代表及本组织之职员，亦应同样享受于其独立行使关于本组织之职务所必需之特权及豁免。

三、为明定本条第一项及第二项之施行细则起见，大会得作成建议，或为此目的向联合国会员国提议协约。

第十七章　过渡安全办法

第一百零六条

在第四十三条所称之特别协定尚未生效，因而安全理事会认为尚不得开始履行第四十二条所规定之责任前，1943年10月30日在莫斯科签订四国宣言之当事国及法兰西应依该宣言第五项之规定，互相洽商，并于必要时，与联合国其他会员国洽商，以代表本组织采取为维持国际和平及安全宗旨所必要之联合行动。

第一百零七条

本宪章并不取消或禁止负行动责任之政府对于在第二次世界大战中本宪章任何签字国之敌国因该次战争而采取或受权执行之行动。

第十八章　修正

第一百零八条

本宪章之修正案经大会会员国三分之二表决并由联合国会员国三分之二，包括安全理事会全体常任理事国，各依其宪法程序批准后，对于联合国所有会员国发生效力。

第一百零九条

一、联合国会员国，为检讨本宪章，得以大会会员国三分之二表决，经安全理事会任何九理事国之表决，确定日期及地点举行全体会议。联合国每一会员国在全体会议中应有一个投票权。

二、全体会议以三分之二表决所建议对于宪章之任何更改，应经联合国会员国三分之二、包括安全理事会全体常任理事国，各依其宪法程序批准后，发生效力。

三、如于本宪章生效后大会第十届年会前，此项全体会议尚未举行时，应将召集全体会议之提议列入大会该届年会之议事日程；如得大会会员国过半数及安全理事会任何七理事国之表决，此项会议应即举行。

第十九章　批准及签字

第一百一十条

一、本宪章应由签字国各依其宪法程序批准之。

二、批准书应交存美利坚合众国政府。该国政府应于每一批准书交存时通知各签字国，如本组织秘书长业经委派时，并应通知秘书长。

三、一俟美利坚合众国政府通知已有中华民国、法兰西、苏维埃社会主义共和国联盟、大不列颠及北爱尔兰联合王国与美利坚合众国以及其他签字国之过半数将批准书交存时，本宪章即发生效力。美利坚合众国政府应拟就此项交存批准之议定书并将副本分送所有签字国。

四、本宪章签字国于宪章发生效力后批准者，应自其各将批准书交存之日起为联合国之创始会员国。

第一百一十一条

本宪章应留存美利坚合众国政府之档库，其中、法、俄、英、及西文各本同一作准。该国政府应将正式副本分送其他签字国政府。

为此联合国各会员国政府之代表谨签字于本宪章，以昭信守。公历1945年6月26日签订于旧金山市。

卡萨布兰卡会议 ★★★★

　　1942年11月8日，英美在北非实施"火炬"计划，50万大军分别在阿尔及尔、奥兰和卡萨布兰卡等港口登陆，继而向东推进，同从埃及发起进攻的英军第8集团军（司令蒙哥马利）会合，力图把北非变成此后在地中海和巴尔干作战的出发阵地。

　　在盟军登陆北非的第二天——11月9日，法国维希政府①在希特勒的威逼下，宣布与美国断绝外交关系。法国驻北非全权代表达尔朗则在登陆盟军的压力下，于11月10日向北非法军发出了停火命令。希特勒看到这种形势变化，便于当晚8时下令德军进驻法国维希政府统治的法国南部地区。11日早晨，德国机械化部队和意大利的六个师占领了法国的所谓"自由区"，维希政府就此垮台。

　　11月13日，美国代表克拉克同达尔朗签订一项协议，承认达尔朗对北非的领导权，并让他出任高级专员兼海军总司令，吉罗②则出任地面部队和空军总司令。协议规定，法军要积极配合盟军解放突尼斯。16日，"法国元首"贝当宣布解除达尔朗的一切职务，任命赖伐尔总理为他的代理人和继承人。

　　12月23日，达尔朗被年轻的戴高乐分子邦内·德·拉·沙佩勒刺杀身亡，吉罗于是接掌了政权。此后，法军与英美盟军之间的合作更为紧密。1943年1月初，法军加入了盟军行列。

---

　　① 1940年6月，法国投降。7月1日，法国政府迁都小城维希，管辖法国南部地区，成为受德国操纵的傀儡政权，即所谓"维希政府"。7月10日，法国国民议会投票中止了1875年颁布的法兰西第三共和国宪法，把立法、司法和行政权力移交给了国家元首。11日，在勒布伦总统引退后，84岁的贝当元帅自任"法国元首"，成了那个时期名副其实的独裁者。

　　② 亨利·吉罗，法国将军。1936年任法国第9集团军司令，1940年5月18日被俘，1942年在盟军帮助下潜逃脱险，并在达尔朗海军上将之后担任阿尔及利亚军政首长。

⬆吉罗、罗斯福、戴高乐和丘吉尔在卡萨
布兰卡会议上合影。

⬆美军登陆卡萨布兰卡。

　　由于德国非洲军团正在受到美英部队的夹击，而在苏德战场上，德军第6集团军又被围困在斯大林格勒，因此，盟国制定未来战略的时机已经到来。罗斯福敦促斯大林和丘吉尔同他一道举行一次会议，但是斯大林表示拒绝。斯大林提出的理由是，他不能在苏联在斯大林格勒发动反攻的时刻离开他的国家。对此，罗斯福感到失望。

　　会议地点首先考虑在冰岛，但很快就被否定了。后来又想到摩洛哥的马拉喀什（在柏柏尔语中，其意为"上帝的故乡"）。筹备人员准备为会议征用著名的马莫尼饭店，而将两巨头安置在著名的泰勒别墅。这个地方对丘吉尔是如此有吸引力，以致在会议结束之后，他还劝请罗斯福去那儿小住了几天。但是，马拉喀什是一个阿拉伯人的大城市，警戒极其不易。最后，双方选定了摩洛哥濒临大西洋的卡萨布兰卡新城外的安法。

　　为两巨头的会晤选择的这个地点，从舒适和美观的角度来看，当然无可挑剔。但是，他们的顾问们仍然提心吊胆。总统和首相要在两个星期的时间里不在新闻中露面，实在令人难以想象。况且，卡萨布兰卡不久前还处在德国人的控制之下，即使是现在，到处也都还有德国的特工人员，该地又处在德国的空袭范围之内。

　　安法这个地方极富讽刺意味，因为它先后是意大利和德国的裁减军备委员会的总部。这是一个富人的乐园，以一个三层楼的旅馆为中心，旅馆备有50至100张床位和适当的餐厅和休息室。餐厅在最上层，一面俯视大西洋的奇观异景，一面眺望摩洛哥的峻岭群山。美国军事当局从居民手里接管了18

幢别墅，围绕着别墅和旅馆编织了一道极其牢固的铁丝网，这就构成了方圆近两公里的一种罗马式的营地。

军事决策

盟军北非远征军总司令艾森豪威尔曾在《远征欧陆》一书中说："（1942年）12月，我们接到命令，说是美国总统和英国首相将各自率领一批军政要员，在1月到卡萨布兰卡举行会议。……我们对会议做了十分谨慎的准备和大量的工作，其中相当一部分精力用在保守秘密上面。"

于是，1943年1月12日至23日，在解放不久的卡萨布兰卡，一位"将军"和一位"Q先生"在严格保密的条件下进行了会晤。这位"将军"正是美国总统罗斯福，而"Q先生"则是英国首相丘吉尔。

丘吉尔是1月12日抵达卡萨布兰卡的。他发现，此前的准备工作进行得非常出色，卡萨布兰卡附近安法郊区的一所大旅馆周围的几座别墅，足够英美首脑和参谋人员居住。他在回忆录中写道："我和庞德 ① 还有另外两位参谋长在岩崖和海滩上做了几次愉快的散步。惊涛拍岸，卷起大片大片白云样的泡沫，这使人难以相信竟会有人能从海上登上滩头。没有一天是风平浪静的。高达15英尺的巨浪以山呼海啸之势冲击着巨大的岩崖。难怪有那么多的登陆艇连同艇上人员被弄翻了呢。"

罗斯福乘飞机横渡大西洋，于1月14日下午到达卡萨布兰卡。他的参谋们已先期到达。就在当天，会议正式开始。

这次会议要讨论的一个主要战略问题是：英、美、法军队已从东、西两面对突尼斯的德意军队形成包围之势，胜利在望，而在击溃这股敌军之后，三国下一步该干什么？会议在讨论这个问题时，丘吉尔和英国参谋长们极力主张在1943年针对欧洲的"软下腹部"扩大地中海战场，对西西里、科西嘉、撒丁、多德卡尼斯群岛以及意大利、希腊沿海，进行一系列牵制性的进攻，迫使意大利退出战争，并争取土耳其参战。美国陆军参谋长马歇尔则主张横渡英吉利海峡，进入法国作战，而海军上将欧内斯特·金则主张加强太平洋战区的力量。罗斯福本人倾向于扩大地中海战事，完全控制这一地区。经过反复讨论，参谋长们在1月23日的最后一次全体会议上，向罗斯福和丘

① 庞德，英国海军元帅，时任第一海务大臣兼海军参谋长。

吉尔提交了关于1943年作战方针的最后报告：

同盟国的物资仍必须首先用于击败德国潜艇。必须尽量向俄国运输供应品，以便支援苏联军队。

在欧洲战场的军事行动将按照下列目标进行，即在1943年内，使用同盟国可能用于对德作战的一切兵力，击败德国。

采取攻势的主要作战方针如下：

地中海方面：

1．攻占西西里岛，目标是——

（1）使地中海的交通线更为安全。

（2）减轻德军对俄国前线的压力。

（3）加强对意大利的压力。

……

联合王国方面：

3．对德国进行最猛烈的空中攻势，以打击德国的作战努力。

……在太平洋及远东方面的军事行动将继续进行，其目的是维持对日本的压力，并能在一旦德国战败时，立即对日本发动全面攻势。

卡萨布兰卡会议还决定：任命艾森豪威尔为盟军总司令，而在追击隆美尔的英国第8集团军从东面打进突尼斯后，英国的亚历山大将军将担任副总司令，负责指挥突尼斯战线的盟军。在突尼斯战役完成后，亚历山大就负责指挥夺取西西里岛的战事。坎宁安继续担任艾森豪威尔的海军总司令，阿瑟·泰德被任命为空军总司令。这个建制将于2月初生效。盟军司令部当前的军事任务就是占领整个北非沿海地带，取得完全胜利，同时做好占领西西里岛的准备工作。

由于会议的决定再次推迟了英美对开辟欧洲"第二战场"的承诺，罗斯福只好设法安抚斯大林，答应增加美国对苏联的补给，并加紧对德国的空中打击。

戴高乐向世界亮相

当时除军事问题外，英美在北非还面临着一系列需要迫切解决的政治和外交问题，而在这些问题中，最重要的就是要找到一种办法，把所有愿意并且能够进行对德作战的法国组织合并在一个统一体中。为此，艾森豪威尔指示美国驻维希大使馆的参赞墨菲和英国军需供应部政务次官麦克米伦（战后任英国首相）拟具了一个方案。根据这一方案，美英代表力促把戴高乐的伦敦委员会和吉罗的北非政府联合起来，使双方的成员合而为一，进而组建一个以阿尔及尔为中心的扩大的组织。

对于法国的各派政治力量，英美两国持有不同的观点。美国极力扶植北非军政长官吉罗，而对戴高乐抱有成见；英国则支持抵抗运动领袖戴高乐，苏联政府也承认戴高乐。戴高乐曾在回忆录中说："美国官员一直同维希政府保持联系……他们远远避开自由法国。真正的原因是美国决策者认为，法国的灭亡已经肯定了，所以他们才跟维希打交道。"

关于戴高乐，丘吉尔在《第二次世界大战回忆录》中写道："在他身上，我却一直看到贯穿在史册中的'法兰西'一词常常表达出来的精神和信念。他那种傲慢不逊的态度虽然使我感到不快，但是这种态度却是我可以理解的，并且感到钦佩的。他是一个逃亡者，一个在本国被判处死刑而亡命他国的人。他之所以有今日，完全仰仗着英国政府——现在还加上美国政府——的好意。德国人征服了他的祖国。他实际上已是无处可以立足了。尽管如此，他却毫不在乎，傲视一切。甚至在他表现得最为傲慢的时候，在他身上似乎也体现了法兰西——一个有着高度自豪感、权能和雄心壮志的伟大民族——的性格。"

其时，戴高乐住在伦敦，他事先曾提出建议，表示愿意同吉罗举行会谈，但不愿在外部压力下进行这样的会谈。丘吉尔建议罗斯福出面电请戴高乐赴会，但戴高乐拒绝了美国总统的邀请，并提醒丘吉尔说，他曾一直找机会与吉罗会晤，但都没有成功。他提出，最好在法国人之间举行会谈，他不喜欢"盟国高级法庭"的气氛，而盟国却正是建议用这样的"法庭"来代替最好由法国人自己安排的会议。同时他又发电报给吉罗，重申他随时准备与他会谈，但要在"法国领土上，在法国人之间进行，何时何地由你选择"。

经过罗斯福的再三催促，直到1月22日，戴高乐才飞到卡萨布兰卡。当天下午，他会见了罗斯福。两人直接用法语交谈，气氛很好，出乎预料。据丘吉尔说："总统被他那'聪慧明亮的眼神'吸引了，只是简直无法使这两人意见一致。"

经过罗斯福和丘吉尔的再三说服，戴高乐和吉罗终于同意进行合作。1月24日，法国的两位将军同时出场亮相，在罗斯福面前作了"一次短暂的、甚至是勉强的握手"。随后，戴高乐对丘吉尔说："我们两人已经同意……我们将尽我们的力量来草拟一个圆满的计划，一起行动。"

1943年1月26日，戴高乐和吉罗发表了联合公告：

戴高乐将军和吉罗将军在法属北非举行第一次会谈以后，联合发表公告如下：

"我们会见，我们也交谈了。我们共同确定了所要达到的目标，我们一致认为，这个目标就是彻底打败敌人，以期获得法国的解放和全人类自由的胜利。

"如果在战争中能把全体与盟国并肩作战的法兰西人团结起来，我们相信，这个目标一定能够达到。"

经过协商，双方最后达成协议：6月在北非成立"法国民族解放运动委员会"，由两人共同担任主席。但是，在戴高乐的压力下，吉罗后来只担任了法军总司令。

"无条件投降"宣言

丘吉尔在回忆戴高乐和吉罗的合作时曾写道："在举行了这场费了九牛二虎之力才告成功的强迫婚姻或'持枪逼婚'（美国人这么说）[①]之后，总统便对记者发表了演说，我支持了他的意见。"

由于这次会议一直严守秘密，所以当记者们看到罗斯福和丘吉尔等人在卡萨布兰卡出现时，都不敢相信自己的眼睛。罗斯福在记者招待会上发表了著名的"无条件投降"的演说。他说：

[①] 会议期间，罗斯福曾同丘吉尔开玩笑说："我们把吉罗叫做新郎，我把他从阿尔及尔弄来，你把新娘戴高乐从伦敦接来，我们要强迫他们举行婚礼。"

总统和首相在全盘考虑了世界大战的局势之后，比以往更加确信：只有彻底摧毁德国和日本的战争力量，世界才能恢复和平。……摧毁德国、日本和意大利的战争力量就是说要德国、日本和意大利无条件投降。那将意味着合理地保障未来的世界和平。这并不是说要消灭德国、意大利或日本人民，而只是说要消灭这些国家的以征服和镇压他国人民为基础的哲学。

罗斯福当时提出"无条件投降"并非心血来潮。早在1942年5月，他就表露过这样的想法。他坚持"无条件投降"，是因为他想防止德国再次声称，德国在第一次世界大战的战场上从来没有被打败过，而是被激进分子和犹太人"从背后捅了一刀"。他想让德国人承认，他们已被打得体无完肤。他还想向苏联人保证，美英两国将战斗到底，不会同希特勒或日本人单独媾和。

丘吉尔的私人秘书约翰·科尔维尔后来在《丘吉尔及其密友》一书中说："在1943年1月美国总统和英国首相的卡萨布兰卡会议上，双方对军事计划没有过多的争论就达成一致。就在那时，罗斯福提出了要敌人无条件投降的宣言，而丘吉尔欣然同意了这个宣言。在战后，没有什么决定比这个宣言遭到更多的批评了，虽然如下分析仅仅是一种猜想：尽管德国人被希特勒迷住，而且比世界上任何民族都更有纪律，但是，如果盟国所表达的意图更加宽厚一些，德国人本来可能会推翻纳粹。德国人，特别是德国的将军们太老实，不可能成为搞阴谋的能手。尽管如此，这种理论已有长期的历史：精明地阐述战争的目的，提出一个可以接受的投降的条件，这会缩短战争。早在1939年秋，德国的各种中间人就建议：如果盟国方面声明它们不分割德国，不使德国屈辱，他们可以作出安排来废除纳粹的领导。"

麦克米伦的回忆

二战期间曾担任英国军需供应部政务次官和空军大臣、战后曾任首相的麦克米伦在《回忆录》中是这样描述卡萨布兰卡会议的：

我从来没有看到过这样多以这么吓人的武器武装起来的哨兵。在这里，步枪几乎早已忘怀了。这里有的是机关枪，冲锋枪，短管散弹枪以及类似的各式各样武器。你每次进出这个圈子，随时都有遭到射击的危险。另一方面，哨兵一旦认清你的身份，就立即予以放行，向你举枪敬礼。要想弄明白究竟是开枪射击还是举枪敬礼，那却并不容易。

衣冠楚楚的人物在别墅里进餐，比较普通的人则在旅馆进餐。各种约会都是安排得很好的。一切东西都是免费供应，包括精美的食品和大量的饮料，甚至香烟、雪茄烟、口香糖、美国人非常喜欢的糖果以及刮脸用的肥皂和剃刀。

整个营地充满一种气氛，人们知道有两个人物很少公开露面，但始终在幕后活动。这两位官方称之为空军准将弗兰克林和海军上将Q的，前者住在第三号别墅，后者住在第二号别墅。

这两位皇帝通常在深夜进行会谈和娱乐，并同各自的将领和彼此的将领讨论问题。而在这种……极其有趣的环境中有一种又像度假又像办事的奇异气氛。

东方皇帝的别墅（首相的别墅）由一支海军陆战队的警卫队警卫，但在其他方面都相当简单。他白昼大部分时间消磨在床上，夜间则通宵不寐，那种古怪的习惯，使得他的幕僚苦不堪言。我从来没有看到过他这样精神饱满。他在那段时期一直是饱餐痛饮，解决大问题，整小时地玩弹子和纸牌，一般总是兴高采烈。唯一在场的另一个政府成员就是莱瑟斯（勋爵，战时运输部大臣），除秘书等人外，首相身边别无他人。

西方皇帝的别墅（总统的别墅）是难越雷池一步的。如果你在夜间走近它，马上探照灯就照射在你身上，一大群我相信是所谓联邦调查局的特工人员都拔出左轮枪，对准你的胸膛。能获准出入是十分困难的，一旦获准，一切就可以随便了。宫廷宠臣艾夫里尔·哈里曼和哈里·霍普金斯随侍左右，还有他的两个儿子，一面当助手，一面看来很可悲，差不多把他们当作这位非常人物的男护士。对我来说，总统显得特别有魅力。他谈笑风生、妙语横生……。纸牌兴尽，姜汁威士忌苏打一杯接一杯，整小时的长谈，总的气氛是异常亲切的。

持续将近两星期的整个公务，是一次巡游，是一个暑期学校，又是一次会议。布告牌上揭示出各式各样幕僚人员开会的时间，有点像课程表，当他们五点钟左右放学之后，就会看到陆军元帅和海军上将到海滩上去，用上一小时的工夫，玩石子，堆泥沙城堡。然后在夜间则有皇帝和幕僚的会议以及大讨论、大辩论。我认为首相以完美无缺的技巧掌握了形势。我因为夜晚大部分时间不是在首相的房子里，就是在总统的房子里，所以必须在白天埋头自己的工作，其精疲力尽是不难想象的。

这次会议唯一糟糕透顶的事情就是俄国人不能参加。如果我们再有了这位红色皇帝，那就尽善尽美了。

会议的一般原则是，军事人员在上午和下午办公，夜晚则向两国首脑汇报。这就给两位巨头留下大量时间去处理各自的公务，研究国内拍给他们的电报，把问题想深想透，而不致妨碍海军上将、陆军将领、空军中将及其幕僚井井有条的工作。

苏联学者的议论

斯大林虽然同意"火炬"计划，但对美英一再延迟在欧洲开辟第二战场仍然心存疑虑和怨恨，因此，苏联历史学家Φ. 沃尔科夫后来在《第二次世界大战内幕》一书中，以讥讽的笔触写道：

在举行这次会议的日子里，红军通过卫国战争中规模最大的会战之一伏尔加河激战，消耗、疲惫了保卢斯将军的部队，随后转入了坚决的反攻，包围敌军22个师。当卡萨布兰卡会议开幕时，顿河方面军已开始消灭被围的敌军集团，2月2日便顺利地结束了这次战役。

德国战争机器在斯大林格勒之战中的失败，本应促使西方盟国尽快在欧洲开辟第二战场。

然而，这种情况并未出现。

为了抢在红军之前进入东欧，丘吉尔在卡萨布兰卡会议上更卖力地推行自己的"巴尔干战略"，提出要派兵在南斯拉夫、希腊和土耳其登陆。

丘吉尔在"非洲白宫"会议上提出的另一项任务是再次推迟在欧洲开辟第二战场，虽然英美政府因未履行1942年开辟第二战场的义务，而向苏联明确许诺1943年开辟第二战场（这是丘吉尔和哈里曼于1942年8月在莫斯科向苏联政府说过的）。

在卡萨布兰卡会议上，英美领导人决定，北非战役结束后，英美军队在西西里岛登陆，实施"哈斯基"战役，迫使意大利退出战争，尔后实施地中海战役。这样一来，英美在法国北部的登陆推迟了，因而开辟第二战场的事也就再次推迟了。

卡萨布兰卡会议对解决第二次世界大战中联盟战略的主要问题是毫无建树的。正如拉尔夫·英格索夫所说，"卡萨布兰卡会议是一次折磨人的难产的会议……最后只生下了一个西西里岛小老鼠。"

1943年5月11日，丘吉尔和罗斯福在华盛顿再次会晤。第二天召开了会议。丘吉尔和他的顾问们提出的主要任务是彻底放弃英美军队于1943年在西欧登陆的计划。英国人轻而易举地就说服了美方，因为在卡萨布兰卡会议上他们双方早已就此达成了协议。……因此，苏联政府首脑致函罗斯福指出："你们的这个决议给竭尽全力同德国及其附庸国主力进行了两年战争的苏联造成了极大的困难……"

太平洋会议 ★★★★

1943年5月，太平洋会议在美国首都华盛顿举行。出席会议的有中国、美国、英国、加拿大、澳大利亚的重要人物。中方代表是时任中华民国外交部长的宋子文，英方代表则是首相丘吉尔。会议主要研究了同盟国各成员国在对德、对日交战中的战略使命。

❶宋子文（左二）出席太平洋会议。

在5月21日的会议上，丘吉尔突然对宋子文说："听说中国正在向西藏大举增派部队，准备进攻西藏，那个国家现在很恐慌。"

宋子文当即回应："西藏可不是什么独立国家，中国和英国间所签订的全部条约中，都承认中国对西藏拥有主权。"

当天，宋子文即将此事电告重庆的蒋介石。第二天，蒋介石回电明确答复：丘吉尔的说法是对中国内政的干涉，必须坚决反对。

宋子文21日的电文是：

丘相谓，近闻中国有集中队伍进攻西藏之说，致该独立国家大为恐慌，希望中国政府保证不致有不幸事件发生……文答并未有此项消息，且西藏为中国主权所有。

蒋介石22日的回电是：

丘吉尔称西藏为独立国家，将我领土与主权，完全抹煞，侮辱实甚。西藏为中国领土，藏事为中国内政，今丘相如此出言，无异于干涉中国内政。中国对此不能视为普通常事，必坚决反对。

开罗会议 ★★★☆

1943年是整个第二次世界大战转折性的一年。欧洲、北非、东南亚和太平洋战场上的主动权已经转入盟军手中，而中国人民的抗日战争也已进入相持阶段。但是，退却中的德日法西斯军队还在顽强抵抗，妄图拖延战争。在这种情况下，美英两国政府首脑在6月17日—24日举行的会议上通过了"霸王"作战计划，决定两国军队大约于1944年5月1日在法国北部登陆，开辟欧洲第二战场，并在德国崩溃后12个月内击败日本。

会议概要

三国外长聚会莫斯科

10月19日—24日，苏、美、英外长会议在莫斯科斯皮里多诺夫斯克（今阿列克赛·托尔斯泰大街）的迎宾馆里举行。这是三国外长自第二次世界大战爆发以来的第一次会晤。其间除了12次全体会议外，还举行了几次小范围的外交部长会晤。

据英国外交大臣艾登的回忆录，会上，每一个主角都有一个他认为特别重要的题目，但也有一个共同关心的问题——军事合作，以及应采取何种措施，"以缩短反对德国和其欧洲附庸国的战争期限"。苏联代表团明确提出了这样一个问题：1944年，英美军队是否将履行丘吉尔和罗斯福在1943年6月初所一再重复的进攻法国北部的诺言？丘吉尔指示正在开会的艾登说，"霸王"战役的提出取决于"意大利战局的需要"。他想使英美两国军队仍留在他所说的狭窄的意大利皮鞋的"靴筒"内，不得前出至波河河谷。但是，决定事态发展的，是苏联红军不断向西推进的节节胜利，最后，美英两国外长承认，魁北克会议关于在1944年开辟第二战场的决议是正确的。

"最合乎赫尔心意的题目是关于战争目标的四国宣言和维护和平的国际组织。我国目的是就建立盟国可以磋商与战争有关的机构达成协议，因为这些问题正纷纷找上门来。所有这些主要目的都一一实现了。"

会议决定在伦敦成立欧洲咨询委员会，以研究战后的合作问题。

外长会议通过了四项宣言：《四国关于普遍安全的宣言》《关于意大利的宣言》《关于奥地利的宣言》和《关于希特勒分子对于其所犯暴行的责任的宣言》。

在《四国关于普遍安全的宣言》中，中国作为四大同盟国之一的国际地位受到重视。据赫尔回忆，关于中国参加《四国宣言》的事宜，他曾同莫洛托夫商量。赫尔说："美国政府就中国局势做了并正在做一切可做的事情。在我看来，不能把中国从《四国宣言》中删去。我的政府认为，中国已经在世界范围内作为四大国之一进行战争。对中国来说，现在如果俄国、大不列颠和美国在宣言中把它抛到一边，那在太平洋地区很可能要造成可怕的政治和军事反响。"莫洛托夫承认赫尔说得有理，但他以时间紧迫，担心中国驻苏大使得不到授权为由，想不让中国参加。后经赫尔多次说服和周旋，莫洛托夫终于同意。结果，中国驻莫斯科大使傅秉常与其他三国外长一起，在《四国宣言》上签了字。

《四国宣言》全文如下：

美利坚合众国政府、联合王国政府、苏联政府和中国政府，

共同遵照1943年1月1日联合国家宣言以及以后历次宣言，一致决心对它们现正与之分别作战的轴心国继续采取敌对军事行动，直至各轴心国在无条件投降的基础上放下武器为止；

负有使它们自己和同它们结成同盟的各国人民从侵略威胁下获得解放的责任；

认为必须保证迅速而有秩序地从战争过渡到和平，并建立和维持国际和平与安全，使全世界用于军备的人力与资源缩减到最低限度；特联合宣告：

（一）它们用以对其各自敌人进行战争的联合行动将为建立和维护和平

与安全而继续下去；

（二）它们中与共同敌人作战的那些国家，对于有关该敌人的投降和解除武装等一切事项将采取共同行动；

（三）它们将采取它们认为必要的一切措施，以防止对敌人提出的条件遭到任何破坏；

（四）它们认为必须在最短期间，根据一切爱好和平国家主权平等的原则，建立一个普遍性的国际组织，所有这些国家不论其大小，均可加入为成员国，以维护国际和平与安全；

（五）为了维持国际和平与安全，在重建法律与秩序和创立普遍安全制度以前，它们将彼此协商，必要时并将与联合国家的其他成员国进行协商，以便代表一个国际共同体采取共同行动；

（六）战争结束后，除了经过共同协商和为实现本宣言所预期的目标以外，它们将不在别国领土上使用其军队；

（七）它们将彼此，并与联合国家的其他成员国协商和合作，以便对战后时期控制军备达成一个实际可行的全面协议。

维·莫洛托夫

科德尔·赫尔

安东尼·艾登

傅秉常

莫斯科，1943年10月30日

《关于意大利的宣言》确定，同盟国对意大利的政策应彻底消灭法西斯主义和建立民主制度，但并不限制意大利人民以后选择自己政体的权力。

《关于奥地利的宣言》称，奥地利应从德国统治下获得解放，成为一个自由独立的国家。

《关于希特勒分子对于其所犯暴行的责任的宣言》载明，希特勒罪犯将在其犯罪地点由各国人民加以审判。

10月30日，外长会议结束。当晚，斯大林在克里姆林宫的叶卡捷琳娜大厅举行宴会，招待美英代表。赫尔坐在斯大林右边。据《赫尔回忆录》记载，席间，斯大林低声对英语译员别列日科夫说："注意地听一下，把我下面的话逐字逐句地翻译给赫尔听：苏联政府研究了远东的局势问题并已做出决定：在盟国打败了希特勒德国，结束欧洲战争之后，苏联将立即对日宣战。让赫尔转告罗斯福，这是我们政府方面的立场。但目前我们还要保守秘密。"

艾登在评价这次会议时指出："当我们三国都坐在一起的时候，我们就没有什么不可实现的；要是我们分道扬镳，那我们能够实现的也将一事无成。"

中国应邀与会

莫斯科外长会议后不久，主要同盟国政府首脑便决定举行会议。然而，

⬆开罗会议期间的蒋介石、罗斯福和丘吉尔

会议的筹备过程十分复杂。开会的建议首先是由丘吉尔提出来的，不过，他的初衷不是召开美、英、中三国首脑会议，而是由美英两国首脑在德黑兰会议之前进行双边磋商，统一口径，联合起来同苏联打交道。但是，罗斯福担心的正是这一点——他并不希望斯大林感觉到美英两国在联合对付苏联。罗斯福巧妙地把丘吉尔的建议纳入了自己的轨道，其理由是有许多涉及远东的问题需要商讨，特别是中国战局和战后中国的国际地位问题。

罗斯福本想召开有苏联参加的美、英、苏、中四国首脑会议，因而建议除了邀请蒋介石外，还要邀请莫洛托夫参加。可是，斯大林拒绝参加有蒋介石参加的国际会议，因为苏联当时对太平洋战争仍持"中立"态度，他不愿参加讨论对日作战的问题。最后，罗斯福和丘吉尔决定把会议分成两个来举行，一个是有中国人参加、苏联人不参加的开罗会议，另一个是有苏联人参加、中国人不参加的德黑兰会议。

美国传记作家和史学家内森·米勒在《罗斯福正传》一书中是这样形容罗斯福和蒋介石的关系的："总统认为，要中国继续作战来牵制日本部队是至关重要的，据认为，中国的机场对轰炸日本来说也是必不可少的。罗斯福

一再试图说服蒋介石改组他的腐败政府，结果毫无成效，但是他没有别的办法，只能继续支持这位委员长。美国舆论永远不会允许他支持既与蒋介石部队作战又与日本人作战的中国共产党。罗斯福耍弄了在中国的美国军事指挥官，满足了蒋介石对金钱的没完没了的要求（美国提供的金钱总是很快就不见了），并试图把中国作为一个大国来对待，以便提高蒋介石的斗志。这些办法都失败了，只是实现了一个最紧迫的目标：中国仍在作战。"

开罗会议举行前，罗斯福曾经踌躇满志地对他的儿子埃利奥特透露了他对国际局势的看法："美国将不得不出面担任领导工作，领导并运用我们的斡旋进行调解，帮助解决其他国家之间必将产生的分歧：俄国与英国在欧洲，英国与中国、中国与俄国在远东的分歧。我们有能力做到这一点，因为我们是大国，是强国，而且我们没有妄求。英国已走下坡路，中国仍处于18世纪的状态，俄国猜疑我们，而且使得我们也猜疑它。美国是能在世界中缔造和平的唯一大国。这是一项巨大的职责，我们实现它的唯一办法是面对面地与这样的人会谈。"

1943年11月9日，罗斯福第三次给蒋介石发去电报，邀请他在11月22日抵达开罗，参加四强会议。蒋介石认为，这是一个废除不平等条约、恢复中国国家利益的好机会，于是指定最高国防委员会参事室、秘书厅拟订会谈方案。在最高国防委员会秘书长王宠惠的主持下，参事室拟定的方案有以下几项：一、旅顺、大连两地，一切公有财产及建设，一并无偿交还中国；二、南满铁路与中东铁路无价交还中国；三、台湾及澎湖列岛两处一切公有财产及建设，一并无价交还中国。在军事方面，史迪威和商震等人提出，美国应为蒋介石装备训练90个师的军队，并要求英国在反攻缅甸时大力支持。

11月18日，蒋介石偕宋美龄，率领16名随员离开重庆，向南飞越喜马拉雅山脉，到达印度北部的盟军军用机场，20日从印度起飞，向西穿越阿拉伯半岛和

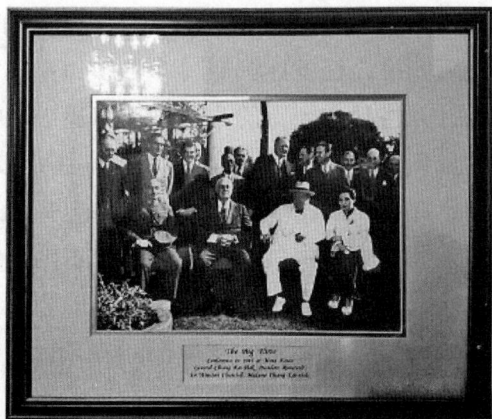

⊙ 开罗米纳饭店展示的罗斯福、丘吉尔同蒋介石与宋美龄的合影。

红海，于21日上午7时抵达开罗培固机场，下榻于城郊一所独立住宅。随后不久到达的丘吉尔住在离蒋氏夫妇居所不远的英国大使馆里。

盟国对日政策

11月23日上午11时，开罗会议在可以眺望金字塔的米纳饭店开幕。罗斯福、丘吉尔、蒋介石及这三国的高级官员均出席了第一次会议。会场四周戒备严密，设有高射炮和雷达阵地，并有英军一个旅负责警卫。在五天的会议中，三国首脑举行高峰会一次，美中首脑对话四次，英中首脑会晤三次。

会上，各方就远东的战略问题进行了激烈的交锋。在讨论对日作战计划时，罗斯福、马歇尔和史迪威为扩大美国对中国的影响与控制，主张从印度经缅甸向中国方向进攻，将日军逐出缅甸，恢复与中国的陆上交通；蒋介石也希望在缅北发动战役。但是，丘吉尔不愿美国在东南亚和远东的地位得到加强，不愿美中军队参与解放英国前殖民地缅甸的作战，因而予以反对。

据苏联史学家沃尔科夫说，丘吉尔甚至说，"蒋介石当时'严重干扰了英美两国参谋部的洽谈'，并企图把'中国问题'提到谈判的首位。丘吉尔试图说服这位最高统帅及其妻子多看看金字塔、狮身人面像和埃及其他名胜古迹，可是，思想古板的蒋介石，主要是他的办事利落的夫人，常开玩笑说，率领代表团的不是他，而是她。他俩都想在大型政治三重奏中拉首席提琴"。

不管怎么说，三方最后仍然做出了在滇缅对日作战的决定。关于远东战后安排，三方在剥夺日本自1914年以来在太平洋地区夺取或占领的所有岛屿，并将日本侵占的中国领土归还中国等问题上，达成了一致意见，但在战后如何处置原为欧洲国家和日本属地或势力范围的某些殖民地附属国问题上，却出现了明显分歧。罗斯福主张给这些国家以形式上的独立权，以便日后美国扩大自由贸易市场；丘吉尔则拒绝讨论任何有关远东英国殖民地的前途问题，拒绝交还中国的香港与九龙。

开罗会议期间，罗斯福同蒋介石秘密讨论了远东战后的安排问题，特别是在11月23日晚上，罗斯福在宴请蒋介石夫妇之后，进行了一夕长谈。关于这次会谈，美方没有正式记录，后台湾当局通过其驻美"大使"，于1957年把中方的中文记录英译件交给美国国务院，并允许其发表。根据这份记录，会谈的内容有：

（1）关于中国的国际地位——罗斯福总统表示，中国应取得四大国之一的地位，平等参加四强机构，参加制定此类机构之一切决定。蒋委员长回应说，中国将乐于参加四强机构及其一切决定。

（2）关于日本皇族的地位——罗斯福总统征求蒋委员长的意见，战后日本天皇制度是否应该废除。委员长说，这将涉及战后日本政府形式问题，应该让日本人民自己去决定，以免在国际关系中铸成永久的错误。

（3）关于对日本的军事占领——罗斯福总统的意见是，中国应在战后对日本的军事占领中担任主导角色。但蒋委员长认为，中国尚不具备条件担此重任，这个任务应在美国领导下实行，届时如有必要，中国可以参加，以示协助。……

（4）关于用实物赔偿——蒋委员长建议，战后日本对中国的赔偿一部分可用实物支付。日本的许多工业机器和设备、军舰和商船及铁路车辆等，可以转让给中国。罗斯福总统表示他同意这个建议。

（5）关于归还领土——蒋委员长和罗斯福总统一致同意，日本从中国强占的中国东北四省、台湾和澎湖列岛在战后必须归还中国，这应理解为，辽东半岛及其两个港口，即旅顺和大连必须包括在内。……

……

（7）关于朝鲜、印度支那和泰国——罗斯福总统表示，中国和美国应就朝鲜、印度支那和其他殖民地以及泰国的未来地位取得相互谅解。蒋委员长同意，强调必须给予朝鲜独立。他还认为，中国和美国应共同努力以帮助印度支那在战后取得独立，而泰国的独立地位应当恢复。总统表示他同意。

《开罗宣言》正式公布

据媒体披露，就在11月23日晚上，罗斯福和蒋介石单独谈到剥夺日本在太平洋侵占的岛屿时，罗斯福想到了琉球群岛，并对蒋介石说："琉球系许多岛屿组成的弧形群岛，日本当年是用不正当手段抢夺该岛，也应予剥夺。我考虑琉球在地理位置上离贵国很近，历史上与贵国有很紧密的联系，贵国如想得到琉球群岛，可以交给贵国管理。"罗斯福突然提出将琉球群岛交给中国管理，大大出乎蒋介石的预料，蒋介石一时不知道如何回答。过了一会儿，他才对罗斯福说："我觉得此群岛应由中美两国占领，然后两国共同管理为好。"罗斯福听蒋介石这么一说，觉得蒋介石不想要琉球群岛，因而不再往下说。11月25日，罗斯福与蒋介石再度会晤时，又谈到琉球群岛，蒋介石还是坚持共同管理。据后来跟随蒋介石到开罗的国民党官员分析，蒋介石当时去开罗的主要目的是解决日本归还东北、台湾和澎湖列岛问题，没有把争要琉球群岛列入计划。另一方面，蒋介石也怕中国得到琉球群岛后，日本战后会找中国的麻烦，使中日两国再度结怨。[①]

开罗会议最主要的成果是美、英、中三国联合发表的《开罗宣言》。这个宣言是由霍普金斯起草的，经罗斯福、丘吉尔、蒋介石一致同意后，又被带到德黑兰去征求斯大林的意见。斯大林表示完全同意。于是，《开罗宣言》于1943年12月1日在开罗正式公布。

《开罗宣言》确认台湾和包括钓鱼岛在内的附属岛屿是中国的神圣领土，它是一份具有国际法效力的条约性文件，即它从法律上明确了日本侵占台湾的非法性，为战后中国处理台湾问题提供了国际法依据。

---

① 国民政府和蒋介石此前一直主张收复琉球。1942年11月3日发表在《大公报》上的宋子文谈话，明确提出"中国应收回东北四省、台湾及琉球，朝鲜必须独立"。六天后，蒋介石再次申明："东三省与旅大完全归还中国"，"台湾、琉球交还中国"。另外，宋美龄1943年3月访美前，蒋介石为其拟定的与罗斯福谈话要点也把琉球包括在内。宋美龄与罗斯福会谈后曾致电蒋介石，表示罗斯福在战后领土问题上同意"琉球群岛、满洲及台湾应归还中国"。

《开罗宣言》毋庸置疑

1943年11月开罗会议期间，美、英、中三国首脑具体讨论了如何协调对日作战的军事问题和战后如何处置日本等政治问题。其中，中国国民政府主席蒋介石（兼行政院院长、军事委员会委员长）和美国总统罗斯福在23日晚和25日下午两次长谈时，主要讨论了政治问题。在此之前，美英两方已就有关问题进行磋商。讨论时，蒋介石和罗斯福就八个方面的问题达成共识。

"归还"与"放弃"之争

中美首脑晤谈后，美国总统特别助理霍普金斯受罗斯福委托，根据美、英、中三国会谈和美中会晤精神，起草了《开罗宣言》。关于日本把台湾归还给中国的问题，霍氏拟订的供罗斯福审阅的草案明确表示："被日本人背信弃义窃取的中国之领土，例如满洲和台湾，应理所当然地归还中国。"25日，美方正式打印的草案中将上述文字中的"日本人"改为"日本"。这份草稿先送给中国代表王宠惠和蒋介石过目，然后在11月26日交中、英、美三方代表讨论。中方代表是王宠惠，美方代表是霍普金斯和美驻苏大使哈里曼，英方代表是外交大臣艾登和外交副大臣贾德干。

此时，中英两国代表进行了颇为激烈的争论。贾德干说，宣言草案中对日本占领的其他地区都"应予剥夺"，惟独满洲、台湾和澎湖写明应"归还中华民国"，为求一致，宜将满洲、台湾和澎湖也改成"必须由日本放弃"。中国代表王宠惠反驳道，全世界都知道，第二次世界大战是由日本侵略中国东北引起的，如果《开罗宣言》对满洲、台湾、澎湖只说应由日本放

73

弃而不说应归还哪个国家，中国人民和世界人民都将疑惑不解。贾德干辩解道，草稿中的"满洲、台、澎"之上，已冠有"日本夺自中国的土地"的字样，日本放弃之后，归还中国是不言而喻的。王宠惠据理力争说，外国人对于满洲、台、澎，带有各种各样的言论和主张，英国代表想必时有所闻，如果《开罗宣言》不明确宣布这些土地归还中国，而使用含糊的措辞，那么，联合国家共同作战和反侵略的目标，就得不到明确的体现，《开罗宣言》也将丧失其价值。美国代表哈里曼赞成王宠惠的意见，贾德干陷于孤立。结果，英方未能就宣言草案这一实质问题进行修改，只是对美方草案作了一些非实质性的文字上的改动，把此段文字表述为："被日本所窃取于中国之领土，特别是满洲和台湾，应归还中华民国"，这样就删去了美方文本中语气较强的"背信弃义"和"理所当然"两个词组。丘吉尔本人又对宣言草案文字做了进一步修改，将文中的"特别是"改为"例如"，又在"满洲和台湾"两个地名后，加上了"澎湖"。

经过当天认真讨论，《开罗宣言》草案经中、美、英三国首脑一致同意后，正式定稿，但暂不发表，由美英人员送往德黑兰，听取参加美、英、苏三国德黑兰会议的斯大林的意见。11月30日，丘吉尔引用了《开罗宣言》有关日本归还其侵占领土的一段话，询问斯大林有何意见。斯大林答称，他"完全"赞成"宣言及其全部内容"，并明确表示：这一决定是"正确的"，"朝鲜应该独立，满洲、台湾和澎湖等岛屿应该回归中国"。

中国对台澎恢复行使主权

1943年12月1日，中、美、英三国在重庆、华盛顿、伦敦同时发表《开罗宣言》。这样，《开罗宣言》就在反法西斯战争的历史背景下，以中、美、英三国首脑会谈精神为基础，由美国代表草拟，经中、美、英三国代表认真讨论，三国首脑同意，并征得斯大林的完全肯定，实际上以国际协定的形式公布于世，表达了同盟国打击并惩罚侵略者、维护国际正义的共同政治意愿，其合理性、严肃性、正义性和有效性毋庸置疑。

1945年10月25日，中国政府正式收复台湾、澎湖列岛，恢复对台湾行使主权。台湾省行政长官兼警备总司令陈仪在台北市接受了日军第10方面军司令长官安藤利吉的投降，被迫割让给日本50余年的台湾省，终于彻底摆脱了日本的殖民统治，回到了祖国的怀抱。1946年10月，在台湾回归祖国一周年之际，蒋介石和夫人宋美龄曾专程赴台湾视察。

第二次世界大战结束时，台湾是中国的一个省，是中国不可分割的神圣领土，这在国际社会中被广泛接受和承认。1949年8月，美国国务院白皮书《美国与中国的关系》写道："根据日本投降书，及日本政府按照盟军总部1945年9月2日指令所发表的总命令第一号，中国军队在美国小组的协助下，从日本人手中接收了该岛（台湾）的行政权。"同年12月23日，美国政府在《国务院关于台湾政策宣传指示》中重申：台湾在政治上、地理上和战略上都是中国的一部分，虽然它被日本统治了50年，"然而从历史上来看，它是中国的。在政治上和军事上，它是一种严格的中国的责任"。英国政府持有同样的立场，1949年11月11日和14日，英国外交部次长梅修在国会下院两次回答问题时都明确表示：根据《开罗宣言》，中国当局在日本投降时收复台湾，并在此后一直行使对该岛的控制。

在《开罗宣言》之前的1941年12月9日，中国政府的《对日宣战布告》宣布："所有一切条约、协定、合同有涉及中日间之关系者，一律废止"；在《开罗宣言》之后的1945年7月26日的《中美英促令日本投降之波茨坦公告》第八项重申，"《开罗宣言》之条件必将实施"；1945年8月15日日本投降，同年9月2日，美、英、中、法等九国代表于停泊在东京湾的美国海军"密苏里"号战列舰上接受日本投降。日本外相重光葵和日军参谋总长梅津美治郎等代表日本天皇和日本政府在投降书上签字，同意接受《波茨坦公告》中所列的全部条款，无条件地将包括台湾在内的所掠夺的领土全部交出。日本《无条件投降书》开宗明义第一条就是：日本"接受"中、美、英共同签署的、后来又有苏联参加的1945年7月26日的《波茨坦公告》中的条款。这样，《中国对日宣战布告》《开罗宣言》《波茨坦公告》和《日本投降书》，这四个文件组成了环环相扣的国际法律链条，明确无误地确认了台湾作为中国领土一部分的法律地位，保证了台湾回归中国的国际协议具有无可否认的有效性。

长期以来，日本右翼势力总是煞费苦心地质疑《开罗宣言》存在的法理效力与真实性，试图以片面媾和的《旧金山和约》抵消或取代《开罗宣言》。近年来，个别台独分子也以当年中国个别媒体以"公报"等措辞发表《开罗宣言》为借口，提出《宣言》在当时只能算是一份"新闻公报"

（Press Communique），不具法律效力。他们还提出，对于1945年7月26日发表的《波茨坦公告》中确认开罗宣言的条款，其效力远不如经48国所签订的《旧金山和约》，而《旧金山和约》并未决定台湾主权归属，因此有了所谓"台湾主权未定论"之说。

对于上述谬误，国际公众普遍认为，虽然《宣言》本身只是盟国的战时目标，但盟国已将宣言的条款加入了《波茨坦公告》，并经中、美、英三国元首确认，成为盟国对日无条件投降所提出的条件，而日本也在9月2日的投降书当中确认了《公告》。

《公告》第八条规定："《开罗宣言》之条件必将实施，而日本之主权必将限于本州、北海道、九州、四国及吾人所决定其他小岛之内。"显然，其他小岛具体何指，身为侵略者和战败国的日本根本没有发言权。

及至1951年《旧金山和约》签订时，日本早已失去台湾、朝鲜等地的主权，因此，《旧金山和约》中的领土条款仅是日本放弃对当地主权的宣示。再者，《旧金山和约》把中华人民共和国排斥在外，当时就遭到中国政府的抗议和反对。

对于今天的国际社会而言，《开罗宣言》仍具有维护亚太和平的现实意义。作为继承《开罗宣言》精神的政治、外交实践，中国一方面要求日本正视历史，忠实履行战争结束时对国际社会做出的政治承诺，同时也希望美英以及所有曾参与制定二战后国际秩序的国家负责任地坚守自己的政治立场，维护《开罗宣言》所开启的东亚和亚太秩序。

附：中美英三国开罗宣言[1]
（1943年12月1日）

　　三国军事方面人员，关于今后对日作战计划，已获得一致意见，我三大盟国表示决心以不松弛之压力，从海陆空诸方面加诸残暴的敌人。此项压力已经在增长之中。

　　我三大盟国此次进行战争之目的，在于制止及惩罚日本之侵略。三国决不为自身图利，亦无拓展领土之意。三国之宗旨在剥夺日本自1914年第一次世界大战开始以后在太平洋所夺得的或占领之一切岛屿，在使日本所窃取于中国之领土，例如满洲、台湾、澎湖群岛等，归还中华民国。日本亦将被逐出于其以暴力或贪欲所攫取之所有土地，我三大盟国轸念朝鲜人民所受之奴役待遇，决定在相当期间，使朝鲜自由独立。

　　我三大盟国抱定上述之各项目标并与其他对日作战之联合国家目标一致，将坚持进行为获得日本无条件投降所必要之重大的长期作战。

---

　　① 引自《国际条约集》（1943—1944），世界知识出版社1961年版，第407页。

德黑兰会议 ★★★★

会议概要

开罗会议结束后，罗斯福和丘吉尔于1943年11月27日直飞德黑兰。

德黑兰会议主要研究并制定了对德作战方针，此外还讨论了波兰的边界问题、战后分割德国问题以及建立维持世界和平的国际组织等问题。在忙忙碌碌的四天里，"三巨头"就连吃饭时也在进行磋商。罗斯福单独同斯大林会见了几次，发现斯大林这位穿着米色军装、戴着元帅金质肩章的"苏联独裁者"信心十足，给人以十分深刻的印象。

军事问题很快得到了解决。罗斯福和丘吉尔向斯大林保证，横渡英吉利海峡的作战将在1944年5月1日前后开始。斯大林表示，苏联将配合这次作战发动一场攻势，并答应苏联将在打败希特勒后参加对日本的战争。

波兰的战后地位问题比较复杂。丘吉尔指出，英国打仗是为了保卫一个独立的波兰，他要求讨论波兰未来的政治制度和边界问题。斯大林拒绝同伦敦的波兰流亡政权发生任何关系。关于领土问题，斯大林提出，在西边，波兰人应取得以奥得河为界的领土；在东边，斯大林坚持1939年9月底的边界线。他说，如果把沿涅曼河左岸一带的东普鲁士北部，包括蒂尔西特和哥尼斯堡划归苏联，他准备接受寇松线 [①] 作为苏波边界。据美国政府印刷局1961年印制的《美国对外关系》，当时，罗斯福和丘吉尔都表示同意波兰的国土西移，但是，罗斯福在同斯大林私下会谈时说，1944年就要举行总统选举，美国大约有六七百万波兰血统的美籍公民，他作为一个讲求实际的人，不愿

---

① "寇松线"是1920年7月苏俄红军击退波兰干涉军转入反攻时，英国外交大臣寇松向苏波提出的建议停火线。这条停火线大体按波兰人和俄罗斯人的种族边界划定，并符合1919年12月巴黎和会波兰事务民族委员会提出的波兰东部国境的临时界线。

79

失去他们的选票。他说，他虽然同意斯大林的看法，但却希望斯大林理解，由于上述政治原因，他不能在德黑兰或下一个冬天参加关于这个问题的任何决定，现在也不能参加有关这方面的安排。丘吉尔表示，他将把苏联的建议带回伦敦交给波兰人。因此，三大国在这个问题上未达成协议。

关于分割德国的问题，会议认为，一个强大的德国会把世界再次拖入战争。罗斯福主张把德国分成五个部分。丘吉尔认为普鲁士是发动战争的祸害，应把它孤立起来，建立一个在奥地利或匈牙利影响下的多瑙河联邦，而对德国的其他部分则应宽容一些。斯大林赞同罗斯福的建议，说要分割德国，那就应当真正地分割。最后，三大国首脑决定由欧洲咨询委员会再进一步研究这个问题。

此外，斯大林要求把400万德国男人运到苏联参加一定时间的重建工作，他还要求对五万名德国军官进行严厉判决，丘吉尔对此提出异议。

《苏美英三国德黑兰宣言》全文如下：

我们，美利坚合众国总统、大不列颠首相和苏联人民委员会主席，于过去四天，在我们盟国伊朗的首都德黑兰举行了会晤，确定并重申了我们的共同政策。

我们表示决心，我们三国在战时和战后的和平时期，都将进行合作。

关于战争，我们三国参谋部代表参加了我们圆桌会议的讨论，我们商定了消灭德国武装力量的计划。我们就从东、西、南三方面将发动的军事行动的规模和时间达成了完全一致的协议。

我们在这里达成的相互谅解，保证胜利必将属于我们。

关于和平，我们确信，我们之间现存的协同一致，必将保证持久和平。我们充分认识我们及所有联合国家对实现这种和平负有崇高的责任，这种和平将获得全球绝大多数人民的拥护，并在未来许多世代中，消除战争的祸患与恐怖。

我们和我们的外交顾问一起研究了未来的问题。所有和我们三国一样专心致力于消灭暴政与奴役、压迫与苦难的大小国家，我们都将努力谋求它们的合作和积极参加。我们欢迎它们在它们愿意的时候加入民主国家的和睦大家庭。

世界上没有任何力量能阻止我们在陆地上消灭德国的军队，在海上消灭德国的潜艇和从空中消灭德国的兵工厂。

我们将无情地、日益猛烈地进攻。

我们结束了我们友好的会议，满怀信心，期待着那样一天的到来，那时全世界各国人民将不受暴政的压迫，按照各自不同的意愿和自己的良心自由地生活。

我们满怀希望和决心而来，我们作为志同道合的真正朋友而离去。

罗斯福

斯大林

丘吉尔

1943年12月1日于德黑兰签署①

---

① 别列日科夫：《外交风云录》，世界知识出版社1981年版，第208—209页。

"三巨头"在德黑兰

1943年11月底，同盟国三位名垂青史的伟大人物首次在德黑兰会晤，他们就是约·维·斯大林、富·德·罗斯福和温斯顿·丘吉尔。世上很难找到比他们三人互相之间的差别更大的人了，然而，他们在德黑兰经过争吵达成的协议，对二战的成败产生了重大影响。

↑斯大林、罗斯福和丘吉尔在德黑兰会议期间合影。

许多历史学家把德黑兰会议看成是反希特勒同盟的极盛阶段。但是，通向这一顶峰的道路却不平坦，因为在会前和会上，反希特勒同盟三国在奔向共同目标的征途上，又各有各的打算。

当时担任苏方译员的瓦·别列日科夫后来在《外交史的篇章》一书中说："美国企图建立起美国对世界的统治（Pax Americana），华盛顿的政策归根到底取决于美国这一目的；而英国统治阶层所关心的，首先是保住大不列颠帝国的地位。这就使两国的利益严重对立。但当时英美双方都认为希特勒德国和日本军国主义的政策是妨碍它们达到自己目的的主要障碍。它们认为只有消除了这些危险的对手，它们才能巩固和扩大自己的势力范围。……与此同时，加入反希特勒同盟的西方大国还有另一个在它们看来是头等重要的任务。它们企图在旷日持久的战争中尽量削弱苏维埃国家，如有可能，就干脆消灭它。它们战前所推行的复活德国军国主义的政策以及鼓励希特勒侵略野心的政策，是为了这个目的。它们一直拖延在欧洲开辟第二战场，原因也在于此。"

会址的选择

会前，斯大林、罗斯福、丘吉尔之间就是否有可能举行会晤一事，进行了很长时间的书信来往。三人都认为他们亲自会面是必需的和重要的。当时，即1943年秋，在抗击希特勒德国的战争进程中出现了有利于同盟国的明显转折，因此不仅在军事上，而且在政治上，都迫切需要讨论和协商如何进一步联合行动的问题。

斯大林希望会议在离苏联较近的地方举行，因为苏德战场上正进行着惨烈的战争，他作为最高统帅不能长久离开莫斯科。但是，罗斯福却说，美国宪法不允许总统长期待在国外。

1943年9月6日，罗斯福在给斯大林的信中表示，他"可以到诸如北非那样远的地方进行会晤"，丘吉尔则主张把会晤安排在塞浦路斯或喀土穆。9月8日，斯大林提出把伊朗作为"三巨头"会晤的最合适的地点。两天后，丘吉尔答复说他"同意去德黑兰"。

然而，罗斯福仍然坚持在别的地方会晤，并提出了各种方案。10月14日，他在给斯大林的信中写道："开罗在许多方面是吸引人的，据我所知，在那里的城郊，金字塔附近，有一家旅馆和几个别墅，这些场所都可以完全同外界隔绝起来。在前意属厄立特里亚的首府阿斯马拉，据说有一些非常好的建筑物和一个任何时候都可以使用的飞机降落场。其次，也可以在东地中海的某一港口会晤，只要我们每人都备一条船，如果这个想法合您的心意的话，我们可以轻而易举地提供一艘很好的船，完全由您和您的随行人员支配，使您可以完全独立活动，同时可以同贵国舰队保持经常的联系。另一个建议是在巴格达附近会晤，在那里我们可以设三间舒适的营房，周围布置足够数量的俄国、英国和美国警卫人员。最后这个想法似乎是值得考虑的。"

苏方仔细斟酌了罗斯福的提议，但仍然认为不能采纳。10月19日，斯大林在给美国总统的信中说："很遗憾，我不能认为以您所提议的那些地点来代替德黑兰作为会晤的地点是合适的。问题并不在于安全，因为安全问题并不使我担心。"接着，斯大林解释说，1943年夏、秋两季，苏军开展的攻势节节获胜，这表明苏军对德国的攻势能继续下去；夏季攻势可能发展成为冬季攻势。斯大林说："我的所有同事都认为，这些军事行动需要最高司令部每天的指导，并且要由我亲自同司令部联系。在德黑兰，和其他地方不同，这种要求可以通过电报或电话同莫斯科直接联系而得到满足。因此，我的同事们坚持以德黑兰作为会晤的地点。"

一星期后，罗斯福回了信，他还是拒绝去德黑兰，理由是通向伊朗首都的航线有高山阻隔，那儿经常一连好几天不通飞机，因此飞机从华盛顿运送急需总统批阅的文件，可能会耽误很长时间。罗斯福写道："如果把文件运到位于波斯湾的低洼地带，中途换上几次飞机，风险就不大了。然而飞机去德黑兰所在的盆地，来回都要经过高山，这就可能要耽误时间，我可不敢冒这个险。因此我十分抱歉地通知您，我不能去德黑兰。我的内阁成员和国会领袖也完全同意这一点。"

谈完上述想法后，罗斯福又提出一个新的会晤地点——巴士拉，并提议可以从巴士拉装一条通往德黑兰的电话线。这封信是由当时在莫斯科的美国国务卿科德尔·赫尔转交给斯大林的。斯大林看了罗斯福的信后对赫尔说，信中提到的妨碍总统前往德黑兰的论点是需要加以考虑的。

斯大林接着对赫尔谈了他的想法，他说政府第一副主席维·米·莫洛托夫可以代替他参加这次会晤，苏联宪法规定，政府第一副主席完全可以作为政府首脑的全权代表参加会谈。这样，选择会晤地点的困难就不存在了。斯大林表示，希望他所提的建议将能使有关各方都感到满意。

赫尔答应把斯大林的建议立即转告罗斯福总统，同时表示他个人认为这个建议无疑会使总统大失所望，因为总统认为，亲自会见斯大林的意义是十分重大的。

罗斯福不愿失掉与苏联首脑亲自接触的机会，最后终于改变了自己的观点。11月8日，他写信通知斯大林，他决定去德黑兰参加会晤。

据说，苏方提议在德黑兰会晤，还考虑到那里驻有苏联军队，这些军队是根据1921年所签订的条约进驻伊朗的。进驻的目的是阻止德国间谍机关在伊朗进行特务破坏活动。为了保证英美能从波斯湾向苏联提供物资，伊朗南部也驻扎有英国军队。德黑兰会议的保卫工作，主要由苏联军队和苏联安全部门承担。

罗斯福住进苏联使馆

东方古城德黑兰坐落在不很高的厄尔布尔士山南麓几乎不长林木的高地上。市中心有一座古代王宫的城堡，街道像照耀城市的阳光似的从这里向四周辐射开来。到18世纪末，该城才呈现出现代的气息，并兼有两种容貌。一种容貌位于城市北部，好似欧洲的一些首都，这里有笔直的长满栗树和法国梧桐的街道，有花圃，有方方正正的街心公园，沿街建有欧洲式样的房子、贵族宫殿、外国大使馆和公使馆。另一种是较具亚洲色彩的城市的南部，这里的街道弯曲、污秽、满是尘土，一排排矮小的房子掩蔽在高高的泥墙后面，它们都因年久失修而斑驳脱落。此间还有塔尖高耸的清真寺、伊斯兰学校、东方式浴室和商队客栈。

从里海到波斯湾的铁路刚好经过德黑兰。在第二次世界大战期间，美国和英国的武器、装备和粮食就是从波斯湾沿着这条铁路源源不断地运往苏联。

在城郊厄尔布尔士山的山坡上，坐落着一幢幢昔日国王的豪华宫殿、外国大使馆和公使馆的避暑建筑以及当地贵族的别墅。

苏联使馆大楼是使馆人员主要的办公场所，而大使在德黑兰的住宅是一幢不大的独立的两层楼房。这两栋建筑物原都属于一位富有的宫廷大臣，位于菲尔杜乌西大街，围墙外面是栽有百年栗树和浓郁柳树的绿荫如盖的宽阔公园，园中树木的枝叶犹如在平滑如镜的水池和快速流动的沟渠中沐浴一般。

使馆办公场所的主楼现被改成了美国总统罗斯福的官邸。他住的房间正对着举行全体会议的大厅，这对于下肢麻痹、行动不便的罗斯福来说非常合适。

关于让美国总统在会议期间下榻苏联使馆的问题，德黑兰会晤的参加者事先就已进行讨论。最后决定下来，是出于安全方面的考虑。美国驻德黑兰使馆地处城郊，而苏联和英国的使馆却紧挨在一起，只要用几块高高的挡板截断两个使馆间的街道，再在中间开辟一个通道，就能把两个使馆连成一个整体。这样，苏联和英国的代表们的安全就有了保证，因为这一片领土都戒备森严。如果罗斯福住在美国使馆，他本人和其他与会者就只能每天几次经由德黑兰城里狭窄的街道去参加会谈，而街上的人群里很容易隐藏"第三帝国"的间谍。

有情报证实，希特勒情报机关准备谋害德黑兰会晤的参加者。1966年，臭名昭著的杀人犯奥托·斯科尔兹内证实，他曾受命在德黑兰劫走罗斯福。

早在1943年罗斯福和丘吉尔在卡萨布兰卡会晤后，希特勒就开始策划谋害反法西斯同盟三国首脑。这个被称为"远跃"的行动计划，是由希特勒委托谍报局头目卡纳里斯和帝国保安处处长卡尔登勃鲁纳两人制订的。

为了掩人耳目，谋害"三巨头"的行动计划使用的密码代号是"大象"。准备工作是在谍报局和党卫队保安处所属的特别训练班里进行的。德黑兰是三大国首脑会晤可能选择的会址之一，早在1943年9月中旬，希特勒的侦查机关就在破译了美国海军密码后知道了这一点。

在此之前，一个名叫罗马·加莫特的人因在伊朗搞特务勾当很有经验，就再次被派回伊朗组织破坏活动并研究当地情况。1943年5月22日，党卫队首领希姆莱在写给希特勒的信中谈道："尽管敌人重金悬赏捉拿加莫特，他的生命安全经常受到威胁，但他仍然决定在疟疾病愈后回到伊朗北部去。"1943年8月，加莫特空降到了离德黑兰不远的地方，在当地一些纳粹同情分子中找到了隐身之地，并与柏林建立了无线电联系。此后不久，几组党卫队密谋分子与加莫特结成一伙，其中就有盖世太保的奸细文费列得·奥伯格和乌尔里希·冯·奥尔特尔，他们是用德国飞机空降下来的，而飞机是从当时已被希特勒占领的克里米亚起飞的。

加莫特及其同伙后来被一名在德黑兰的英国间谍头目、瑞士人恩斯特·梅尔泽尔所破获。战前，梅尔泽尔就由一名英国侦察人员、后来的著名作家萨默塞特·毛姆介绍给英国秘密机关。梅尔泽尔在"知识服务社"工作时，经他的英国主子同意，受聘于希特勒德国谍报局。卡纳里斯对这个新来的特工人员进行了长期的观察分析，但始终未能发现他的"双重"身份。1940年年底，梅尔泽尔受德国谍报局的委派，作为几个西欧商行的代理驻在德黑兰。

1941年夏天，德国人被迫离开伊朗，恩斯特·梅尔泽尔就成了秘密间谍的主要头目、希特勒侦察机构在德黑兰的联络员。柏林除了与空降在伊朗的密谋分子进行秘密无线电联络外，还通过藏在梅尔泽尔家中的无线电发报机及其谍报机构，就策划谋害反希特勒同盟三国首脑的问题保持联系。自然，梅尔泽尔把全部情况都报告给了他的老主顾——英国人。

德黑兰很少有人知道，有关阴谋策划反对三国首脑的重要情报还来自遥远的罗夫诺森林。在那里，在敌人的后方，有一个由两名经验丰富的苏联契卡人员季米特里·麦德韦杰夫和亚历山大·卢金领导的特别小组，而传奇式的侦察员尼古拉·库兹涅佐夫就是这个小组的成员。他的德语说得很好，巧妙地伪装成了德军中尉鲍乌尔·吉别尔特。盖世太保在很长一段时间里都没有怀疑过这位打扮得漂漂亮亮、身材修长、衣冠楚楚的前线军官，竟是一名苏联侦察员。

当时德黑兰的大量流亡者中间也有不少希特勒的间谍。他们之所以能在伊朗畅行无阻，不仅是由于该国有其独特的条件，还由于受到年迈的国王礼萨·沙阿的保护。礼萨·沙阿战前就庇护过德国人，公开同情希特勒，为德国的商业家和企业家提供了极为有利的条件。希特勒的谍报机构充分利用了这一点，在伊朗安插了许多暗探。战争爆发后，流亡者蜂拥来到伊朗，盖世太保趁机加强了他们在伊朗的间谍活动。其时，伊朗作为英美向苏联提供物资的转运站，具有重要作用，因此，当伊朗与反希特勒同盟各国建立友好关系的条件趋于成熟时，礼萨·沙阿便被迫退位，溜到南美去了。

罗斯福回到华盛顿后，曾在1943年12月17日的记者会上特意宣布，他在德黑兰曾住在苏联大使馆，而不是美国大使馆，因为斯大林已经知道了德国人的阴谋活动。他还说，斯大林元帅曾通知他，可能有人要谋害所有参加会议的人，"他要我住在苏联大使馆，免得坐车在城里行驶。"

在罗斯福的住所内，美国人完全可以按自己的意愿行事。总统的膳食仍同往常一样，由他的私人厨师和服务人员负责。

美国代表团的其他成员以及技术人员住在美国使馆，他们每天从住地前来开会。

由斯大林、莫洛托夫、伏罗希洛夫组成的苏联代表团住在离主楼不远的一座两层楼的小型建筑物里——苏联驻伊朗大使的官邸。

苏联代表团技术人员住的房子曾是一位波斯权贵的后宫。这是一溜长方形的平房，四周是带有摩尔式圆柱的露天阳台。平房内有许多房间，每个房间都有两个门，一个通向阳台，一个通向长长的内廊。房前有一个四方形的水池。

苏美首脑初次会面

斯大林、罗斯福的初次会面，除他们两人外，就只有译员别列日科夫。罗斯福事先就已提出，他一个人参加会晤，不带译员查尔斯·波伦。

当别列日科夫走进全体会议大厅旁边的一个房间时，身着元帅服的斯大林已经等候在那里了。元帅在屋里慢慢走着，从一个特制的烟盒里抽出一支烟，点燃，眯缝着眼睛，看了看别列日科夫，轻声问道："一路上疲倦吗？准备好了当翻译吗？这次会谈是很重要的。"

别列日科夫回答："准备好了，斯大林同志，感觉很好。"

斯大林走到小桌前，把烟盒放在桌上，划了一根火柴，重新点燃那支熄灭了的烟，然后慢慢吹灭火柴，用火柴棍指着旁边的沙发说：

"这里靠边是我的座位。罗斯福一会儿坐着轮椅来，让他坐在圈椅的左边，你就坐在圈椅上。"

"好的。"别列日科夫回答。

斯大林开始在房间里踱来踱去，思忖着什么。几分钟后，门打开了，一个菲律宾仆役推着轮椅进来，罗斯福笑容满面地坐在轮椅里，双手紧紧地撑住轮椅的扶手。

"您好，斯大林元帅，"罗斯福精神抖擞地招呼着，伸出了手，"我好像来晚了点，请原谅。"

"不，您来得很准时，"斯大林说，"是我来得早了点。我作为主人，应该这样。无论如何，您是到我们这儿来，可以说是到苏联领土上来做客的。"

"我表示抗议，"罗斯福大笑起来，"我们不是规定得很明确，在中立国会见吗？况且，这里是我的官邸，您才是我的客人呢。"

"咱们别争了，总统先生，您最好还是谈谈，给您安排得还好吗？您是否还需要什么？"

"不，谢谢，一切都很好，我觉得像在自己家里一样。"

"这就是说，您喜欢这里？"

"非常感谢您给我提供了这所房子。"

"请您坐得靠桌子更近一点。"

菲律宾仆役把轮椅推到指定的位置，把椅子转了过来，拉紧了轮椅上的闸，退了出去。斯大林请罗斯福吸烟，罗斯福谢绝了。他随后掏出了自己的烟盒，用他那细长的手指把一支香烟插在一个精致的烟嘴上，抽了起来。

"抽惯了自己的，"罗斯福笑了笑，耸耸肩，像是表示歉意似的，"您那个赫赫有名的烟斗哪儿去了？斯大林元帅，据说您就是靠这个烟斗熏跑了自己的敌人？"

斯大林狡黠地笑了笑，眯缝着眼。

"看来，我几乎把他们全都熏跑了。不过严格说起来，医生是要我尽量少抽烟斗的。可我还是把它带来了。为了使您愉快，我下次一定带着它。"

"应该听医生的，"罗斯福严肃地说，"我也得这样。"

"您对今天这次谈话的日程有什么建议吗？"斯大林开始以谈正事的语气说道。

"我想不必现在就明确地划定我们要讨论的问题的范围，只不过是就目前形势和未来的远景一般地交换一下意见。我也很想从您这儿了解一点你们前线的情况。"

"我愿意接受你的建议，"斯大林说道，从容不迫地拿起一个特备的烟盒，打开后在里面挑来挑去，选了半天，最后才取出一支烟抽了起来，不慌不忙地继续说道，"至于谈到我军前线的情况，主要的大概就是我军最近放弃了一个重要的铁路枢纽——日托米尔。"

"前线天气如何？"罗斯福问道。

"只有乌克兰天气很好，前线其他地区是一片泥泞，土地还没有上冻。"

"我想从苏德战场引开德国人30到40个师。"罗斯福深表同情地说道。

"如果能办到，那很好。"

"这是我准备在最近几天在德黑兰要阐明的问题之一。问题的复杂性就在于，美国人需要供养一支远离美国大陆3000英里的200万人的军队。"

"这就需要有很好的运输工具，我完全理解您的困难。"

"我想，这个问题我们能解决，因为美国正在以令人满意的速度制造船舶。"

会谈中，斯大林和罗斯福还涉及其他许多问题。罗斯福概括地阐述了战后苏联和美国进行合作的想法，斯大林对此表示欢迎，并且指出，战争结束后，苏联将是美国的一大市场。罗斯福则强调，战后美国人需要大量原料，因此他认为两国间将会有密切的贸易往来。斯大林当即表示："如果美国人向我们提供设备，我们可以向他们提供原料。"

接下来，双方谈到了法国的前途问题。罗斯福声称，他不喜欢戴高乐，而认为吉罗是一个十分讨人喜爱的人，是一个出色的将军。罗斯福还讲到美国人正在装备法国11个师。

"法国人民是好的，"罗斯福指出，"但是他们需要一批全新的领导人，年龄不超过40岁，又没有在原法国政府中担任过职务。"

斯大林也谈了自己的看法，认为法国领导人的更替需要很长时间。他接着说，至于目前法国的某些领导人，看来他们以为盟国会奉送给他们一个现成的法国，因此他们不想和盟国共同作战，而宁愿同德国人合作；至于法国人民怎么想，他们则毫不理睬。

罗斯福说，丘吉尔认为法国会完全复兴，并很快成为一个强国。

"但是我不同意这种看法，"罗斯福继续说，"我看这要过许多年才能实现。如果法国人认为盟国会把一个现成的法国装在盘子里端给他们，那他们就错了。要使法国真正成为一个强大的国家，法国人还要付出很大的努力。"

罗斯福接下来的谈话表明，美国和英国在关于殖民地未来的问题上，态度并不一样。罗斯福说，必须重新对待战后殖民地和附属国的问题，他认为可以让这些国家逐步实现自治和最终获得独立。

在谈到印度支那的前途时，罗斯福说，可以向印度支那委派三四个托管人，经过30至40年，使印度支那人民做好自治的准备。罗斯福认为，这种办法同样适用于其他殖民地。

罗斯福继续说道："丘吉尔不愿意在实现关于托管制的建议方面采取坚决行动，因为他害怕对他的殖民地也实行这个原则。我国的国务卿赫尔在莫斯科时，随身带了一份我拟定的关于建立国际殖民地事务委员会的文件。这个委员会应该对各殖民地进行视察，以便研究这些国家的状况和改善这种状况的可能性。委员会的全部工作要公布于众。"

斯大林对建立这个委员会的想法表示支持，他指出，还可以向这个委员会提出申诉、请求，等等。罗斯福对苏联方面的反应表示满意，但他也不掩饰对丘吉尔可能采取的态度的担忧。他甚至提醒斯大林，在同英国首相谈话时，最好不要谈印度问题，因为据他所知，丘吉尔对印度问题还没有任何考虑，他打算战后再解决这个问题。

罗斯福看一看表。接下来的全体会议定于16时正式开始，所剩时间已经不多。

"我看，咱们该结束了，"罗斯福说道，"稍稍歇一会儿，开全体会议前集中思想考虑一下问题。我觉得，我们这样交换意见是有益的。总之，我很高兴和您认识，并开诚布公地和您交谈。"

"我也同样感到十分高兴。"斯大林回答说，然后站起身来，轻轻地向罗斯福点了点头。

译员别列日科夫即刻到隔壁房间去唤总统的仆役，仆役很快就来了。他扶着轮椅背上的把手，把罗斯福推回自己的住所。斯大林走到隔壁房间，莫洛托夫和伏罗希洛夫正在那里等他。

圆桌会议

全体会议在一个宽敞的大厅里举行，厅内陈设都是按照所谓"帝国风格"即一种仿古艺术风格布置的。大厅正中是一个大圆桌，桌上铺着一块奶油色的呢子桌布，圆桌周围放着圈椅，椅上罩着带有条纹的绸缎做的套子。圈椅的扶手是红木雕花的。圆桌中央有一个木制的支架，上面插着参加会议的三国国旗。桌上的每个座位前面都放着便条本和削好的铅笔。代表团的主要成员和译员坐在桌旁，而其他成员和技术人员则坐在圈椅后面的一排排椅子上。

苏联代表的人数最少：斯大林、莫洛托夫、伏罗希洛夫。

美国方面有：总统富·德·罗斯福，总统特别助理哈·霍普金斯，美国驻苏大使阿·哈里曼，美国陆军参谋长乔·马歇尔将军，美国海军总司令欧内斯特·金海军上将，美国空军参谋长亨·阿诺德将军，美军后勤部长布·萨默维尔将军，总统参谋长莱希海军上将，美国驻苏军事使团团长约·迪安将军。

英国方面有：首相温·丘吉尔，外交大臣安·艾登，英国驻苏大使阿·克尔，帝国陆军总参谋长阿·布鲁克将军，陆军元帅约·狄尔，第一海军大臣、海军元帅安·坎宁安，皇家空军参谋长、空军上将查·波特尔，国防部参谋长黑·伊斯梅将军，英国驻苏联军事使团团长杰·马特尔将军。

坐在丘吉尔右侧的是他的翻译——伯尔斯少校。坐在罗斯福身旁的也是担任翻译工作的查尔斯·波伦（美国驻苏使馆一等秘书）。

苏联方面在第一排就座的有斯大林和莫洛托夫，还有苏联代表团的两名正式翻译——别列日科夫和巴甫洛夫。伏罗希洛夫一般坐在第二排的椅子上。

全体会议上的讨论进行得较为随便，没有事先规定好议程。代表们发言时不看稿子，而是对涉及的问题有什么想法就谈什么，因此，讨论起来有时从这个问题马上扯到另一个问题，然后又回到原来的问题上。与会三方经过事先协商，决定第一次全体会议由罗斯福主持。罗斯福显示了他长期担任领导人的经验。

第一次全体会议于11月28日16时开始，持续了三个半小时。罗斯福宣布开会时说："作为在座的政府首脑中最年轻的一个，我冒昧地第一个发言。我愿意向我们这个新家庭的成员们——聚集在会议桌旁的全体与会者保证：我们到这里来是为了一个目的，那就是尽快赢得战争的胜利……"

接着，罗斯福就会议如何进行提出了几点意见。他说："这里谈论的任何东西我们都不打算发表，但我们彼此之间要像朋友一样开诚布公。"他最后说："我想这次会议将会是成功的。在这次战争中联合起来的三个国家将加强相互之间的联系，并为我们的子孙后代紧密合作创造条件。"

在进入具体问题讨论之前，罗斯福询问了丘吉尔和斯大林，是否愿意就这次会议的重要性及其对全人类的影响一般性地讲几句话。

丘吉尔立即举起右手要求发言。他吐字清晰，从容而有节奏，一个字接着一个字地往外讲，就像泥瓦工砌墙时一块接一块垒砖一样。当他停顿下来让人翻译时，嘴唇仍在翕动，似乎在把他想说的话预先默念一遍，听听句子是否悦耳。当他确信已经做到了字斟句酌时，他再用他那职业演说家的洪亮声音清楚地讲出来。为了强调这是一个庄严的时刻，丘吉尔从座位上站起来，把圈椅往边上推了推，以便给他那肥胖而笨重的身子让出地方。

他说："这次会晤可以说是人类历史上空前的世界力量的最伟大的集会。我们的手里握有缩短战争、赢得战争胜利和决定人类未来命运等问题的决定权。我愿为我们无愧于上帝赐给我们造福于人类的良机而祈祷。"

丘吉尔环视一下四周，然后慢慢坐下。

罗斯福向苏联代表团团长问道，是否想说点什么。斯大林说道："我想，我们是历史的宠儿，历史赋予我们极大的力量和极好的机会，我希望在这次会议上，我们要竭尽全力为了共同合作而很好地利用人民授予我们的力量和权力，现在让我们开始工作吧。"

罗斯福点头表示同意，然后环视一下全体会议参加者，希望有人第一个发言谈谈实质性的问题。但是，没有一个人表示要发言。于是，总统打开放在面前的黑色卷宗，翻了翻里面的文件，清清嗓子说道："也许，得由我先来概括地谈谈目前的战局和战争的需要。当然我是从美国的观点出发来谈的。我们和大不列颠王国、苏联一样，也希望迅速赢得战争的胜利。我想先谈谈与苏联和大不列颠王国相比更多地关系到美国的那部分战争。我指的是太平洋战争。在那里，美国在澳大利亚和新西兰军队的协助下，肩负着战争的主要责任……"

罗斯福总统概述了这一地区的军事形势。在宣布关于从日本占领下光复缅甸北部的计划时，他比较具体地谈到缅甸地区的战役。据罗斯福说，采取这些措施的目的是为了援助中国作战，要开辟一条缅甸的通道，并保住那些在消灭德国后，能立即用以尽快击败日本的阵地。然后，总统简要地叙述了欧洲作战地区的情况。

斯大林接着发言，概述了前线的作战情况。他祝贺美国在太平洋地区取得的胜利，然后说，苏联目前还不能参加抗击日本的战斗，因为要集中全部兵力与德国作战。苏联在远东的兵力作为防御力量还勉强够数，但如果打算进攻，至少得增加一倍兵力才行。"这样，我们就只有在德军被击溃之后，才能在太平洋战区与西方盟友联合作战。"

"关于欧洲的战争，"斯大林说，"首先我总括地谈谈自德军7月攻势以来到目前为止我们已进行，目前还在继续进行的战役情况，也许我这样讲过于详细？那我可以缩短我的发言。"

"我们乐于听取您打算讲的一切。"丘吉尔插话说。

斯大林继续说道："顺便提一下，应该说，最近本来我们自己也在准备进攻。德国人抢先了。但既然我们本来就准备进攻，并集结了大量兵力，所以在击溃德军的进攻之后，我们自己能较快地转入反攻。虽然人们说我们总是事先把一切都计划好，但我应该说，八九月所取得的胜利连我们自己也没有估计到。完全出乎我们的预料。原来，德国人比我们想象的要弱。根据我们的侦察，现在德国陆军在我们的战场上有210个师，还有6个师正在调往前线。此外，还有50个非德国师，其中包括芬兰师。这样在我们的战场上，德国人共有260个师，其中大约有10个匈牙利师，20个芬兰师，16个或18个罗马尼亚师……"

罗斯福想知道一个德国师有多少人，斯大林回答说，包括辅助部队在内，德国一个师大约有1.2万至1.3万人。斯大林补充说，苏联方面在前线作战的有300到330个师。

斯大林在谈到苏德战场的近况时说，正是这一部分超过的兵力被苏联方面用来进攻。但是，由于苏联打的是进攻战，随着时间的推移，苏联的优势将越来越小。德国人在撤退时野蛮地摧毁一切，这就给苏联运送弹药造成了很大困难，这也就是最近攻势放慢的原因。

斯大林说："最近三周，德国人在乌克兰的基辅以南和以西地区发动了进攻，他们占领了我们的重要铁路枢纽——日托米尔。大概他们日内还要夺取科罗斯坚——这也是一个重要的铁路枢纽。德军在这个地区有5个新坦克师和3个原有的坦克师，总共8个坦克师，还有22到23个步兵师和摩托化师。他们的目的是重新占领基辅，所以我们前面将会遇到一些困难，因此，盟军加速进入法国北部是非常重要的。"

丘吉尔在斯大林之后发言时，首先谈到了有关英美在法国登陆的计划。这个问题是德黑兰会议的主要议题。围绕这个问题，无论是在正式会议上还是在非正式会见时，都展开了极为激烈的争论。

"霸王"战役

在德黑兰会议第一次全体会议上，罗斯福强调指出，英美横渡英吉利海峡的战役非常重要，这也是苏联特别关心的问题。西方盟国一年半以来都在制订相应的计划，但是，由于船舶吨位不足，仍不能确定这一战役的日期。他说："我们不仅想横渡英吉利海峡，而且还要向纵深追击敌人，而英吉利海峡是这样一个讨厌的水域，要在5月1日之前开始渡海战役是不可能的，所以英美在魁北克制订的计划，出发点就是这个战役应在1944年5月1日左右付诸实现。"

在谈到哪些战役应优先进行时，罗斯福说："如果我们将在地中海进行大规模登陆作战，那么可能就得把横渡英吉利海峡的战役推迟两个月或三个月，因此，我们想就这个问题以及在舰艇少的情况下如何更好地利用地中海地区现有军队的问题，听听我们苏联同事的意见。但我们并不想把横渡英吉利海峡的日期推迟到5月或6月之后。与此同时，有许多地方可以利用英美军队，这些军队可在意大利、亚得里亚海地区和爱琴海地区发挥作用。最后，如果土耳其参战，它们还可以用来帮助土耳其。所有这些我们都应在这里做出决定。我们很想帮助苏联，从苏联战场上引开一部分德军，我们想听听苏联朋友的意见，我们怎样才能最有效地减轻他们的困难。"

罗斯福说完后，问丘吉尔是否想就他的发言作些补充。丘吉尔停了一会儿，蠕动了一下嘴唇，不慌不忙地回答说："我请求推迟我的发言，等斯大林元帅发言之后我再谈谈。但我原则上同意罗斯福总统的意见。"

其实，丘吉尔的立场同罗斯福的立场大不一样。他想先摸摸苏联的底。斯大林看出了丘吉尔的花招。

斯大林在谈到第二战场时首先说明，苏联方面指望盟国的正是在法国北部登陆，再也不能拖延了，因为只有这样的战役才能减轻苏联战场上的困难。他说："也许我的看法不对，但我们俄国人认为意大利战场的重要性仅在于保证盟国船只在地中海自由航行。我过去这样看，现在仍然这样看。至于说到从意大利直接进攻德国，那我们俄国人认为，意大利战场是不合适的。"

趁翻译把俄语翻译成英语时，斯大林从制服口袋里掏出一个弯形的烟斗，打开他那特备的烟盒，取出了几支香烟，不慌不忙地把它揉碎，塞进烟斗，点燃后抽了起来。斯大林眯缝着眼睛，环视着所有在座的人。当他和罗斯福的目光碰到一起时，罗斯福微微一笑，会意地使了一个眼色，表示他记起了斯大林曾作过带来烟斗的许诺。

翻译说完后，斯大林搁下烟斗，继续发言："我们俄国人认为，在法国北部或西北部进攻敌人效果最好。德国最薄弱的地方是法国。当然，这是一次艰巨的战役，在法国的德军将疯狂抵抗，但这终究是最好的解决办法，这就是我的全部意见。"

罗斯福向斯大林表示谢意，然后问丘吉尔是否准备发言。丘吉尔点头表示同意。他清了清嗓子，以他那特殊的风度一字一句仔细推敲着开始发言。他说，英国和美国很早就商定从法国北部或西北部向德国进攻，为此正在进行大规模的准备。如果要说明为什么英美没能在1943年进行这些战役，需要举出许多数字和事实。但现在已决定1944年向德国发动进攻，地点已经选定。现在的任务是为使军队在1944年春末横渡英吉利海峡进入法国创造条件。英美能够在5月或6月为此目的而集中的兵力有16个英国师和19个美国师，在这些部队之后，主力部队要紧跟上去。而且预计在整个"霸王"战役中，在五、六、七这三个月内，总共要调动100万人横渡英吉利海峡。

丘吉尔在作了这些保证之后，就把话题转到了在欧洲其他战场上如何使用英美兵力的问题上来。他小心翼翼地选择用词，一再声明这些建议只不过是他个人的想法，是想提出来供大家研究。当然，他的想法隐藏着他的明确意图：不是从西面，而是从南面和东南面，从他所说的"欧洲的软腹部"进攻德国。

丘吉尔说，现在距实行"霸王"战役还有六个月的时间，在此期间，要在地中海合理使用西方国家的兵力。他说，这样做同样也是想尽快给予苏联以支援。当然，他再一次提出保证说，"霸王"计划一定会按照预定的期限，或在稍迟一些时候付诸实施。

丘吉尔停顿片刻，想看看反应。他从烟具上拿起那支半截已燃成灰烬的雪茄烟，小心翼翼地送到嘴边，深深地吸了一口。等了一会儿，他见没有人提出不同意见，于是就又继续往下说："为发动'霸王'战役，我们已从地中海地区抽调了7个有作战经验的师以及部分登陆艇。如果考虑到这一点，此外还有意大利的恶劣天气，那么必须指出，我们对至今还没有攻下罗马有些失望。我们首要的任务是占领罗马。我们认为，1月将会有一场决战，而我们必将获胜。在艾森豪威尔将军领导下的第15集团军司令亚历山大将军认为，罗马战役完全能够打赢，可能俘虏和歼敌11至12个师。我们不想再向伦巴第推进或越过阿尔卑斯山进入德国，我们只打算推进到罗马稍北的彼萨—罗米尼一线。此后就可以在法国南部登陆，横渡英吉利海峡。"

丘吉尔向苏联代表团问道："我们在地中海采取的行动，可能会使横渡英吉利海峡的战役延缓一点执行，苏联政府对此是否感兴趣？"

没等苏联代表作答，丘吉尔就急忙补充道："这个问题我们暂时还没有明确的决定，我们到这里来，就是要解决这个问题。"

"还有一种可能，"罗斯福插话说，"那就是当苏军逼近敖德萨时，我们可以在亚得里亚海北部地区登陆。"

丘吉尔继续说道："如果我们夺取罗马，进而从南部封锁德国，那么我们就能进而在法国西部和南部发动攻势，并可能增援游击队。可以成立一个委员会来研究这个问题，并制定详细的文件。"

斯大林仔细听了丘吉尔的阐述后要求发言。他说："我有几个问题。据我理解，是否将有35个师来进攻法国北部？"

丘吉尔回答："是的，正是这样。"

斯大林继续提问："在开始进攻法国北部之前，预计先在意大利战场进行一次战役，目的是占领罗马，然后准备在意大利转入防御？"

丘吉尔点头表示肯定。

斯大林又问："我理解，除此之外还计划进行三个战役，其中之一就是在亚得里亚海地区登陆，我理解得对吗？"

"实施这些计划可能对俄国人会有好处，"丘吉尔说，"最大的问题是必要兵力的调动问题。'霸王'计划开始要用35个师，以后部队的数量将由美国调来的师团补充，其数目将达到50至60个师。在英国的英美空军最近六个月将增加一至二倍。此外英国目前正在不断地聚集兵力。"

斯大林又提问："不知我理解得是否正确，除了占领罗马的战役外，还计划在亚得里亚海地区，同时还在法国南部分别发动一次战役？"

丘吉尔没有从正面回答问题，他只是说："在'霸王'战役开始时，计划在法国南部发动进攻。为此，将利用从意大利抽出的兵力，但这个战役的详细方案还没有拟定。"至于在亚得里亚海登陆，他避而不谈。

斯大林盯了他一眼，然后说："我认为最好是把'霸王'战役作为1944年一切战役的基础。假如在发动这个战役的同时，在法国南部登陆，那么两支队伍就能在法国汇合。所以最好是进行两个战役：一个是'霸王'战役，一个是支援'霸王'战役的战役——在法国南部的登陆战役。而与此同时，罗马地区的战役将是牵制性的战役。如果在法国南北两边登陆，当这两支队伍汇合时兵力就增加了。不要忘了，只有法国才是德国人最薄弱的地方。"

斯大林和丘吉尔就这样争辩着。英国保守党领袖说什么也不肯认输，并且宣称："我同意斯大林元帅关于最好不要分散力量的看法，但是我担心，在这六个月的时间里，本来可以占领罗马并作好在欧洲开展大战役的准备，然而我们的军队却无所事事，不能给敌人施加压力。在这种情况下，我担心议会将责备我没有给俄国人以任何帮助。"

斯大林反驳道："我认为'霸王'战役是个大规模的战役，如果能从法国南部加以支援，将大大有利于它的进行，并肯定能够奏效，如果是我，我就宁肯走这样的极端：在意大利转入防御，放弃占领罗马，而在法国南部发动进攻，从而把法国北部的德军引过去。两三个月后，我再从法国北部开始行动。这个计划将能保证'霸王'战役的顺利进行，而且两军可以会师，进而壮大力量。"

丘吉尔不喜欢这个建议，他强烈反对说，他还能举出更多的论据，但只想说，如不占领罗马，那盟国的处境就会差得多。他建议让军事专家们去讨论这个问题，然而他坚决声称，攻打罗马的战斗已在进行，放弃攻克罗马意味着失败，而这一点英国政府是无法向议会做出解释的。"霸王"计划最终可以在8月付诸实施。

在这紧张气氛中，罗斯福插话说："如果不进行地中海战役，我们就能按期实施'霸王'战役。如果进行地中海战役，那么将势必推迟'霸王'战役，我是不想推迟'霸王'战役的。"

丘吉尔满脸愠色，垂头丧气地坐着抽烟。斯大林沉默了几分钟后再次发言，说他认为同时或差不多同时在法国北部和南部登陆是最理想的。他说，苏德战场上的作战经验表明，两面夹攻能收到较好的效果，使敌人不得不来回调动兵力，而"盟国完全可以吸取我们的经验在法国登陆"。

尽管丘吉尔很难反对这个意见，但他仍然不愿让步，他说："我认为不管是否向法国南北两面进攻，我们可以采取一些牵制性的活动。我本人认为我们的军队在地中海无所事事是一件很不好的事情，所以我们不能确保5月1日这个开始发动'霸王'战役的日期，而确定固定不变的日期将是个很大的错误，我不能仅仅为了确保5月1日这个日期而牺牲地中海战役。当然，我们应该就此问题达成一定的协议。这个问题可由军事专家们来讨论。"

"好吧，"斯大林毅然决然地说道，"让军事家们去讨论吧。说实在的，我们没想到要讨论纯军事问题，所以也没有带总参谋部的代表来，但我想，伏罗希洛夫元帅和我能解决好这个问题。"

英方赠送皇家宝剑

在11月29日全体会议开始之前，举行了一次显示同盟国在反对共同敌人的斗争中团结一致的隆重仪式。这一仪式或多或少驱散了笼罩在会议上空的乌云。

以英国国王乔治六世和英国人民的名义向斯大林格勒居民赠送特制宝剑的仪式十分隆重。祖传的铸剑能手锻制成的这把巨型宝剑耀眼夺目，装在镶嵌着贵重饰物的刀鞘内。这柄宝剑表达了英国人民对斯大林格勒市给予法西斯禽兽致命一击的英雄们的尊重。

仪式开始前，大厅里挤满了人。当"三巨头"来到时，各代表团的全体成员以及反希特勒同盟各国的陆、海、空三军将领都聚集在大厅里等候。

斯大林身穿佩戴大元帅肩章的浅灰色军服，丘吉尔这次也穿上了军装。从这天起，英国首相在德黑兰再也没有脱下军装。最初，丘吉尔曾穿一身蓝色带条纹的上衣，但是当他看见斯大林身穿军服时，他便马上要求把自己那件皇家空军最高指挥官的蓝灰色军装取来。这套军装在赠剑仪式前恰好及时送到。罗斯福仍像往常一样，身穿便服。

仪仗队由苏联红军和英国皇家军队军官们组成。乐队演奏苏联和英国国歌。全体人员挺直立正。乐队奏乐完毕，一片肃静。丘吉尔从容不迫地走到放置在桌子上面的一个黑色大匣子前面，将匣子打开。带鞘的宝剑摆在深红色的丝绒衬垫上。丘吉尔双手将宝剑取出，高举过头，然后对斯大林说：

"国王乔治六世陛下命令我，将这柄依照陛下本人选定和赞赏的式样锻制的荣誉宝剑递交给您，并请您转交给斯大林格勒的公民。"

这柄荣誉宝剑的剑刃上刻有下列字句：

赠给斯大林格勒公民——具有钢铁般意志的人们

——乔治六世国王及英国国民

丘吉尔向前走了几步，把宝剑交给斯大林。斯大林身后站着手持冲锋枪的苏联仪仗队。斯大林接过宝剑，将剑抽出剑鞘，剑刃寒光逼人。他把宝剑捧到嘴边，吻了一下，随后手持宝剑轻声说道：

"我代表斯大林格勒市民，对国王乔治六世赠送的礼品表示十分感谢。斯大林格勒市民高度评价这件礼品。我请您，首相先生，向国王陛下转达斯大林格勒市民的谢意……"

间歇片刻，斯大林缓步绕过桌子，走到罗斯福身旁，把宝剑递给他看。丘吉尔托着剑鞘，罗斯福仔细端详着长长的剑身。总统读了一遍剑刃上的题词，然后说："的确，斯大林格勒市民具有钢铁般的意志……"

然后，他把宝剑交还斯大林。斯大林走到放着剑匣的桌旁，小心翼翼地将宝剑插入剑鞘，放回匣内，并把匣盖盖好。随后，他把剑匣交给了伏罗希洛夫。伏罗希洛夫在仪仗队的护送下，把宝剑送到隔壁房间去了。

斯大林问：谁是总司令？

"霸王"战役还有一个重大问题没有解决——斯大林在11月29日的会上问道："我希望得到答复，谁将被任命为'霸王'战役的总司令？"

"这个问题还没有决定。"罗斯福回答。

"那么'霸王'战役将会落空，"斯大林好像在自言自语，"谁对'霸王'战役的准备和实施承担道义上和军事上的责任呢？如果这一点不明确，那'霸王'战役只不过是空谈。"

一阵沉默之后，罗斯福说："英国摩根将军负责'霸王'战役的准备工作。"

"而谁负责'霸王'战役的实施呢？"斯大林继续追问。

"除总司令之外，要参加实施'霸王'战役的全部人员我们都确定了。"总统解释说。

"可能会出现这种情况，"斯大林显得有些不快，"摩根将军认为已为战役做好了准备，但随后被任命为负责实施这次战役的总司令，可能会认为还没有为战役做好准备。应该由一个人既负责战役的准备，又负责战役的实施。"

"委托摩根将军负责战役的初步准备工作。"丘吉尔重复说道。

"是谁委托摩根将军的？"斯大林又马上提问。

丘吉尔回答说，是几个月前经罗斯福总统和他本人同意，由英美联合参谋部委托摩根将军负责的，但总司令还没有任命。英国准备在"霸王"战役中，把本国的部队交给美国总司令指挥，因为美国负责军队的集结和补充，并且在军队数量上占有优势。总司令的问题不能在像今天这样大范围的会议上解决，这个问题应在三国政府首脑之间，在小范围内讨论。

当丘吉尔讲话的时候，罗斯福在一张纸上写了些什么，然后递给英国首相。丘吉尔很快看了一遍，说："总统刚刚告诉我，任命总司令的问题将取决于我们在这里会谈的情况，对此我也表示同意。"

"我希望大家能够正确理解我的意思，"斯大林解释说，"俄国人并不想参与任命总司令的事情，但他们想知道，谁将是总司令。我们希望能尽快任命总司令，由他既负责'霸王'战役的准备，也负责'霸王'战役的实施。"

"我完全同意斯大林元帅的意见。"丘吉尔高兴起来，"过两星期我们将任命总司令，并把他的姓名通知你们。我想总统会同意我的意见的。"

第二天，有关"霸王"战役总司令的任命问题，在斯大林和丘吉尔会晤时曾再次涉及。丘吉尔承认任命总司令事关紧要。他说8月以前有过一种意见，认为"霸王"战役总司令应由英国军官担任，但是不久前，罗斯福和丘吉尔在魁北克会晤时，总统建议，由美国军官指挥"霸王"战役，而由英国军官指挥地中海战役。英国政府同意这一建议，因为在"霸王"战役的开始阶段，美国人就在数量上占有优势，再往后，美国的人数还会日益增多。

"这是否意味着将任命一位英国司令官在地中海代替艾森豪威尔呢？"斯大林问道。

丘吉尔作了肯定的回答，并且补充说，只要美国人一任命自己的总司令，他丘吉尔也就会任命英国在地中海地区的总司令。

英国首相旋即意味深长地补充说："美国总司令迟迟不能任命，是与某些国内问题有关，而且也和美国某些高级人士有关……"

事实上，任命总司令的问题不仅在华盛顿的政界人士中间引起了争议，而且也在英国人和美国人之间引起了争议。1943年夏季之前，华盛顿就开始形成一种看法：有必要把地中海地区的战役和法国北部的战役由一个司令部统一指挥，即由美国来指挥，那时就提出了指挥所有这些战役的司令候选人——美国陆军参谋长乔治·马歇尔将军。但是围绕这个候选人问题产生了意见分歧。有影响的军界人士和美国国会一些知名人士认为，在华盛顿很难找到像马歇尔将军这样在军事和政治方面有经验的活动家来接替他。这些人士同意将马歇尔将军调往欧洲，但必须找出一种办法，使他能继续担任在华盛顿的职务。

另一方面，罗斯福总统和他的亲信则认为，只有推荐马歇尔将军来担任总司令，才有可能指望英国人同意将地中海和西欧两个战区统一在他一人的指挥之下。罗斯福认为这一点尤为重要，因为当时丘吉尔打算首先在地中海东部地区展开大规模的军事行动的意图已表露得十分清楚，由此而产生的美国国内政治方面的各种复杂因素，使得在1943年整个秋季有关总司令候选人的问题始终未能得到解决。

英国政府坚决反对建立一个由美国人独揽大权的统一司令部，这就使问题变得更为复杂。直到1943年12月5日，罗斯福才任命艾森豪威尔将军为参加"霸王"战役的英美联军最高司令官。

气氛恶化

尽管与会者在会谈中多次涉及"霸王"战役这个话题，可是这丝毫没有使他们朝着主要问题——进攻法国北部的日期和次序问题前进一步。

丘吉尔仍然不放弃以地中海或巴尔干的其他战役来取代"霸王"战役的企图。在一次全体会议上，丘吉尔再次声称，英国人在地中海拥有大量部队，并希望这支部队全年都在那里积极作战，而不是无所事事。他"请求"俄国人研究这个问题的全部情况和英国人提出的最有效使用地中海地区现在兵力的各种方案。

接着，丘吉尔提出了一系列问题，并认为对这些问题有必要加以仔细研究。

第一个问题是：驻扎在地中海的部队能够给"霸王"战役提供什么援助？英国人希望在地中海拥有足以运送两个师的登陆舰艇，这样就能够加快英美部队沿亚平宁半岛挺进，消灭敌人。另一种利用这些部队的可能性是，如果土耳其参战，那么，这些部队占领罗德岛是没有问题的。使用这些部队的第三种可能性是，这些部队虽然会有些损失，但还是可以在六个月之后用来在法国南部支援"霸王"战役。这三种可能性的任何一种都会使"霸王"战役延期实施。

"这就需要我们做出抉择，"丘吉尔激动起来，高举双手大声说道，"为了决定我们作何选择，我们想听听斯大林元帅对整个战略形势的看法，因为我们俄国盟友的作战经验使我们不胜钦佩和倍受鼓舞。"

"然而还有一个问题，"丘吉尔继续说道，"这个问题与其说是军事性的，不如说是政治性的。这指的是巴尔干问题。那里驻有21个德国师，此外还有卫戍部队。其中有5.4万名德国士兵集结在爱琴海诸岛，在巴尔干至少还有13个保加利亚师。"

丘吉尔在说明驻扎在巴尔干的敌军的作用之后，又说英国在巴尔干既不谋求什么利益，也没有什么沽名钓誉的野心，仅仅打算把21个德国师牵制在巴尔干，并伺机歼灭它们。"我们力求和我们的俄国盟友齐心协力地工作。"

斯大林再次强调指出，"霸王"战役应当被看作是军事问题中最主要的、带有决定意义的问题。他说："当然，俄国人需要帮助。如果要谈帮助我们，那么我们期待的是，帮助我们的人应当去实施预定的战役，我们期待的是实实在在的帮助。首先不得拖延'霸王'战役的日期，5月为实施这一战役的最后期限，没有任何理由不做到这一点。"

罗斯福认真倾听了斯大林的发言，然后表态说，他认为期限的问题十分重要，可以采取下列两种方案之一：或者在5月第一周进行"霸王"战役，或者对此战役稍加拖延。他说，"霸王"战役有可能因为在地中海进行一两次需要登陆工具和飞机的战役而延期。如果在地中海东部发动攻势而进展不利，就不得不往那里增调物资和军队，这样，"霸王"战役就不能如期实施。因此，参谋部应当制定在巴尔干的行动计划，使那里的行动不致影响"霸王"战役。

"对，"斯大林对美国总统表示支持，并且补充说，"如有可能，最好在5月内实行'霸王'战役，譬如说5月10日、15日、20日。"

丘吉尔马上反驳说："我不能作这样的保证。"

斯大林耸耸肩膀，压住心中的怒火，平静地说道："如像丘吉尔昨天所说，在8月实施'霸王'战役，那么由于这一时期天气不好，这个战役不会有什么结果。4月和5月是进行'霸王'战役最合适的月份。"

丘吉尔也以和解的语气说："我觉得，我们之间的观点分歧不像乍看起来那么大。我准备做到英国政府力所能及的一切，使'霸王'战役尽可能早日实施。但地中海有许多机会，利用这些机会可能使'霸王'战役的实施推迟二至三个月，我不认为由此就得把这些机会当作毫无意义的东西抛弃。我们认为，人数众多的英国军队不应在六个月内无所事事。他们应和敌人作战，我们希望在美国盟军的帮助下，把在意大利的德军消灭掉。我们不能在意大利老是处于消极状态，因为这样会破坏我们在那里的整个战局。我们应当帮助我们的俄国朋友……"

这样，丘吉尔又回到他提出的在地中海开展战役的方案上来了。

斯大林冷不丁冒出一句："按照丘吉尔的说法，俄国人是要求英国人无所事事啰。"

丘吉尔佯装没有听到斯大林的讽刺，再一次开始论述必须在意大利和巴尔干牵制尽可能多的德军，在意大利战场表现消极，德国人就可以重新把军队调往法国，而不利于"霸王"战役的实施。

见此情况，罗斯福再次建议把悬而未决的问题提交军事委员会讨论，但斯大林表示坚决反对。他说："不需要任何军事委员会。我们能够在这里的会上解决所有问题。我们应决定日期的问题、总司令的问题和法国南部辅助战役是否有必要的问题。"

斯大林特别指出，苏联代表团待在德黑兰的时间是有限的，可以待到12月1日，12月2日，代表团就得离开，因为事先就已议定，会议只开三四天。

罗斯福仍然坚持把所有问题都交给军事委员会，但斯大林仍不同意。他解释说，俄国人想知道"霸王"战役开始实施的日期，以便自己方面作好打击德寇的准备。

丘吉尔支持罗斯福关于提交军事委员会讨论的建议，他说："至于确定'霸王'战役的日期……"

斯大林毫不客气地打断丘吉尔的话，说道："我们不要求进行任何研究……"

罗斯福感到气氛愈来愈紧张，便出来进行调解，他说："我们大家都清楚，我们同英国人之间的分歧不大。我反对推迟'霸王'战役，而丘吉尔则更多地强调地中海战役的重要性。军事委员会可以把这些问题弄清楚。"

斯大林毫不退让，再一次强调说："我们自己可以解决这些问题，因为我们比军事委员会有更大的权力。如果可以提个问题，那么我想问问英国人，他们对'霸王'战役究竟有没有信心，还是只不过是为了安慰俄国人而已？"

丘吉尔仍然坚持己见，转弯抹角地说道："如果莫斯科会议上提出的条件都能具备，那么我坚信，当'霸王'战役开始实施时，我们应该投入一切可能的兵力来对德作战。"

就这样，在长时间讨论之后，"霸王"战役问题再一次陷入僵局。

斯大林从座位上陡然站起来，对莫洛托夫和伏罗希洛夫说道："我们走吧，我们在这儿没有什么事好干了，我们前线还有许多事要做呢……"

丘吉尔在座位上显得坐立不安，满面通红，他嘟囔着，认为苏方"没有理解"他的意思。

为了缓和气氛，罗斯福以调解人的口吻说："现在我们都很饿了，所以我提议休会，去出席今天斯大林元帅招待我们的午宴……"

一条"小鱼"

同会议厅连接的小宴会厅里已经摆好了一桌九人的宴席。小巧精致的三国国旗在洁白的台布上耀眼夺目。餐具周围自然地散放着红色石竹花，桌上还摆着赴宴者的姓名卡片。斯大林座位的对面是美国总统的座位。在为罗斯福准备的高脚酒杯上放着一张白色硬纸片，上面用俄文和英文写着"富兰克林·德兰诺·罗斯福"。丘吉尔坐在斯大林的右侧。罗斯福的右侧是莫洛托夫。菜单上的菜肴都是在这种场合通常所见的各式冷盘、肉汤、煎牛排、雪花冰糕、咖啡。饮料有高加索干葡萄酒、矿泉水、柠檬水和"苏联香槟"。当大家聚齐，尚未就座时，服务员用托盘端来了盛着伏特加、白兰地、葡萄酒的酒杯。斯大林举杯致了简短的欢迎词。

罗斯福对高加索葡萄酒十分赞赏。他说，加利福尼亚州不久前开始生产干葡萄酒，在美国太平洋沿岸地区南部，酿酒业正迅速发展，如果那里尝试生产一些高加索酒，倒是一件好事。斯大林对他的这种想法表示支持。他凭记忆列举出各种高加索葡萄酒的生产数字，详尽地谈到格鲁吉亚各个地区土壤的特点，谈到"赫万奇卡拉"葡萄的试验问题。这种葡萄在其他地区虽经大力培植但未能成活，因为种植这种葡萄所需的气候和土壤条件是很独特的。

丘吉尔说，他本人倒更喜欢白兰地，他有不少关于英国进口亚美尼亚名酒的有趣设想。

罗斯福原来比较喜欢清淡的饮料，他对"苏联香槟"特别喜好。总统问道，苏联是否同意向美国出口这种美味佳酿，斯大林作了肯定的答复。他说，苏联香槟酒厂的生产能力目前已超过了国内市场的需求量，而战后香槟酒的产量还将大大增加，因而可以大量向外国，包括向美国出口。

午宴是在无拘无束的气氛中进行的。餐桌上，有关美味佳肴的话题吸引了大家的注意。罗斯福想知道高加索饭菜的独特之处，斯大林当然表现了他是精通此道的内行。斯大林提起上次早餐时罗斯福十分喜欢吃的鲑鱼，于是就说："我已吩咐让人送来一条小鱼，想现在赠送给您，总统先生。"

"这太好了，"罗斯福惊叹道，"您的关心使我十分感动。我夸奖了鲑鱼菜，没想到给您增添了麻烦，这使我很不安。"

"没有什么麻烦，"斯大林说，"相反，能为您效劳，我感到很高兴。"

斯大林对译员说："请您到隔壁房间通知他们，让他们把今天用飞机运来的那条小鱼拿到这里来。"

隔不一会儿，警卫队的一名军官走进来问，是否可以把礼物抬进来。他得到许可后，走出了房间。这时，斯大林说道："马上会送来一条小鱼。"

大家都朝房门的方向看去，只见门口出现了四名身材魁梧、穿着军服的小伙子。他们托着一条长约两米、宽约半米的鲑鱼，队伍的后面是两名菲律宾厨师和一名美国安全保卫人员。罗斯福把这条大鱼欣赏了好几分钟。这时，那名美国安全保卫人员要求了解一下这条鱼如何加工，怎样保存以及可以保存多久，才不致损害总统的身体健康。他把回答一一记在本子上，然后退了出去。送鱼的队伍随他之后也走了出去。那条鱼的尾巴合着人们脚步的节拍上下摆动，似乎在向宾主挥手告别。

丘吉尔的生日蛋糕

11月30日晚8时，英国大使馆举行隆重招待会，祝贺丘吉尔69岁寿辰。斯大林身穿元帅礼服，与他同来的还有莫洛托夫和伏罗希洛夫。斯大林向丘吉尔表示祝贺，赠给他一顶羊羔皮帽和一组大型的以俄罗斯民间故事为题材的群像。罗斯福穿着燕尾服，手中拿着祝贺生日的礼品：一只古老的波斯酒杯和一条伊斯法罕地毯。

客人们走进大门，两侧赫然站着蓄有大胡子、裹着高大缠头的印度士兵。

天气很热，但到夜晚，从古老的庭园里吹来阵阵沁人心脾的清新空气。客厅里聚集着衣着华丽的各界人士，军人们在炫耀他们绣着金线的军服，身穿燕尾服的外交官却以他们洁白夺目的礼服内衣同军人们媲美。人群中唯一的女性是丘吉尔的女儿萨拉·丘吉尔-奥利维尔。她站在容光焕发的寿星身边，对那些走到丘吉尔身旁表示问候和祝贺的客人颔首答谢。寿星本人也满脸堆笑，兴致勃勃地吸着他的雪茄烟。

不久，大家从客厅走进餐厅，厅内摆了几张长桌，桌上放着各式各样的美味珍馐。主宾席上有一个大蛋糕，上面插着69支点燃的蜡烛。

斯大林第一个举杯祝酒，他说："为我的战友丘吉尔的健康干杯！"

斯大林走到丘吉尔身旁同他碰杯，搂了一下他的肩膀，握了握手。大家干杯之后，斯大林又对美国总统说了同样的话："为我的战友罗斯福的健康干杯！"又同样地和罗斯福碰杯、握手。

丘吉尔也不甘落后，但他区别对待，使用了不同的称呼。他举杯说道："为威力无比的斯大林的健康干杯！为我的朋友罗斯福总统的健康干杯！"

但是，欢乐的情绪没有持续很久，就被英国总参谋长阿兰·布鲁克将军破坏了。布鲁克表示，他想祝酒，并像通常那样用刀子敲敲酒杯。他从座位上站起来，开始讲述同盟国中哪个国家在这场战争中遭受的损失最大。他说，英国的损失超过了任何其他国家。他还说，英国作战的时间比别的国家都长，打的仗比别的国家都多，所以对胜利的贡献也最大。

大厅里一片令人窘迫的沉寂。大多数人感到布鲁克将军的发言极不妥当，因为大家都知道，希特勒的主力部队被牵制在了苏德战场。斯大林阴沉着脸站起来，用严厉的目光环视所有在场的人，似乎一场风暴马上就要降临。但他抑制住自己，沉静地说道："我要说，依照苏联方面的看法，罗斯福总统和美利坚合众国为胜利作了贡献。在这场战争中武器是主要的。美国证明它可以在一个月内生产8000架至1万架飞机。英国一个月生产300架飞机，主要是重型轰炸机，所以美国是个武器的国家。根据租借法案得到的这些武器将有助于我们赢得这场战争的胜利。为此我要举杯……"

罗斯福立刻回答说："我是高度评价红军的威力的。苏联军队使用的不仅是美国和英国的武器，而且也使用了优良的苏联武器。当我们在这里庆贺英国首相寿辰的时候，红军正继续迫使大批纳粹匪军退却。为苏联武装力量的胜利干杯！"

这件事情虽然过去了，可是晚会开始时的那种无拘无束的气氛却已消失得无影无踪。

波兰边界问题

波兰问题在12月1日的最后一次全体会议上才提出来研究。罗斯福首先提到这个问题，希望苏联政府能同在伦敦的波兰流亡政府开始谈判并恢复关系。

当时苏联政府不信任这个流亡政府，因为它多年来一直在进行"反苏活动"。因此，斯大林在答复罗斯福时，首先提醒他注意，波兰流亡政府在波兰的代理人和德国人有勾结。斯大林说："他们屠杀游击队员。他们在那里的所作所为，你们简直无法想象。"

丘吉尔插话说："这是个大问题。我们对德宣战，就是因为德国进攻波兰。我清楚，在历史上，我们同俄国对波兰的观点是有差别的。但是，我国对波兰问题十分关注，因为正是对波兰的进攻迫使我们做出了今天的种种努力。我也十分了解俄国在战争初期的处境，而且考虑到我国在战争开始时力量薄弱以及法国背弃自己在慕尼黑做出的保证这一事实，我谅解苏联政府当时不能拿自己的生存在这场斗争中冒险。现在形势不同了，所以我相信，如果有人问我们为什么参加战争，我们会回答说，我们之所以参战，就是因为我们对波兰作了保证。我想以三根火柴为例，第一根代表德国，第二根代表波兰，第三根代表苏联。这三根火柴都应该向西拨动，以解决盟国面临的一项主要任务——确保苏联西部边界的安全。"

斯大林回答说："我必须指出，俄国对同波兰建立良好关系的关切不比其他大国少，而是更多，因为波兰是俄国的邻邦。我们赞成恢复波兰，加强波兰。不过我们要把波兰同在伦敦的波兰流亡政府分开。我们同这个政府断绝关系并非由于我们闹什么意见，而是因为这个波兰政府和希特勒一起诽谤苏联。这些诽谤都已见诸报端。"

当译员翻译发言的最后几句话时，斯大林打开了放在他面前的黑红色的羊皮文件夹，从中取出一张传单。那是一张很厚的黄纸，上面有许多折皱，看来已在不少人手里传看过。传单上画着一个像古罗马双面太阳神一样的有两个面孔的人头，一边是希特勒的侧面像，而另一边是斯大林的侧面像。

为了使大家都能看清，斯大林从桌上高高举起这张传单说："这就是流亡政府的代理人在波兰散发的东西。你们想拿近一点看看吗？"

斯大林说着，把传单递给了丘吉尔。丘吉尔嫌脏，用两个指头拿过传单，什么也没说就递给了罗斯福。罗斯福耸了耸肩，摇了摇头，把传单还给了斯大林。

斯大林稍停片刻，继续说道："我们能得到什么保证，使波兰流亡政府不再干这种勾当呢？我们很希望得到这样的保证：波兰政府的代理人不再屠杀游击队，波兰的流亡政府将真正号召抵抗德国，而不再搞什么阴谋诡计。我们将同号召和德国人积极斗争的政府保持良好关系。但是，我不相信现在伦敦的波兰流亡政府就是这样的政府。如果它能和游击队合作，如果能向我们保证他们的代理人将不与在波兰的德国人勾结，那我们准备与他们开始谈判。至于关于三根火柴的说法，我想详细了解一下，这是什么意思？"

丘吉尔解释说，他指的是边界问题，如果能在这里，在圆桌会议上了解一下俄国人关于波兰未来边界的想法，那就好了。然后他，丘吉尔或艾登，就可以把这些想法告诉在伦敦的波兰人。他说："我们认为，波兰的要求无疑应该由德国来满足。我们准备告诉波兰人，这是一个好方案，他们不能指望比这更好的方案了。然后，我们可以提出恢复关系的问题。但是，我想着重指出，我们希望有一个强大的、独立的、同俄国友好的波兰。"

斯大林阐述苏联政府在这个问题上的立场说："问题在于乌克兰的领土应归还乌克兰，白俄罗斯的领土应归还白俄罗斯。也就是说，我们与波兰之间的边界线应是1939年的边界线，就是我国宪法规定的边界线。苏联政府坚持这条边界线，认为这是正确的。"

莫洛托夫解释说，通常称这条边界线为寇松线。

艾登反驳说："不对，那里曾有过重大的改变。"

莫洛托夫宣称，艾登掌握的情报不确切。

这时丘吉尔拿出地图，上面标有寇松线和1939年的边界线，也标有奥得河的河界。艾登的手指在地图上移动着，开始解释，寇松线的南部没有确切标定过，并补充说，当时拟议中的寇松线应在利沃夫市的东侧。

斯大林说，丘吉尔地图上所标定的寇松线是不正确的，利沃夫市应留在苏联的版图之内，而边界线应在其西侧。他补充说，莫洛托夫有一张标有寇松线并对寇松线有详细说明的精确地图。

与此同时，莫洛托夫吩咐把斯大林提到的那张地图拿来。过了几分钟，一个很大的黑色文件夹拿来了。莫洛托夫把它打开，把地图摊在桌上，并指出上面标明的寇松线。莫洛托夫还把寇松勋爵签署的电报原文读了一遍，电报中明确指出了寇松线经过的地方。在地图上将这些地方逐一明确之后，问题就十分清楚了。丘吉尔和艾登无法反驳。

丘吉尔对斯大林说："看来，与会者对苏联西部边界，包括利沃夫市的问题，没有什么大的分歧意见了。"

罗斯福问道，是否可以让波兰人按其愿望移居波兰？斯大林作了肯定的答复。之后，丘吉尔说，他将建议波兰人接受这里提出的建议。他还说，他已拟好了一份专谈波兰问题的文件草案，他想马上读一读。他事先声明，他不要求大家同意他提出的草案，因为连他自己也还没有最后定下来。然后，丘吉尔读了下面的提案文本："原则上通过，波兰国家及人民的领土应位于所谓寇松线及奥德河线之间，东普鲁士和奥别尔省包括在波兰版图之内。但边界的最后划定还需要仔细研究，有些地区可能要进行移民。"

斯大林原则上同意丘吉尔提出的方案。

围绕战犯问题的争辩

在一次三国首脑和他们的亲密战友的午餐会上，起初的气氛十分融洽，大家频频举杯祝酒。午餐临近结束时，斯大林从座位上站起来，开始谈论有关纳粹战争罪犯的问题。他说："我建议，为尽快对全部德国战犯进行公正裁判，并对他们严加惩治而干杯！只要他们落到我们手中，我们就必须相互配合来惩办他们，让他们谁也逃脱不了惩罚，要使他们之中的任何一个人即使在天涯海角也无法藏身。我认为，这样的纳粹罪犯为数不会少……"

这句话刚刚译成英语，丘吉尔就好像被螫痛了一下似的，从座位上跳了起来。在此之前，每次祝酒后，他总是认真地把杯中的白兰地一饮而尽，因此，他现在已颇有醉意，极度兴奋。这时，英国首相猛然把酒杯推向一旁，酒杯翻倒了，白兰地洒在台布上，印出黄灿灿的一片。他没有察觉到这一点，因为他已经难以自持。他的面颊和脖颈涨得通红，两眼充血，挥舞着双手，高声叫嚷道：

"这种看法与我们英国人的公平正义感是根本对立的！英国人任何时候都不能容忍那种大规模的惩治。我坚信，对任何人，无论他是纳粹分子，还是其他随便什么人，不管掌握了他什么样的罪证，都不应该不经法庭审判就处死。"

大家都看着斯大林，而他对英国首相激烈的言辞的反应却十分镇静。

丘吉尔两眼微微露出笑意。

斯大林不慌不忙地对丘吉尔的论点进行了驳斥，这就使丘吉尔更加怒气冲冲。斯大林指出："谁也不打算不经法庭审判就对纳粹战犯治罪。他们每个人的案件都必须仔细加以审理。然而，现在已十分清楚，希特勒分子犯下了弥天大罪。因此，他们之中肯定会有数万名罪犯。"

斯大林发言结束后，转向静观这一场面的罗斯福，询问他有什么看法。

罗斯福回答："跟往常一样，看来在这次争论中，我还是要充当调解人的角色。很清楚，需要在你——斯大林元帅和我的挚友——首相的立场中间，找出某种折中办法来。"

苏联的代表们和美国人对罗斯福的答复思忖之后，不禁大笑起来。可是，英国人却坐在那里，看着自己的领袖，面色阴郁，缄默不语。丘吉尔坐到圈椅上，似乎怒火未熄。

这时，霍普金斯出来圆场说："让我们结束这场辩论吧！离到达德国还要走好多路，离战胜纳粹分子那一天还有好几个月呢！"

斯大林继续询问每个在场的人对他的意见有何看法，最后问到了总统的儿子埃利奥特·罗斯福。后者从座位上站起来，略显局促不安，但语气十分坚定地说："这个问题是否过于理论化了呢？要知道，当我们的军队从西方推进，而俄国军队继续从东方进攻时，全部问题都会迎刃而解。不是这样吗？大多数的战犯在战斗中将会受到俄国、美国和英国士兵的清算。"

斯大林对这个回答感到满意。他手持高脚酒杯，绕过餐桌，走到埃利奥特身旁，拥抱了他。斯大林微笑着扬声说道："出色的回答！埃利奥特，我建议为你的健康干杯！"

丘吉尔这时再次发作起来，他把身子弯到桌子对面，用手指点着埃利奥特吼叫道："你怎么，想损害盟友之间的关系吗？你明白你说了些什么吗？你怎么竟敢说出这种话来？"

埃利奥特茫然不知所措，"咚"的一声沉重地坐在圈椅上。他十分滑稽地用双手遮住面孔，惹得大家放声大笑。紧张气氛就这样过去了。

不一会儿，大家走到隔壁房间去喝咖啡。然而整个晚上，丘吉尔都没有接近苏联代表。他那变得阴郁的面孔上满是红色斑点，比平时更加起劲地吸着雪茄烟。

英美欲分割德国

德黑兰会议还涉及同盟国胜利后如何对待德国的问题。法西斯轴心国必须无条件投降，代表们对此没有分歧。但需要考虑的是，德国在一代人的时间里曾两度将人类拖入世界大战，应该采取什么措施才能使这个国家不致再次发动新的侵略战争呢？

第一次讨论这个问题是在11月28日，在一次推迟了的午餐之后。这一天的日程相当紧张，罗斯福显得十分疲劳，餐后向大家表示了一下歉意，就马上回自己的住所去了。丘吉尔、斯大林、艾登和莫洛托夫走到隔壁房间里去喝咖啡。

丘吉尔抽着雪茄烟说，盟国应当给予德国毁灭性的打击，使它永远不能再对别国人民造成威胁。斯大林对此表示同意，但补充说，如果不采取特殊措施，德国将很快恢复自己的国力，并将重新对和平构成威胁。丘吉尔表示不同意这种看法，他说，由于在苏联战场上的重大伤亡以及遭到盟国空军的不断轰炸，德国的人员后备力量和军事工业潜力现在都已枯竭殆尽。到战争结束时，德国遭到的打击和破坏必将使它没有可能迅速恢复元气。

斯大林微笑着说："我看，您是一位十足的乐天派。很遗憾，我不能赞同这种乐观主义的看法。德国有容克地主阶级和庞大的军事垄断企业（康采恩），这种特有的条件使它还会不止一次地对和平造成威胁。当然，我们可以试着来改变这些条件。"

丘吉尔发现斯大林在谈话中已涉及战后德国的社会制度问题，于是马上改变了话题。

次日，斯大林在同罗斯福单独会晤时，向罗斯福介绍了他和丘吉尔谈话的内容。他说："你走之后，我和丘吉尔谈到维护未来的和平的问题。丘吉尔把这件事看得很容易，他认为，德国不会迅速恢复。我不同意这一点。我看，德国的恢复将会很快，为此它只需要15年至20年的时间。如果对德国不加任何遏制，那么，我担心，德国很快就会东山再起。德国在19世纪70年代发动的第一次大规模战争于1871年结束。那次战争后，只过了42年，也就是在1914年，德国人发动了一场新的战争。而又过了21年，即1939年，他们再一次发动了战争。由此可见，德国为恢复所需要的时间正在缩短。这个时间今后显然还会缩短。"

罗斯福一直听着，没有打断斯大林的话。斯大林的思路使他颇感兴趣。他只是有时点头表示赞同，并且用右手手指轻轻地叩着轮椅的扶手。

斯大林继续说道："要能做到使德国不再对别国人民造成威胁是很困难的。无论我们如何加以禁止，德国人总会有空子可钻。我们可以禁止他们生产飞机，但我们不能让它关闭家具工厂，可是大家知道，家具工厂是可以很快改为生产飞机的。我们禁止德国生产炮弹和鱼雷，但我们不能让它关闭钟表厂，而每个钟表厂都可以很快转而生产炮弹和鱼雷的最重要的部件。所以，德国可能东山再起，重新发动侵略。"

斯大林这一次没有提到德国的社会条件。他进一步说道："为了防止侵略，只靠建立几个拟议中的机构是不够的，必须占领最重要的战略据点，不让它们落在德国人手里。不仅要在欧洲，而且要在远东占领这样的据点，使日本也不能重新发动侵略。应该成立专门机构，也应有权占领重要战略据点。当德国或日本出现发动侵略的威胁时，应该立即占领这些据点，以便包围德国和日本，把他们打下去。"

罗斯福表示："我百分之百同意你的意见，我能做到像斯大林元帅那样坚定。当然，德国人可以把自己的工厂转为军工生产，但是，在这种情况下，必须行动迅速。如能采取坚决措施，那么，德国就不会有足够的时间武装起来。"

"这样就一切都有保障了。"斯大林微笑着说。

在12月1日的全体会议上，与会者重新谈到德国问题。罗斯福说，他有个分割德国的建议，这个问题应该仔细讨论。

丘吉尔接着发言。显然，他对这样提出问题早已有所准备。他积极支持罗斯福，说："我赞成分割德国。不过，我想仔细考虑一下分割普鲁士的问题。我也赞成把巴伐利亚和另一些省从德国划出去。"

然后，罗斯福再次发言说："为了便于我们讨论，我想阐述一下我本人两个月前拟定的把德国分为五个国家的方案。"

丘吉尔打断罗斯福的话说："我想强调一下，德国的祸根是普鲁士。"

罗斯福表示赞许地点了点头，继续说道："我想，我们首先要有一个总的轮廓，然后再谈细节问题。我的意见是，应该尽可能削弱普鲁士和缩小它的领土。普鲁士应该是德国第一个独立的部分，第二个独立的部分应该包括汉诺威和德国西北部一些地区，第三部分是萨克森和莱比锡地区，第四个部分是黑森省、达姆斯达特、卡塞尔以及莱茵河以南地区和威斯特伐利亚的各旧城，第五部分是巴伐利亚、巴登和符腾堡。这五部分中的每一部分都将成为一个独立的国家。此外，还应把基尔运河区和汉堡地区从德国分割出来，这些地区将由联合国家或四大国来管辖。鲁尔省和萨尔省应置于联合国家或整个欧洲的托管机构的监督之下。这就是我的建议。我事先声明，这个建议不过是抛砖引玉。"

丘吉尔似乎支持罗斯福的想法，因而说道："你是和盘托出了。我认为这里存在两个问题，一个是破坏性的，另一个是建设性的。我有两个想法：第一是把普鲁士同德国其余部分孤立出来，第二是把德国南部诸省——巴伐利亚、巴登、符腾堡、帕拉蒂纳特等从萨尔到萨克森都分割开。我将置普鲁士于十分苛刻的条件之下。我认为，很容易使南部各省脱离普鲁士而并入一个多瑙河联邦。生活在多瑙河流域的人不是战争的起因。无论如何，我对普鲁士人可要比对其他德国人严厉得多。南部的德国人不会发动新的战争。"

斯大林表示反对这个计划，他说："我不喜欢成立新的联邦国家。既然决定分解德国，就不应该成立新的联邦。罗斯福建议将德国分成五个或六个国家和两个地区，这个方案可以研究。至于谈到英国方面的建议，那么应当注意以下情况。丘吉尔很快就会像我们现在一样，要和大批德国人打交道。那时他就会发现，在德国军队里，作战的不只是普鲁士人，还有其他省份的德国人。只有奥地利人在快要当俘虏时才叫喊我是奥地利人！于是我们的战士就接受他们的投降。至于其他省份的德国人，他们打起仗来都一样残酷。不论我们怎样处理分割德国的问题，都无须建立什么新的毫无生命力的多瑙河联邦。匈牙利和奥地利应各自单独存在。奥地利在未被希特勒侵占以前，一直是个独立的国家。"

罗斯福同意斯大林的看法。他说，出生于德国各个省份的德国人没有什么区别。50年前曾有过区别，但现在所有的德国兵都一样。

丘吉尔再次发言说："我不希望人们把我的意思理解为我不赞成分割德国，但我想指出，如果仅限于把德国分成几个部分，而不进行联合，那么，就像斯大林元帅说过的那样，有朝一日，德国人要统一起来的。"

斯大林马上说道："没有任何办法能排除德国统一的可能性。"

"斯大林元帅喜欢一个四分五裂的欧洲吗？"

"这和欧洲有什么关系？我只不过不知道是否需要成立四个、五个或六个独立的日耳曼国家。这个问题需要讨论。"

罗斯福问道：是否需要成立一个研究德国问题的专门委员会，还是把这个问题交由三国代表组成的伦敦委员会研究？斯大林表示同意将这个问题提交伦敦委员会。

"三巨头"离开德黑兰

苏联译员别列日科夫在回忆录《外交史的篇章》中，是这样描述德黑兰会议最后一天的情景的：

12月2日早晨，天色阴沉，天气突然变冷。阵阵寒风吹卷着在庭院里飞舞的落叶。苏联大使馆主楼门前停放着三辆军用"维利斯"牌汽车。美国特工人员在周围来回走动。藏在腋下的自动手枪把他们的上衣塞得鼓鼓的。美利坚合众国总统动身前的一切准备工作都安排就绪了。

原定12月2日全天举行会议。然而胡齐斯坦山区突然降雪，使得气候条件骤然变坏。因此，罗斯福需要尽快地飞离德黑兰。12月1日夜晚仓促地通过了会议的最后宣言。当时已没有时间将宣言的俄文和英文文本用打字机重打干净，也没有时间去举行签署宣言的隆重仪式。只能采取类似"询问"的方式，去分头收集对这一极其重要文件的签字。会议的每一位主要参加者都分别匆忙地签署了文件。我们手中保留着一页折皱不堪、上有铅笔签名的原稿。这张原稿的外形和即将成为举世闻名的三国德黑兰宣言的庄严内容是何等的不相称。

……

在其他与作战有关的决议中，有关于向南斯拉夫游击队提供全面援助所达成的协议。

还签署了三国关于伊朗的宣言。宣言中保证维护伊朗的主权和领土完整。三国领导人允诺在战时和战后向伊朗提供可能的经济援助。

……我站在有白色柱子的宽大的台阶对面。周围拥挤着许多摄影记者和电影摄影师。他们每个人都竭力想要通过苏联和美国武装警卫队的警戒线挤到台阶跟前，以便罗斯福出现时，不落在别人后面。门开了，总统出现在门前的台阶上。他坐在两个菲律宾仆役推着的轮椅上。罗斯福身披一件黑色的斗篷，斗篷上端由一条小金链把两个狮头形状的扣带系在一起。斗篷外面罩着一件保护色的漆布雨衣。他头戴一顶相当折皱的老式的帽子，他的面孔像人们在照片上通常看到的那样：戴着夹鼻眼镜，满面笑容，露出的牙齿衔着一个长烟嘴，上面插着香烟。但是，他显得很疲倦。这个让人感到不愉快的清晨，使总统显得更加面带病容、苍白无色。人们切实感到，罗斯福这位身患重病的总统承担他肩负的重任是多么不容易呀！可是，坚忍不拔的意志和内在的毅力使他继续坚持着。

两名健壮的美军中士走到轮椅前，把轮椅推到"维利斯"车旁，将罗斯福搀扶到汽车前面的座位上。他腿上盖上了一条羊毛毯，上面蒙上一块防水布。这时斯大林和丘吉尔来到送行者的行列中。斯大林走到汽车跟前，和总统紧紧握手，祝愿他一路平安。

"我认为，我们在这里出色地完成了一件工作，"罗斯福说，"各项协议必将保证我们获胜……"

"现在已没有任何人会怀疑，胜利将属于我们。"斯大林微笑着回答。

丘吉尔也向罗斯福告别。司机发动了引擎，四个特工人员立即跳上"维利斯"车的踏板。其中两个人，从上衣抽出自动手枪，俯卧在汽车的前挡泥板上。看上去，就好像总统的汽车要去突破敌人的包围圈似的。我第一次看到，保卫美国总统的工作是如何组织的。我觉得，特工人员故意安排的这种示威，只能引起存心不良的歹徒们的注意。可是，罗斯福显然认为，这种近似滑稽剧的表演是合情合理的。他从容地微笑着。当"维利斯"开动时，他举起右手，将食指和中指张开成"V"字形——表示"胜利"。总统的汽车很快就消失在庭院的树丛后面。

丘吉尔随即也向苏联代表团告别。他返回英国大使馆后不久即驱车前往机场。

中午，苏联代表团离开德黑兰。机场上已有几架双引擎客机在等着我们。军人小组乘第一架飞机。斯大林乘第二架飞机离开了德黑兰。我们一直等着，直到得到了斯大林已在巴库平安着陆的消息。此后，每隔几分钟，其他几架飞机也陆续起飞。

……

"西塞罗"行动

德黑兰会议是第二次世界大战时期最引人注目的外交事件之一。由于反法西斯联盟的团结，反对共同敌人的战争首次取得了辉煌胜利，为尽快粉碎德国法西斯创造了条件。

然而，会议做出的最重大的决议——在法国北部开辟第二战场，却是在最后一刻才达成一致的。

11月30日，当"三巨头"聚在一起共进早餐时，罗斯福笑容满面，喜气洋洋，以引人注目的郑重态度向与会代表宣布说："先生们，我想告诉斯大林元帅一个使他愉快的消息。在英国首相和美国总统的参加下，联合参谋部今天通过了下列决议：'霸王'战役将于1944年5月进行，并将得到在法国南部登陆作战的配合。这次辅助战役的兵力大小视当时登陆工具的数量而定。"

对于这项声明，苏联代表表面上显得镇静自若，但是，他们每个人的内心里都是十分激动的。斯大林的情绪只有从他那异常苍白的脸色和显得更加低沉的嗓音中察觉出来。他略略低下头，说道："我对这个决定很满意……"

大家沉默了好几分钟。然后，丘吉尔说，战役开始的确切日期显然要取决于月相。斯大林指出，他并不要求告诉他准确的日期，5月份内当然需要一周或两周的机动时间。他说："我想告诉丘吉尔和罗斯福，在法国登陆战役开始时，俄国人将做好准备，给德寇以沉重的打击。"

罗斯福感谢斯大林的决定，并指出，这可以使德国人无法把部队从东面调往西面。

德黑兰会议就这样结束了有关在法国北部开辟第二战场的问题的讨论。众所周知，后来英美两国对当时所做的承诺又重新加以考虑，拖延了时日，"霸王"战役不是在5月，而是在1944年6月6日才开始的。

"霸王"战役的问题解决之后，会议参加者又着重研究了对所达成的协议严加保密的问题。丘吉尔指出，不管怎样，敌人会很快发觉同盟国的准备活动，因为他们会根据同盟国列车的大量聚集和港口运输繁忙等情况发现这一点。

丘吉尔建议同盟国军事参谋部考虑，如何掩饰准备活动，以迷惑敌人。

斯大林介绍了苏联在这方面的经验。他说，在这种情况下，苏军蒙骗敌人的办法是制造假坦克与飞机模型，修建假机场，然后用拖拉机带动这些模型。这样，敌人就会以为苏军要在这个地区准备进攻。很多地方制造的坦克模型达5000至8000个，飞机模型达2000个，还有大量的假机场。此外，还用无线电来迷惑敌人——在不准备发动进攻的地区进行电台呼唤。敌人测出这些电台，就以为这里有大部队集结。敌机往往夜以继日地轰炸这些实际上完全空旷无人的地区。与此同时，在真正准备进攻的地区却十分平静。所有的运输都在夜间进行。

丘吉尔在听完这些介绍之后特别说道："在战争中，真相是如此宝贵，以致它必须由谎言来护卫。"然后他又一本正经地补充说："无论如何将要采取各种措施来迷惑敌人。"

会议参加者商定，了解德黑兰会议所通过决议的人数应尽可能加以限制，并决定采取其他一些防止走漏消息的补充措施。

事后，苏联方面没有像往常那样，口授并用打字机打下最后一次的会谈内容，而是手写进攻的准确日期和其他一些决定，并在后来将其整理成记录。为了做到万无一失，苏联方面还把有关德黑兰决议的手写记录交给信使队。这些记录装在特制的厚厚的黑色信封里和帆布袋中，还在多处打上火漆，加以密封，然后由武装外交信使送往莫斯科。大概英国人和美国人也采取了类似的措施。尽管如此，有关德黑兰会议最重要的决议仍然落到了德国人手里。

德黑兰会议结束后，法西斯情报部门动用了一切可能的手段来查实会议通过的极为重要的决定。

泄露之谜直到战后世人才知晓，德黑兰会议的机密会后不久就落到了德国人的手里。英国外交大臣安东尼·艾登在从德黑兰返回伦敦后，就向英国驻安卡拉大使纳·海森爵士详细通报了会议的各项决议。他在密码电报中不仅透露了有关土耳其的谈判情况（这当然是应该的），而且还通报了其他重要问题，其中包括"霸王"战役的日期。所有这些情报都通过海森爵士的侍从、德国雇佣的间谍伊列萨·巴兹纳（阿尔巴尼亚人）而落入希特勒分子之手。此人由于向希特勒党卫队情报部门提供了大量重要情报而获得"西塞罗"①的代号。巴兹纳经常拍摄英国大使收到的机密文件，并且提供给在安卡拉的党卫队头子慕吉斯，而海森爵士对此却表现出令人瞠目的麻痹大意，他时常把存有文件的黑色小箱放在卧室不加照管，因此，"西塞罗"搞到这些机密电报不费吹灰之力。

慕吉斯在1950年出版的回忆录中谈到，有一次他通宵达旦地在照片洗印室内冲洗"西塞罗"提供的底片。他发现，他已经完全掌握了开罗会议和德黑兰会议的记录。巴兹纳也在此后不久出版的书中对此有所叙述，他写道，在他为德国人拍摄的文件中可以"清楚地看到英国人、美国人和俄罗斯人的企图"。

战时曾任德国驻土耳其大使的冯·巴本写道："'西塞罗'的情报由于两方面的原因很有价值。德黑兰会议上所通过的决议的概要都发送给英国大使，这个概要泄露了同盟国对德国战败后的政治地位的考虑，也向我们表明了，他们之间存在哪些分歧。但他们的情报更为重要的，首先是使我们掌握了有关敌人战役计划的确切情报。"

不过，各方面的情况表明，纳粹头子并没有充分利用这一极其珍贵的情报。巴本认为，原因是里宾特洛甫和第三帝国的其他政治家、军事家"对希特勒隐瞒了坏消息"。毫无疑问，希特勒对在德黑兰通过的关于给予法西斯德国以沉重打击的决定，关于盟国达成的要德国无条件投降的协议，肯定不会高兴，但是从另一方面来说，里宾特洛甫和负责"西塞罗"行动的卡尔滕布龙纳未必敢于对希特勒隐瞒如此重要的情报。不过，法国人马塞尔·博多等主编的《第二次世界大战历史百科全书》确曾写道："里宾特洛甫和卡尔滕布龙纳为谁应将这些重要情报汇报给希特勒争吵了很长时间，以致由于诺曼底登陆，这些材料失去了时效。"

① 巴兹纳的文藻流畅动人，有如古代罗马政治家西塞罗，所以巴本（时任德国驻土耳其大使）给了他这个代号。

有人分析，最大的可能是：法西斯头目们始终怀疑英国人是否有意泄露这些文件，用假文件来蒙骗他们。要不然，就是他们了解"西塞罗"提供的这些情报意义重大，担心暴露情报的来源，因而不敢让更多的人知道。显而易见，德国武装力量指挥部在制定战役计划时，完全没有利用这些情报，很可能他们根本就不知道这些情报。无论如何，对德军司令部来说，1944年6月6日拂晓英美联军在诺曼底的登陆完全是突如其来的。

话说回来，即使法西斯的将领们拥有大量关于"霸王"战役的情报，他们也不可能阻挡盟军在法国北部开辟第二战场，因为他们在那里没有足够的兵力来对抗美英军队展开的范围极大的登陆战役。当时在法国北部、比利时和荷兰，德军指挥部仅仅拥有基本上是由17岁的年轻人和上了年纪的老兵补编的40个师，且员额不足，装备陈旧，缺乏足够数量的运输工具。相反，在1944年6月1日前夕，在东部战场上部署的德军却有179个师。

"西塞罗"本人也没有因这份情报而大发横财，希特勒分子支付给他的30万英镑全部都是伪钞。

慕吉斯回忆录出版后，英国议会曾就英国驻安卡拉使馆战时向德国人泄露绝密情报一事进行了质询，下面就是1950年10月18日英国下院会议记录中的一段：

谢泼德先生就有关从我国驻土耳其大使馆窃走并转交给德国人绝密文件，其中包括涉及"霸王"战役的文件的报道一事向外交大臣提出质询。谢泼德先生询问，是否进行过调查，结果如何，采取了何种防止类似事件再度发生的措施。

外交大臣贝文回答说，事实上，战时英国使馆没有任何文件被窃。但对案件的侦讯证明，大使的侍从曾在大使馆内拍摄若干十分重要的机密文件，并将胶卷出卖给德国人。如果大使遵守保存机密文件的各项现行规定，他的侍从就不可能如此行事。此次事件之后，已向有关人员发出新的指令，并已采取防止此类事件再度发生的种种措施。

谢泼德先生指出，慕吉斯在其书中就此问题所作的声明在我们社会上引起极大的不安。假如"霸王"战役的计划事实上未曾被窃，那么，为什么外交部在这种情况下不对此声明加以驳斥？

贝文先生再次强调说，文件未曾被窃，只是被照了相，而盗窃和照相归根到底是一回事。

　　这样，伦敦方面就正式确认了希特勒分子曾获得绝密文件，其中包括德黑兰会议上做出的极其重要的决议。

附：苏美英三国德黑兰总协定

会议签署的《苏美英三国德黑兰总协定》当时是保密的，没有公布。后来解密的《总协定》是：

出席会议的各大国同意如下：

（一）在南斯拉夫，游击队必须获得尽可能多的物资和装备并须获得突击战的支援。

（二）同意从军事观点来看，土耳其能在本年年终以前站到盟国一边参战，这是大家所热烈期望的。

（三）注意到斯大林大元帅的声明：如因土耳其参战致保加利亚向土耳其宣战或进行攻击，则苏联将立即对保加利亚处于作战状态。出席会议各大国进一步认为可以在即将举行的谈判中将这一事实说清楚，俾使土耳其参战。

（四）注意到"霸王战役"应于1944年5月发动，同法国南部的战役相配合。此项战役应在登陆器材的数量允许的比例范围内着手准备。会议进一步注意到斯大林大元帅的声明，根据这一声明，苏联军队将在差不多同一时间发动攻势，以便阻止德国军队从东战场调到西战场。

（五）三国军事参谋官员鉴于欧洲的战役一触即发，同意从此须继续密切联系。特别是经决定各参谋官员应为此项战役制订一项第二套计划，借以迷惑敌人，使其陷入错误。[①]

---

① 引自《国际条约集》（1934—1944），世界知识出版社1961年版，第410—411页。

　　斯大林对德黑兰会议给予高度评价，他说："德黑兰会议关于对德国共同行动的决议以及这个决议的光辉实现，是反希特勒联盟战线巩固的鲜明标志之一。"

雅尔塔会议 ★★★☆

会议概要

　　1945年年初，德军在西线发动的最后一次攻势已被击败，苏军已占领波兰和东欧，正在向德国本土逼近，而在东方，美国部队刚刚解放了马尼拉，并对日本实施空袭。德日法西斯的失败已成定局。苏、美、英三国为协商解决战后一些重大问题，展开了频繁的外交活动，"三巨头"的会晤已经刻不容缓。

　　早在1944年7月19日，罗斯福就致函斯大林，提出了举行三大国首脑会议的建议。但是，斯大林复信表示，他要亲自指挥苏军作战，无法分身参加这样的会议，这一建议只好搁置下来。同年10月，丘吉尔亲赴莫斯科，同斯大林讨论了欧洲和巴尔干问题。在他动身之前，罗斯福两次致函斯大林，表示美国"关心"世界上的所有军事和政治问题，因而希望美国驻苏大使哈里曼能以观察员的身份，列席丘吉尔和斯大林的会谈——罗斯福对英苏两国在巴尔干划分势力范围很不放心。

　　关于10月同斯大林的会晤，丘吉尔在回忆录里写道：

　　我们在10月9日下午抵达莫斯科，晚上10点我们在克里姆林宫进行了第一次重要会晤。当时在场的只有斯大林、莫洛托夫、艾登和我，另有译员皮尔斯少校和巴甫洛夫。这是达成协议的合适时机。我说：

　　"让我们安排一下巴尔干的事情吧。你们的军队已经占领罗马尼亚和保加利亚。我们在那里有我们的利益、使团和谍报人员。我们不要在小事情上造成误会。至于英国和苏联，你看，你们在罗马尼亚保持90%的优势，我们在希腊保持90%的影响，在南斯拉夫各占50%，如何？"

我把纸条从桌子上推到斯大林面前，斯大林听完了翻译，停了一会儿，然后拿起蓝铅笔，在纸条上画了一个大勾，之后便把纸条还给了我们。解决全部问题所用的时间还没有写这张纸条所用的时间多。此后是一段长时间的沉默。写着铅笔字的纸条在桌子中间放着。最后我说："人们会不会认为，对于千百万人命运攸关的这样一个问题，我们解决得如此轻而易举，这是否显得有些玩世不恭？还是让我们烧掉这个纸条吧？"

"不，您还是把它保存起来吧。"斯大林说。

事实上，1944年盟军在诺曼底登陆前两周，丘吉尔就曾要英国驻莫斯科大使向斯大林和莫洛托夫试探就确定在中欧、南欧和巴尔干的相互利益达成协议的可能性。当时苏军正迅速逼近罗马尼亚和保加利亚，而丘吉尔则愿意在这一地区做出让步，以作为对方在巴尔干其他地区，首先是在希腊做出让步的报答。丘吉尔将试探情况通报了罗斯福，但罗斯福对此表示反对，没有同意丘吉尔的计划。丘吉尔在致函罗斯福时态度十分坚决，执意要罗斯福同意他做的这种安排。在丘吉尔的强求下，罗斯福终于让步了。后来，美国国务卿赫尔在回忆录中写道：美国对丘吉尔—斯大林协议的这种让步，"对雅尔塔会议产生了灾难性的后果"。

这年年末，美国驻苏大使哈里曼奉命拜会斯大林，试探苏联参加对日作战的条件。最后，三国政府决定于1945年2月4日—11日在苏联克里米亚半岛的雅尔塔举行三大国首脑会议，即史称克里米亚会议或雅尔塔会议。

丘吉尔自比"英雄"

喜爱密码代号的丘吉尔千方百计要为这次会议想出一个代号。1944年12月31日，他致函罗斯福问道："您是否给这次行动起了什么名字？如果没有，我提议叫'阿尔戈船英雄'。"

希腊神话和传说中有一个"阿尔戈英雄们的故事"，说是希腊人建造了第一艘可以在大海里航行的大船，并用造船者阿尔戈的名字为它命名。他们在伊阿宋的指挥下，驾着大船，乘风破浪，到黑海边的科尔基斯去寻找无价之宝——金羊毛。

显然，丘吉尔在把自己比作神话中的英雄伊阿宋。罗斯福明白他的心思，因而回答他说："我赞成您取的'阿尔戈船英雄'这一名称。我与你都是他们的直系后裔。"斯大林也同意用"阿尔戈船英雄"作为报道会议的代号。

会前，美国国务院为罗斯福准备了好几本"黑皮书"，其中详细分析了会议桌上可能出现的所有问题。即使最粗略地浏览一下这些"书"，也得花去不少时间，可是罗斯福只用很短的时间把它们翻了翻。据说，他有一种非理性的成见，反对对各种会议作过于缜密的准备。他相信自己的直觉，认为在个人接触过程中，他能顺利解决预先想到的和突然出现的各种问题。

美英两国代表团商定，先在马耳他晤面，统一口径，然后再一同飞往雅尔塔。

在马耳他两国参谋长联席会议上，英国总参谋长艾伦·布鲁克递交了一份题为《结束对德战争的预计日期》的备忘录。备忘录对打败德国的情况作了最顺利、较顺利和不顺利三种估计。最顺利的情况是：经过苏军在东线、盟军在西线的进攻，"德国可能在1945年4月中旬被打败"。较顺利的情况是：德国将于"5月中旬至6月初投降"。如果德国在西里西亚阻止住苏军的进攻（保住西里西亚和鲁尔主要工业区），如果盟军的春季攻势失利，那么苏军和盟军只有通过夏季攻势，到"1945年11月初才能打败德国"。

在罗斯福和丘吉尔的参加下，这次参谋长会议还讨论了对日作战问题。美英三军参谋长、罗斯福和丘吉尔都认为："打败德国以后，英美两国必须联合太平洋国家和苏联全力以赴，尽快迫使日本无条件投降。"

三军参谋长对结束对日战争的日期做出的估计是：

1. 最快的日期——1945年6月1日。

2. 战争可能持续到1945年12月31日以前结束。

但是，他们认为，"结束对日战争的预定日期最可能是在打败德国后的18个月。"美军将领向英国同事们通报说，如果欧洲战争将于夏季结束，进攻九州岛的时间只能计划在1945年9月，进军东京湾的时间是1945年12月。美国人倾向于认为：对日战争将于1947年结束。这就表明，美英两国当时需要苏联参加对日战争，而艾登则明确表示，他担心苏联不愿"付出代价"，并建议苏联不惜付出"极高的代价"参加对日作战。

雅尔塔满目疮痍

会议地址是罗斯福与斯大林协商的结果。据说，斯大林不愿远离祖国，坚持选择黑海海滨的雅尔塔。身体虚弱的罗斯福远涉重洋，在海上先作为期10天的航行（航程近8000公里），再乘飞机飞行2200公里，才抵达满目疮痍的雅尔塔。

哈里曼、艾贝尔合著的《特使》一书说，自1937年以来，罗斯福一直为反常的高血压所折磨。从1944年春天开始，他由于心脏扩大和充血性心力衰竭，一直在进行治疗。但是，他现在仍然乘坐"昆西"号重巡洋舰横渡了大西洋。"1945年2月2日星期五早晨，罗斯福到达马耳他。这时，他只有不到10个星期的时间好活了。他那憔悴而衰弱的面容，使丘吉尔和哈里曼均为之吃惊。"

2月2日晚，20架美国"空中霸王"和五架英国的"约克式"运输机，载着大约700名美英官员由马耳他启程。3日正午前后，飞机相继在雅尔塔附近的萨基机场着陆。美英贵宾受到莫洛托夫等人的热烈欢迎。他们在检阅了仪

⊕ 雅尔塔会议原址

仗队后，分别乘车缓行80英里前往雅尔塔。《特使》写道：路上，"人口稀疏的乡村，展现出残酷战斗留下的创伤；劫掠一空的房舍，横七竖八躺着的烧焦的坦克和打坏的德国车辆。罗斯福和他的女儿安娜·伯蒂格坐在第一辆车上，注视着这种战争景象，对德国人的痛恨油然而生。第二天他对斯大林说：'我比一年以前更加嗜杀了。'"

雅尔塔周围地区曾在德军撤退时遭受掠夺，但它美丽的风光掩盖了原始状态。丘吉尔带去了大量威士忌来抵抗流行的斑疹伤寒、虱子和臭虫，美国海军的一个消毒小组把罗斯福的住处消毒三次，然后才住进去。

雅尔塔会议是在从前沙皇尼古拉的避暑行宫——利瓦吉亚宫举行的。这也是美国代表团的住所。全体会议、两国首脑的私下会晤、外长或参谋长的分组会穿插进行，讨论的问题十分广泛。罗斯福的目标是使苏联加入一个维护和平的世界组织，并作出对日作战的保证。丘吉尔最关心的是波兰问题。但"三巨头"在德国问题上是团结的，这就是确保德国不会重新起来折磨欧洲。

"阿尔戈船"起锚

1945年2月4日晚17时，第一次全体会议在利瓦吉亚宫的大厅开幕。苏、美、英三国代表团成员围坐在大厅中央的大圆桌周围。壁炉里的火烧得很旺。

苏联代表团首先提议推选罗斯福为会议常务主席，丘吉尔支持这一建议。罗斯福说："我十分荣幸地宣布会议……开幕。"总统宣称："三大国领导人相互都已十分了解，相互谅解也在增强。大家都希望尽快结束战争，建立稳固的和平。"

雅尔塔会议没有严格规定的会议议程，每个代表团都可以按自己的意愿，提出自己关心的任何问题。

苏联代表团和美国代表团都带着经过认真研究的计划来参加雅尔塔会议，而英国代表团却显得准备不足。据英方解释，这是由于代表团在飞赴马耳他途中，一架飞机失事，部分案卷丢失了。

会议从研究苏德战场的形势开始，每天都从清早延续到深夜。

苏军副总参谋长安东诺夫大将做了报告，叙述了苏军从涅曼河至喀尔巴阡山，在绵延700公里的战线上实施1月进攻所取得的胜利。罗科索夫斯基、朱可夫和科涅夫三位元帅所指挥的军队实施了主要突击。在截至1月底的18天进攻中，苏军在华沙—柏林的主突方向上前进了500公里，已前出至奥得河一线，距离柏林还有60公里。苏军解放了波兰和捷克斯洛伐克的大部，并迫使匈牙利退出了战争。既然德军已把16个师调到东线，还可再增调35到40个师，苏军统帅部便表示希望"盟军在目前十分有利的西线迅速转入进攻"。

美国陆军参谋长马歇尔将军详细报告了西线的形势。他说，盟军"已消除了德军在阿登山区进攻的后果"，正在准备下一步的攻势，其中第一次进攻计划于2月8日开始。

斯大林指出："必须更密切地协调盟国军队的作战，以防出现互不配合的现象。"

丘吉尔又搬出了他的"巴尔干方案"，即通过亚得里亚海和卢布尔雅那山口对德军实施突击。但是，就连罗斯福也不支持他的建议。

后来，军事问题改由定期召开的苏、英、美参谋部代表会议讨论，会议公报在谈到这方面的成果时指出："会议就盟国陆军与空军从东、南、西、北四个方向向德国心脏地区实施新的更猛烈的突击达成了一致，并对突击的日期、规模和协调问题制定了具体计划。……纳粹德国是注定要失败的。"

第一次全体会议在晚间20时许结束。

罗斯福总统在利瓦吉亚宫设宴款待与会代表。各种菜肴都是菲律宾厨师用俄罗斯原料烹制而成的。宴会上，代表们为加强盟国在战争中和战后的合作频频举杯。丘吉尔用自我批评的口气表示了这样的意思：为什么人们把他叫做"反动分子"？他向与会者保证：他是个民主主义者，并随时可能去职。殊不知，他的这个预测一年后就应验了。

德国问题

2月5日下午4时举行第二次全体会议。

电影摄影师克里切夫斯基对当时的情景作了这样的描述："3时55分，温斯顿·丘吉尔拿着一支大雪茄烟，在女儿萨拉副官的陪同下首先到来……"然后，斯大林也缓步来到会议大厅。最后，美国总统住所的大门打开了，一个黑人侍从推着轮椅走出来。罗斯福面带笑容，同斯大林和丘吉尔一一握手，然后他们就消失在会议大厅内。

　　第二次全体会议同此前的会议一样，都是讨论政治问题。这时已不像讨论军事问题那样意见完全一致，首先在斯大林和丘吉尔之间出现了尖锐分歧，有时美英的看法也不完全一样。但是，履行主席职能的罗斯福从容不迫，很有分寸，善于用调和的语言表述双方的分歧，对会议的顺利进行发挥了重要作用。

　　会议讨论的最重要的政治问题之一是关于未来德国的问题。三国首脑必须就德国投降后的对德管制、非军事化和肃清纳粹主义问题达成协议。经过争论，三方商定：将在德国建立欧洲协商委员会1941年9月所划定的几个占领区。奥得河以西为苏联占领区，德国西北为英国占领区，西南为美国占领区。会议还决定吸收法国参加对德占领和管制。位于苏占区内的大柏林区计划由三大国派兵进驻。

　　就像在德黑兰会议上一样，美英两国政府在雅尔塔也提出了肢解德国、消灭德国作为世界市场上的危险竞争对手的计划。

　　1944年8月25日，罗斯福任命了一个德国问题内阁委员会，由国务卿赫尔、国防部长史汀生和财政部长摩根索组成。9月2日，三人委员会提交了一份德国计划，后经摩根索加工，成为所谓"摩根索计划"。该计划的主要内容是：把德国分成数个小国；破坏和清除德国工业固定资产；把德国变成一个充满"农田和牧场"的国家。摩根索指出："我消灭德国侵略威胁的计划非常简单，就是剥夺它的整个重工业。"罗斯福和丘吉尔起初都赞成摩根索的方案，丘吉尔还提出把德国分割成北德和南德，前者包括普鲁士，后者包

●"三巨头"在雅尔塔。

131

括巴伐利亚，同时把鲁尔和威斯特法利亚置于国际监督之下。虽然罗斯福后来放弃了"摩根索计划"，但他仍想肢解德国。由于苏联的坚持，会议公报最后的措辞是："我们坚定不移的宗旨是消灭德国军国主义和纳粹主义，确保德国再也不能破坏世界和平。"

会议决定：解除德国的武装，解散德国全部武装力量；永远消灭德国总参谋部；取缔并销毁德国的武器装备；对整个德国工业实施全面管制；对所有战争罪犯进行公正的审判。

会议确定的消灭法西斯的措施是：从整个德国国土上清除纳粹党及其一切组织和机构，废除纳粹的一切法律。"只有根除纳粹主义和军国主义，德国人民才有希望在各国人民大家庭中体面地生存并获得应有的地位。"

会议在讨论政治问题时，还出现了这样一个插曲：2月9日下午，当"三巨头"在会议厅听取美国国务卿宣读三国外长上午草拟的关于联合国托管领土的计划时，丘吉尔尚未听完就暴跳如雷："这个材料我连一个字也没有同意过！没有人征求过我的意见，我也没有听说过有这么一件托管的事！"他激动地宣告："在任何情况下，我都不会让四五十个国家胡闹地染指大英帝国的领属！只要我当首相，我绝不会把大英帝国世袭的财产交出去，哪怕一分一毫也不成！"他毫不掩饰地任凭泪水顺颊而淌，会场如坟场一般静寂。

波兰问题

在雅尔塔的八次全体会议中，有六次谈到波兰问题。由于这一问题涉及一个位于欧洲战略要冲的新生国家的政治走向，因此，当会议讨论波兰的未来、波兰政府的组成、波兰边界等问题时，都发生了激烈的争论。况且，当时存在两个波兰政府：一个是已在国内实际执政的临时民族政府，另一个是在伦敦的流亡政府。因此，罗斯福有一次挠着头，深有感触地说："已经有500年了，波兰一直让欧洲头疼。"

在丘吉尔看来，波兰问题涉及英国的名誉，因为他说，"英国参战就是为了保卫波兰免受德国侵略"。

斯大林宣称："对我们来说，波兰问题不仅是个名誉问题，而且也是个安全问题。"

显而易见，斯大林说它是个名誉问题，是因为俄国过去是对波兰有罪的，苏联政府现在应尽力赎罪。说它是个安全问题，是因为苏联最重要的战略问题与波兰密切相关。

英美两国当时力图恢复波兰的地主—资产阶级制度，使波兰实际成为英国在东欧的附庸。它们把敌视苏联的波兰流亡政府视为唯一合法的政府，同时试图解散以贝鲁特总统和奥苏布卡·莫拉夫斯基总理为首的亲苏政府。

会议最后决定，在波兰临时政府的基础上，吸收波兰国内的民主人士和流亡国外的波兰人参加，建立一个民族统一临时政府。

经过争论，波兰未来的东、西边界问题也得到了部分解决：波兰东部边界以"寇松线"为准，在某些地方对此线进行5—8公里的有利于波兰的调整。至于波兰西部边界，苏联主张以奥得河和西尼斯河为界，但未能达成协议。三国政府首脑仅仅承认，波兰"在北部和西部的领土应明显扩大"。后来，在1945年德国战败后召开的波茨坦会议上，才把波兰西部边界定在奥得—尼斯线上。

会议的其他成果

会议最后签署了《苏美英三国克里米亚（雅尔塔）会议公报》、《苏美英三国克里米亚（雅尔塔）会议议定书》和《苏美英三国关于日本的协定（雅尔塔协定）》。

会议批准了欧洲咨询委员会拟定的关于德国占领区和管理"大柏林"的协定，规定三国武装部队在占领德国进程中应占据严格确定的区域。苏联武装部队应占领德国东部，英军占领德国西北部，美国占领德国西南部。"大柏林"区由苏、美、英共同占领——苏军占领东北部，美、英占领西南部。会议公报还说："我们已就共同的政策与计划商得同意，以便实施在德国武装抵抗最后被击溃后，我们要共同使纳粹德国接受无条件投降的条款。……计划规定，成立一个中央管制委员会执行互相协调管理控制的工作，该委员会由三国的最高司令官组成，总部设在柏林。"

根据丘吉尔的建议，三国代表一致同意，把德国的一个地区让给法军占领，该地区将从英国和美国占领区划出，其范围由英美同法国政府协商决定。

关于德国赔款问题，丘吉尔同斯大林在会上发生了激烈的争论。苏联代表主张，应根据"谁对战争贡献最大"、"谁受损失最多"的原则来分配德国的赔偿。苏联的实物赔偿方案是：德国赔偿总额为200亿美元，其中50%应归苏联所有。丘吉尔反驳说，苏联的方案是异想天开，"我们不应重蹈第一次世界大战后赔款问题的覆辙"。最后，三国首脑仅仅同意把苏联的方案作为基础，并决定在莫斯科成立一个赔偿委员会来进一步研究这个问题。

关于南斯拉夫问题，会议建议1944年11月1日签订的铁托—舒巴希奇协议立即生效。

会议还讨论了联合国问题，并就安全理事会的表决程序等达成了协议。

会议期间，罗斯福同斯大林就苏联参加对日作战的条件，达成了秘密的《雅尔塔协定》，并邀请丘吉尔共同在协定上签字。这一协定是在没有中国代表参加的情况下做出的直接涉及中国主权和利益的决定。

1983年，内森·米勒在《罗斯福正传》一书中写道："雅尔塔会议引起的争论比富兰克林·罗斯福的对外政策的任何其他方面引起的争论都要多。人们指责他把波兰和东欧'出卖'给俄国人，把中国拱手交给共产党。虽然这些指责在50年代已达到顶峰，但直到目前仍有新闻。批评雅尔塔的人的共同特点是，他们有一种事后聪明的优越感。他们回过头来看雅尔塔会议，认为会议结果是苏联力量的掠夺性发展、冷战、蒋介石被赶出中国大陆……但是总统总算做成了在他所处情况下的最好的交易。"

在雅尔塔的幕后① ［南斯拉夫］雷·菲亚奇科

【原文提要】1945年2月4日至11日在雅尔塔举行的丘吉尔、罗斯福和斯大林三巨头会议曾有过一段重要的莫斯科前奏曲：1944年10月，丘吉尔和艾登曾同斯大林和莫洛托夫举行会议；戴高乐未被邀请参加"大国"的聚会。就是1968年发生捷克斯洛伐克事件时他也没有忘记这一点，并就此再次谴责雅尔塔或雅尔塔精神——把世界分裂成集团；无论是雅尔塔会议划分了势力范围还是因战局的发展和红军的胜利造成了这一状况，雅尔塔会议毕竟为今天的集团政策和"大国"的霸权主义奠定了基础。

丘吉尔回忆录描述了1944年10月9日在莫斯科会晤的场面——雅尔塔序幕。当时在丘吉尔、艾登和斯大林、莫洛托夫之间的桌子上来回传递着一张写着几组百分比的纸条。这张纸条和上面的数字给后人带来了许许多多的麻烦，人们对之作了各种各样的解释。人们主要认为，雅尔塔三大国首脑会议（1945年2月4日至11日）"仅仅认可了那张纸条，即对世界的瓜分"。

丘吉尔那张闻名的纸条上写的是：

罗马尼亚	俄国	90%
	其他国家	10%
希　腊	大不列颠	
	（同美国协商）	90%
	俄国	10%

---

① 原载新华社内部刊物《参考资料》，王森译自南斯拉夫1985年第156—161期《今日》周刊。

南斯拉夫		50%：50%
匈 牙 利		50%：50%
保加利亚	俄国	75%
	其他国家	25%

丘吉尔后来断言，他考虑的"仅仅是势力范围"。斯大林什么也没有说。1945年红军取得的胜利，尤其是雅尔塔会议以后取得的胜利，使他有充足的理由提出：战胜国应在占领区建立自己的政权。如果说雅尔塔会议没有真正根据在莫斯科写的那张纸条在地理政治意义上瓜分欧洲，那么它也毕竟显示了大国所作所为的特定风格：霸权主义，将整个人民的领土据为己有，蔑视小国和它们的自决权。在第二次世界大战进入最后阶段，对希特勒和法西斯的胜利已经唾手可得而同盟国大国已经对未来世界"安排就绪"的斗争激烈的日子里，对小国的这种态度是十分明显的。在雅尔塔，当讨论联合国和安理会的否决权时以及苏联因战争功勋在联合国得到三个席位（苏联、乌克兰和白俄罗斯）时，斯大林曾说："大概我们不会让像阿尔巴尼亚这样的国家同苏联一样（在联合国中）拥有同样表决权吧？"战后许多事例都表明了双方——西方和东方——的霸权主义行为（从1968年入侵捷克斯洛伐克、1979年入侵阿富汗到入侵尼加拉瓜和格林纳达）。

雅尔塔是否意味着对世界的瓜分？在雅尔塔是否真正认可了或至少是默许了1944年在莫斯科写的那张有名的纸条呢？

同斯大林和莫洛托夫会晤之后，丘吉尔于1944年10月11日致函美国总统罗斯福说：

"我们绝对必须试图在巴尔干问题上找到某个共同纲领，以防止在一些国家内爆发内战。与此同时，您与我肯定会站在同一边的，而约大叔（斯大林）则站在另一边。我将把全部情况通报给您，除了英国同俄国达成初步协议（这一协议有待同您一道进一步讨论和协商）以外，什么也没有确定下来。我相信，您不会反对在此基础上同俄国人全面探讨这些问题。……"

由此可得出一个结论：那张纸条和用铅笔写的百分比并没有解决全部问题，在围绕一些国家的关系问题上又展开了争斗。

事实上，1944年盟军在诺曼底登陆前两周，丘吉尔曾要英国驻莫斯科大使向斯大林和莫洛托夫试探就确定在中欧、南欧和巴尔干的相互利益达成协议的可能性。当时苏联红军正迅速逼近罗马尼亚和保加利亚，而丘吉尔则愿意在这一地区做出让步，以作为对方在巴尔干其他地区，首先是在希腊做出让步的报答。丘吉尔看到，把德国人赶走之后，共产党领导下的游击队很可能在希腊取得政权。丘吉尔将试探情况通报了罗斯福，但罗斯福对此表示反对，没有同意丘吉尔的计划。丘吉尔在致函罗斯福时态度十分坚决，执意要罗斯福同意他做的这种安排。他向罗斯福证明，这种安排仅仅是军事性的、短期的，绝不是长久的、最后的。在丘吉尔的强求下，罗斯福终于让步了，但条件是只三个月，而且只是军事安排。斯大林对罗斯福与丘吉尔之间的争执和罗斯福同意的情况十分了解，尽管这种同意是有条件的，但这仍被解释为美国不平等地参与了对巴尔干的安排。

1944年10月莫斯科会晤之后，罗斯福10月11日收到丘吉尔的信后第二天即作答复。丘吉尔立即复信说：

"我十分高兴地看到，在国际政策方面我们的观点是接近的。鉴于我们现在和将来为制止国际战争所做的共同努力，我们大家对这种国际政策都是关注的。"

由此可见，罗斯福屈服了，他不再反对丘吉尔关于势力范围的设想。罗斯福对于这一切的动机是十分清楚的，特别是以后在雅尔塔会议上其动机尤为明显。他不是欧洲人，他对欧洲并不太感兴趣，使他更感兴趣的是远东和对日战争。他希望把俄国人拉过来加入对日战争。他懂得，这样就可以大大缩短远东战争：原子弹尚未制造出来，而且罗斯福估计，如果苏联不参战，远东战争也许会延续到1946年。为此，他宁愿让丘吉尔同斯大林去瓜分欧洲，而他在雅尔塔轻而易举地就苏联加入对日战争问题赢得了斯大林的同意，对此他不但感到幸运，而且甚至是出乎其意料之外。

因此，如果说瓜分了欧洲，那么这种瓜分早在1944年10月在莫斯科就已经决定了，而且后来，还在雅尔塔会议之前罗斯福就同意了这种瓜分。

然而，在莫斯科会晤前几个月，罗斯福在美国国会还曾坚决反对过建立势力范围，反对建立均势和像过去"某些大国那样为了确保自身安全和维护本国利益而做出某种安排"。

"我说的是雅尔塔，不是马耳他！"

1945年1月23日，美国总统罗斯福在诺福克登上了"昆西"号巡洋舰。目标：马耳他。丘吉尔将在那里迎接他。两位首脑从那里将乘飞机飞往雅尔塔。疾病缠身和疲惫不堪的罗斯福在整个旅行期间几乎没有离床，只有两次出现在指挥台上，而且是在女儿安妮的陪伴下。整个时间都消磨在阅读《克里米亚半岛》和翻阅自己的集邮册之中。在他的行李中有一个特制钢质保险柜。根据他的指示，国务院在保险柜中装满了有关世界上所有有争议问题的文件。然而在整个旅途中，罗斯福却连动都没动过这些文件。

罗斯福的国务卿斯退丁纽斯和部分代表团团员已提前抵达马耳他，以便参加1月30日开始的筹备会议，就英美在雅尔塔会议上的共同纲领达成协议。罗斯福的主要顾问哈里·霍普金斯已是第三次光临马耳他。他乘坐总统的专机去执行一项棘手的使命：他必须说服丘吉尔，"使他不要在雅尔塔闹事"。其次他还必须说服戴高乐，因为戴高乐认为，在雅尔塔的谈判桌上也应有他的位置。

在途经大西洋和通往马耳他的直布罗陀海峡时，罗斯福收到两封电报。其中一封是丘吉尔发来的：

"就是经过10年的耐心勘察，在世界上也找不到比雅尔塔更糟的地方了。那是一个伤寒流行的地方。通向那里的道路不仅是可怕的，而且是死路一条。"

在瓦莱塔，罗斯福还收到了斯大林的带有粗鲁的幽默的电报：

"我说的是雅尔塔，而不是马耳他。斯大林。"

在马耳他，丘吉尔和罗斯福协调了对西方战场的某些不同看法，最后并完全接受了艾森豪威尔计划。但丘吉尔对在雅尔塔会议前完全协调西方盟国的立场这一做法是不满的。

2月2日夜间，罗斯福和丘吉尔带着自己的大批人马登上了从马耳他飞往雅尔塔的飞机，踏上了最危险的征途。在20架C-54飞机和五架约克式英国飞机中装载了约700名人员。各架飞机相隔10分钟起飞，起飞延续了整整一夜，一路上完全没有灯火和无线电联系。大家商定：只有在受到德国飞机袭击时才可使用规定的频率提醒其他飞机。

2月3日凌晨，飞机开始在雅尔塔机场降落。罗斯福的座机在五架战斗机的护送下于12点10分着陆。在冰冻的跑道两旁，军乐队奏起国歌。在前来欢迎的人群中有莫洛托夫、维辛斯基和当时苏联驻华盛顿大使安德烈·葛罗米柯。使罗斯福感到奇怪的是，在欢迎的人中并没有斯大林。人们告诉他，斯大林尚未抵达雅尔塔。罗斯福在飞机中等到丘吉尔的飞机着陆之后，他的保镖才把他搀下飞机并把他扶上一辆吉普车检阅仪仗队。

斯大林第二天凌晨才抵达。

1945年2月4日晨，雅尔塔会议开始了。但是在解决国际问题时并没有法国参加，这使戴高乐很不好受。他谴责了美国、苏联和英国背着法国就迫切的国际问题进行虚伪的和傲慢的谈判。

为什么法国没有被邀请参加雅尔塔"大国"会议呢？从美国方面可以听到这样的说法："在这次战争中法国只起到了一个小国的作用。"这一说法使戴高乐感到受了侮辱。但是，之所以把法国和戴高乐排除在这场"巨大的游戏"之外，还有个人方面的原因。罗斯福和戴高乐互不容忍。戴高乐称罗斯福为"蛊惑人心的魔术师"，认为"罗斯福总统是一个魔术家和阴谋家，他把自己的讲话稿藏在纱巾下，公开宣布的却完全是另一套相反的东西"，"他认为法国问题完全属于他的职权范围"，"他想指挥法国的全部军队"。

然而，罗斯福也从来没有停止辩论戴高乐的合法性问题。可以肯定，这是他们之间达成谅解的最大障碍。

另一方面，无论是丘吉尔还是艾登，都不愿意在雅尔塔看到戴高乐。他们担心戴高乐会提出自己对波兰和德国问题的看法来打乱他们的算盘。丘吉尔希望以唯一大国代表的身份去雅尔塔并代表欧洲的利益讲话。如果戴高乐出现在雅尔塔，显然丘吉尔的立场也就必然代表不了欧洲，而只能代表英国了。

斯大林对戴高乐及其"气势汹汹的愤懑"的立场也有自己的想法。他在1944年11月曾在莫斯科同戴高乐进行了整整15个小时的谈话，斯大林试图让戴高乐承认波兰卢布林委员会，以排除波兰的伦敦流亡政府。戴高乐虽然接见了卢布林委员会的代表团，但却拒绝承认它。诚然，这使斯大林很不高兴。

显然，戴高乐的一次广播演讲使罗斯福、丘吉尔和斯大林都同样感到不快：

"至于对未来和平及与此有关的一切安排，我们已经提醒我们的盟国并把我们的立场公开告诉了它们；法国不能接受甚至没有同它进行过会谈的东西。"

戴高乐在当时就以"制造麻烦"而"著称"。在这种"重新安排和瓜分的世界上",戴高乐确实打乱了东西方的生活。1968年苏联干涉捷克斯洛伐克又使他有理由再次提醒"雅尔塔后果"。

美国断言,在雅尔塔没有划分任何势力范围,而是"一切都是斯大林的过错,因为他使用了武力并以武力相威胁"。这种说法并未说服戴高乐。

1945年2月4日16点15分在利瓦吉亚宫举行了第一次会晤。利瓦吉亚宫是罗斯福下榻处,参加会晤的只有罗斯福和斯大林,没有丘吉尔。另外还有莫洛托夫和两名译员。

尽管会晤是短暂的,前后只有15分钟,但这次会谈是重要的。斯大林最感兴趣的是"美国人在莱茵河上的战局如何",而罗斯福则马上就提到了对他来说最重要的问题——苏联加入对日战争。

用稀释的伏特加祝酒

在同斯大林进行这次预先的会晤后走出门口时,罗斯福高兴地对霍普金斯说:"尽管斯大林仍然有些谨慎和疑虑,但看来他还是准备在比我们所希望的更大的程度上进行合作。"当天下午,斯大林又迈出了使罗斯福感到高兴的一步,尽管这首先是斯大林的一种巧妙而狡猾的游戏。

2月4日17时10分,雅尔塔会议正式开始。在利瓦吉亚宫大厅的一张圆桌周围坐着15个人,每个代表团五人。谈话一句一句地通过译员翻译。任何一方都不作速记。会议也没有正式记录文本。只有各代表团的军事人员作了记录。

会上,斯大林首先提出一项使罗斯福感到高兴的建议,他希望会议从头至尾都由罗斯福主持,而不必每次会议都按预定程序选举新的"执行主席"。这不但是一种讲究实际的工作方式,而且也加强了美国总统一向就有的美国优越的思想,并从心理上赋予了罗斯福以这种优越感。但这从而也就同时再次孤立了英帝国主义,亦即把英国人同美国人明显分割开来。罗斯福被委以主席权力的同时也赋予了他以仲裁地位和调解人的作用,这就使他会对俄国的建议给予更多谅解,尤其是在苏英发生争吵之时。斯大林表面上赋予了罗斯福以优越地位,但实际上他在一开始也就为自己确保了优越地位。

会议于17时50分结束。

晚间,罗斯福作为利瓦吉亚宫的主人设晚宴招待三方代表团全体成员。宴会上的祝酒词变成了新的外交形式的组成部分,既是客套话,也是争斗、讥讽、雄辩和反驳。

斯大林喝的是用水大加稀释的特制伏特加，这对其他主要喝纯伏特加的人来说又赢得了一种优势。首先起来祝酒的是丘吉尔，他为"百年和平"干杯。斯大林补充说，他也为和平干杯，但是为大国控制下的和平干杯。他说，如果在未来的联合国组织中比如说阿尔巴尼亚也同苏联一样具有同样的表决权，那不是很可笑吗？

然后是罗斯福祝酒。他同意大国应该"决定和平"和承担最大责任，但他也举杯为"尊重小国人民的权利"干杯。当又轮到斯大林祝酒时，他举起装满稀释的伏特加的酒杯道：

"南斯拉夫、阿尔巴尼亚等小国没有权利坐到这张桌子旁来。你们是否希望阿尔巴尼亚做了什么事情使它赢得这种地位？我们三人应该决定维护世界和平，只有我们三人维护世界和平的时候，和平才能保住。我同意同美国和大不列颠共同保护小国人民的权利，但我永远也不会同意任何大国的任何决定或行动由小国去裁决。"

丘吉尔哈哈大笑起来。斯大林接着说：

"雄鹰应该允许鸟儿鸣叫，但不应该制造引起鸟儿鸣叫的条件。"

罗斯福再次发言，他说，小国问题并不像人们所想象的那样简单：

"比如我们美国有许多波兰人，他们对波兰的未来有着切身的利益。"

斯大林插话说：

"但是，你们的700万波兰人中只有7000人有选举权……"

2月5日，会议真正开始了。罗斯福立即建议会议只讨论一个问题：将来对德国采取行动的问题。

罗斯福马上直接提出法国要求的占领区问题，他说，划分占领区问题并不意味着德国问题一劳永逸地结束了。

这个问题讨论了很长时间，丘吉尔说：

"可以这样开始：把德国领土分为三个区，然后盎格鲁—撒克逊人把一部分自己的占领区让给法国。"

"那其他国家也会要求占领的，"斯大林抱怨说，显然，他对讨论这个问题很生气，"另外，一旦法国得到占领区，它会要求参加我们将要建立的监督机构。我不反对法国、比利时和荷兰帮助你们承担占领义务，但我不能承认它们有监督权和组织监督权。"

当丘吉尔再次要求让法国得到德国占领区时，斯大林发火了：

"您想给法国占领区？我反对这样做。但是，这只能是我们做的一种姿态，而不是满足其对任何权利的要求。我绝对反对法国参加国际监督委员会。它没有这个权利。它比波兰还小，比南斯拉夫小。法国打了什么仗呢？不要忘掉在这次战争中法国向敌人敞开大门。如果法国坚决抵抗的话，苏联和英国就不会遭到那么大的损失和受到那么大的破坏。只能把监督和管理德国的权利委托给从一开始就抵抗敌人的国家。甚至今天法国在前线也只有6个师，而卢布林（波兰）却有10个师。"

斯大林的一顿怒火并未使丘吉尔气馁，他仍然坚持法国应该尽快进入大国行列。

集团划分的开始

1968年苏联对捷克斯洛伐克进行军事干涉后，西方曾对菲尔·摩根在《华盛顿邮报》上的说法做出十分坚决的反应。根据摩根的说法，"莫斯科在对捷克斯洛伐克进行军事干涉前曾将自己的用意通知了华盛顿政府，并询问雅尔塔的君子协定是否仍然有效"。据说约翰逊总统"痛心地回答说，捷克斯洛伐克处在苏联的势力范围之内"。

美国国务院曾对上述说法和类似说法专门发表声明，否认关于任何划分势力范围的说法。

"美国政府从来就没有同任何人在任何地方达成关于'势力范围'的协议或同盟。不久前的捷克斯洛伐克事件同这类思想毫无关系，任何政府都未曾试图得到美国的这类保证。任何关于美国默许苏联和其他华约国对捷克斯洛伐克采取行动的指责都是恶意的和毫无根据的。1945年2月4日到11日的雅尔塔会议没有以任何方式直接或间接地讨论势力范围问题。"

美国一直否认任何关于雅尔塔会议在欧洲划分了势力范围的说法。然而，无论在雅尔塔会议上通过的《关于被解放的欧洲宣言》中，还是在雅尔塔会议的其他细节中，都有证明下面两种说法的因素：一种说法是雅尔塔没有进行任何划分；另一种说法则是相反。事实说明，在雅尔塔毕竟是划分了。罗斯福为争取斯大林加入对日战争，自己曾暗示：作为报答，苏联应得到在远东的利益旅顺、大连和满洲铁路的特权，这说明正是考虑了势力范围。

曾经在雅尔塔跟随罗斯福的美国国务卿爱德华·斯退丁纽斯在回忆录中

的说法也证实了在雅尔塔划分了势力范围。他断言当时划分势力范围是不可避免的：

"苏联在东欧得到什么？难道由于红军的巨大胜利苏联就得不到了吗？大不列颠和美国在雅尔塔曾共同承担义务，许诺举行自由选举和建立民主政府，可惜这种许诺没有兑现。苏联在雅尔塔得到什么？就是在没有任何协议的情况下，难道苏联在远东就不会得到千岛群岛吗？如果没有协议，苏联也会攻入中国北部，美国和中国也是无法阻止的。"

斯退丁纽斯正是证实了丘吉尔和斯大林1944年10月在莫斯科所达成的协议也在雅尔塔生效了，或许这一点并不是斯退丁纽斯想说的。

斯退丁纽斯写道：

"丘吉尔说，英国政府十分感谢斯大林元帅，因为他对希腊的事情已不再抱有过多的兴趣。斯大林重申，他无意批评英国在希腊的行动，而且他根本无意去过问这个国家的事情。"

这也说明，在雅尔塔遵守了斯大林和丘吉尔1944年10月达成的协议，因为这一协议不仅适用于希腊，而且也适用于其他巴尔干国家。战争结束了，当丘吉尔和斯大林在波茨坦再次会晤时，丘吉尔责怪斯大林破坏了关于在一些国家所确定的百分比的莫斯科协议。

1944年战争快结束时，有一段情节至今仍令人不解。5月初，美国人进攻德国时曾处于比红军领先进入捷克斯洛伐克的地位，但他们却没有这样做。后来这件事成了西方经常讨论的话题。

众所周知，曾发生过如下情况：著名的美国将军巴顿在率队向捷克斯洛伐克进军时，曾到达离布拉格只有约100公里的地方。他不愿意听从艾森豪威尔的命令，但是他仍然不得不停止前进并向后撤退。5月7日甚至有三名美国军官驾驶坦克进入了布拉格并同人民解放委员会进行了接触。

据外交官墨菲说，巴顿停止前进并后退不仅是苏军总部进行交涉的结果，而且也是如下一些思想造成的：

"反正这一地区很快就得让给俄国人，干吗还要让哪怕一个美国军人冒生命危险去占领这样一个地区呢？"

然而，艾森豪威尔断言，他撤回巴顿是出于战略和策略上的原因，而不是政治原因。而丘吉尔在回忆录中则断言："如果这次行动从军事观点来看对他合适的话，那么任何事先达成的协议都无法阻止艾森豪威尔去占领布拉格。当时我曾要求杜鲁门总统这样做。"

　　然而，丘吉尔没有提到巴顿和艾森豪威尔对苏军总部承担的义务，也没提到达成的下列协议，即由苏军完成对德军的包围。总之，后来西方围绕这一情节唱了许多挽歌。

　　当时罗斯福总统的顾问哈里曼在1968年发表的一次谈话中也断言，在雅尔塔没有划分任何势力范围：

　　"雅尔塔协议对斯大林十分有利，罗斯福和丘吉尔对他作了许多让步，那为什么斯大林还要破坏这些协议呢？我认为，这是一个应该向一切抱有这种想法的人们提出的问题。的确，鉴于需要把纳粹势力赶到德国的心脏地区，罗斯福和丘吉尔还在战争期间就曾希望斯大林就欧洲地区问题达成协议，尽管他们知道，这些地区将会处于红军的控制之下。

　　"但是，在雅尔塔，绝对没有谈到任何可以认为是承认势力范围原则的东西。甚至相反，在雅尔塔达成了另一种我们认为是十分重要的和公开承认如下事实的协议，即东欧各国人民是能够自己决定自己的未来的。"

　　但是，有一点是无可争议的，即无论是雅尔塔划分了势力范围，还是这是由于战局的发展和红军的胜利造成的，雅尔塔毕竟为今天的集团政策和"大国"的霸权主义奠定了基础。

雅尔塔"谷地战役"

1945年1月的雅尔塔是很少有人愿意去的地方。半年之前，克里米亚半岛还是硝烟弥漫的战场，还有不少德军的残部在暗中活动。此外，雅尔塔离前线不够远，还有遭受大规模轰炸的危险。

保卫雅尔塔会议的行动代号为"谷地战役"。1944年春天，乌克兰第4方面军反侦察局在克里米亚半岛清剿德军残部时，抓到了两个年轻的亚美尼亚人，他们是来自维也纳的德国间谍小组的报务员。他们供出了小组其他四名成员。这个间谍小组受命潜伏在辛菲罗波尔和巴赫奇萨赖地区，搜集有关苏军的情报，电台呼号是LPC。从那时起，反侦察机关就利用他们与德国特务机关玩起了无线电游戏。

"谷地战役"行动开始时，突然从德军方面发来命令："总部致LPC，请回答，你们已经收集到了些什么情况？另外还要加上具体的天气情况，比如阴晴雨雪，天空是否晴朗，能见度如何？气温是多少摄氏度？请准确地向我们报告，这对我们非常重要。顺致敬意！"这份电报被立即上报给了斯大林。德国人显然是在着手研究克里米亚半岛地区的战役条件。斯大林非常担心德国人对雅尔塔进行大规模的空袭或其他破坏活动。

果不其然，在"谷地战役"行动全面展开的第一天，苏方就发现了大量隐藏的武器弹药和地雷。

为了确保万无一失，各代表团驻地的警卫人员都是由行动总指挥克鲁戈夫亲自挑选的。内务人民委员部四个加强军官配备的混成团被调到克里米亚半岛，另有国家安全人民委员会的900名工作人员参加警卫工作，其中200人为私人警卫，200人为哨兵警卫，120人为道路警卫。除此之外，所有的司机都由侦察员担任。

与此同时，无线电游戏也玩得非常带劲。

"总部致LPC：我们在等待来自克里米亚的新消息！你们那里天气情况如何？请用第2或第3频道向我们报告每天具体的天气情况！顺致敬意！"

"LPC致总部：克里米亚没有什么变化。塞瓦斯托波尔港正在扫雷。天空多云、大风。早8点气温为2℃。在森林中遇到了一批辎轱志愿者，他们希望能得到帮助，急需电台用的电池和武器。我们应该怎么办？请指示！"

这份电报抛出了鱼饵，目的是引诱德国特务机关上钩。

"总部致LPC：请吸收志愿者与你们一道工作，请等待阿利耶夫前往你处！顺致敬意！"

按照约定，情报人员点燃了四堆篝火，旁边有12名内务部工作人员守候，另有25人封闭了所有的通道。夜里3时，传来了飞机发动机的响声，夜空中随即绽开了第一朵伞花，下面系着一个箱子。一共四具降落伞，其中一个箱子落地时被地面的石头撞开了，里面装的是电池和纸币。紧接着跳伞着陆的是阿利耶夫。但是，在着陆之前，他好像发现了什么可疑的情况，就投下一颗手榴弹。但是手榴弹没有爆炸。阿利耶夫只有乖乖地就擒。

第二天早上，LPC向总部发报称："阿利耶夫已到达，但是身体有病。"

这是约定的暗语，报告阿利耶夫一切都好。苏联反侦察机关通过间谍小组的电台继续戏弄德国的特务机关。实际上，当时那一段时间有可能是克里米亚有史以来天气最好的时期。但是，这种情况若是让德国人知道了，那就完全有可能使"三巨头"会议流产。因为德国空军的轰炸机飞到克里米亚半岛还不足四个小时。

克里米亚半岛的防空拦阻火力和密度完全可以与1941年、1942年的莫斯科的防空火力网相比。雅尔塔、塞瓦斯托波尔、萨卡机场等目标都建立了由600门高射炮和高射机枪组成的防空火力网。防空部队高度戒备，人不离炮，昼夜如此。

300架歼击机为克里米亚提供空中保护，其中有100架具备夜航夜战能力。除了主要的机场之外，萨拉姆伊、斯坦尼察、敖德萨、尼古拉耶夫等备用机场也都进入了高度戒备状态。

1945年1月27日，贝利亚向斯大林报告："所有的接待工作都已全部准备就绪。"

斯大林的特别专列1月29日从莫斯科出发开往辛菲罗波尔。在辛菲罗波尔，最高统帅换乘装甲轿车前往雅尔塔。在特别车队上路之时，所有车辆都被禁止通行。

盟国代表团是从马耳他乘飞机到达这里的。从2月2日晚上到3日早晨，一架接一架的盟国飞机在机场降落。按照"谷地战役"的计划，苏军的歼击机在空中为盟国的飞机护航。在机场上实施了严格的空中管制，对回答不出己方暗号的飞机，无须警告和请示就直接开火。

利瓦吉亚宫位于雅尔塔城西四公里处，是"三巨头"会谈的主要场所。住在这里的是美国代表团。英国建筑师设计的沃龙佐夫宫被用来接待英国代表团。

从理论上讲，德国的突袭小组有可能潜入雅尔塔向代表团驻地发起攻击，但在实际上，密集重复设置的检查站杜绝了外来人员自由出入。每一个检查站加盖的印章都有特殊的暗记。会谈代表、警卫、引导员持有不同的证件。各代表团驻地设有三道防线。

在斯大林和苏联代表团的驻地尤苏波夫宫，第一和第二道防线由内务人民委员部混成团的400名官员负责警卫，楼内的保卫工作由随行的警卫人员负责。利瓦吉亚宫、沃龙佐夫宫的情况也是如此。

雅尔塔的秘密交易

1945年2月，美、英、苏三国首脑罗斯福、丘吉尔、斯大林在雅尔塔会议之外，达成了一项有损中国主权的秘密交易。

早在1943年11月30日，出席德黑兰会议的罗斯福、丘吉尔为了诱使苏联出兵中国东北，就在这天的午餐会上向斯大林抛出了不冻港的话题。丘吉尔首先开口说，他认为像苏联这样一块广大的陆地，应该在远东有一个不冻港作为出海口。他说："这个问题当然会成为战后和平条约问题的一部分。"斯大林当时有些心动。1944年10月，在丘吉尔访问莫斯科时，斯大林明确向他提出了库页岛南部和千岛群岛战后应由苏联占领的想法。11月，斯大林又向美国驻苏大使哈里曼提出了参战远东的条件：废除1905年日俄战争后订立的朴茨茅斯条约，并使用满洲的港口和铁路。美国为了自身利益，表示愿意满足斯大林的要求。

1951年，哈里曼就罗斯福要求苏联参加对日作战的意图，向美国第82届国会作证说："存在的最大危险是苏联可能袖手旁观，而等我们牺牲了大批美国人生命，打败日本之后，红军长驱直入满洲和中国北部大片地区。那时苏联人就能轻而易举地以'公众要求'为口实，建立满洲和蒙古人民共和国了。罗斯福力图使斯大林先前所谈的一般保证，化为俄国尽早参加太平洋战争的行动，限制苏联在东方的扩张和取得苏联对中国国民党政府的支持。"

成交阶段是从1945年2月8日下午开始的。罗斯福和斯大林这天举行了密谈。10日，两人再度密谈，并商定了协定文本。11日，美苏两方将协定文本送请丘吉尔过目，征求他的同意。虽然丘吉尔没有参与起草这个协定，但他还是跟罗斯福和斯大林一起在协定上签了字。

三国的幕后产物

对于《雅尔塔协定》的产生过程，苏方译员别列日科夫在《外交风云录》一书中，作了详细的描述：

由于就苏联参加对日作战和其他一些有关问题进行过预备性协商，在雅尔塔研究苏联参加对日作战问题就容易多了。另外一个原因是，美国参谋长联席会议在克里米亚会晤前夕就美国对日军事行动的展望向罗斯福总统提供了相当悲观的设想。照参谋长们的看法，德国投降后至少要一年半才能击败日本。由于完全没有指望日本很快就会投降，他们计划在1945—1946年冬才能攻占日本列岛。而如果欧战延长，军队向太平洋战场的调动势必耽搁，那就只得将整个进攻推迟到1946年较晚的时候。麦克阿瑟将军认为，"通过东京平原攻占日本的工业心脏地区将会是一场极其激烈的战斗"。参谋长联席会议急于想减少美军在这一作战中的伤亡而期待着苏联的援助。在1945年1月23日致总统的备忘录中，参谋们宣称：

"俄国按照它的能力尽早（对日）作战，对我们在太平洋地区作战提供最大限度的支援，实属必要。在不妨碍我们对付日本的主要行动的情况下，美国将尽可能给予最大限度的支持。俄国在远东对日作战的目标，应该是击败满洲的日本部队，同以东部西伯利亚为基地的美国空军合作，对日本本土进行空袭，以及对日本和亚洲大陆间的日本海上交通进行最大限度的破坏。"

美国最高统帅部的这些看法无疑在不小程度上决定了罗斯福在雅尔塔会议上的立场。2月8日，苏联政府首脑和美国总统在小范围内讨论了这个问题。苏联方面参加谈话的有莫洛托夫，美方有哈里曼。除了双方各一名译员以外再无旁人参加。哈里曼谈及这次会见时指出，斯大林开始发言时提到在莫斯科同美国大使进行的谈话，并说，苏联方面希望能讨论苏联准备参加对日作战的政治条件。他接着阐述了1944年12月向美国大使提出的一些想法。

罗斯福回答说，他不认为库页岛南部的归还和千岛群岛的转手有什么困难。至于大连港，正如他在德黑兰已经提到的，苏联无疑应该在南满铁路终点有一个可出入的不冻港口。但他，罗斯福，现在不能代表中国政府发言。看来，他可以向中国人提出一个租让大连的问题，使大连成为一个国际共管的自由港。罗斯福继续说道，他倾向于这种办法，不仅大连，而且香港也可以如法炮制。至于满洲的铁路，他倾向于由俄国人和中国人联合经营，而不是由俄国人租借。

罗斯福如此模棱两可的回答无论如何不能使苏联方面满意。斯大林仍旧坚持自己的意见。他说，如果不接受他的条件，那苏联人民将难于理解为什么苏联要对日作战。德国威胁着苏联自身的生存，因而苏联人对于同德国作战的意义有很清楚的认识；但他们不会懂得苏联为什么要去攻打日本。不过，如能接受他的政治条件，这件事就可以较为容易地用涉及国家利益为理由，向人民和最高苏维埃进行解释。

罗斯福由于没有其他理由，便说，他尚无机会同蒋介石讨论这件事。他说，一般说来，同中国人坦率交谈是困难的，因为你同他们谈论的所有事情，不出24小时，包括东京在内的全世界就都会知道。

斯大林说，不必急于通知中国人。他只是希望在会议结束前把他的建议写成文件，并得到罗斯福和丘吉尔的赞同。罗斯福未提出异议。

2月10日，莫洛托夫邀请哈里曼到苏联代表团的住地科雷兹别墅去，并交给哈里曼一份苏联参加对日作战政治条件建议的英文本。哈里曼看过文件后指出，他认为总统必将提出下列修正意见：旅顺口和大连应是自由港，满洲的铁路应由俄中联合委员会经营。而且所有协议应该得到中国人的赞同。

哈里曼回到利瓦吉亚宫后，获得总统对他所提修正意见的同意。整个问题于2月10日晚上举行的正式会议后得到彻底解决。斯大林与罗斯福单独交谈时说，他同意满洲的铁路由联合委员会经营。他也不反对得到中国人对所达成协议的确认。但他补充说，中国人还应该同时确认蒙古人民共和国的现状。斯大林也同意大连成为自由港，但仍坚持以租借原则使用旅顺口，因为那里将是苏联的海军基地。罗斯福接受了这一改变，并承担了责任：苏联政府一旦通知他时机已经成熟，他就立即和蒋介石磋商。

在达成协议的基础上，2月11日斯大林、罗斯福和丘吉尔签署了会议文件。

不言而喻，这项协定完全无视中国的主权，抹杀了中国人民在反法西斯战争中的巨大贡献，它是大国主宰世界的产物。因此，一些美国官员，如美国驻苏大使哈里曼，对中国是否接受《雅尔塔协定》表示怀疑，更有一些美国国务院官员，则对美国为讨好苏联而牺牲中国主权的举动感到羞耻。

在雅尔塔会议召开之前，苏方曾要求中国外长尽快到莫斯科举行会谈，以解决两国之间的重大外交问题。2月6日，行政院代理院长兼外交部长宋子文约请国防最高委员会秘书长王宠惠、国民政府文官长吴鼎昌和军事委员会办公厅主任兼国民党中央宣传部部长王世杰商谈有关赴苏谈判的问题。但是，苏方此时另生枝节，要中国外长推迟访苏，这不禁引起了蒋介石的怀疑，他在2月7日的日记中写道："俄国延展子文访期，可知罗、丘、史会议已毕。俄国参加对日战争又延至五月以后矣。"

2月11日，《雅尔塔协定》签字。斯大林当即向罗斯福建议，应设法将协定内容通知中国政府，并获得蒋介石的同意。但是，美方认为，如果与中国政府咨商雅尔塔协定事宜，或者立即把协定条款通知中国，两种办法都太危险。不久，中国驻苏大使傅秉常向蒋介石密报了他所了解到的协定内容，更加重了蒋介石的疑心。他在3月第二周的"本星期预定工作科目"中指出："近日尤感外交之无公理、无情义，而惟以强权与势力是依。我国若不能自立自强，决不能生存于今后之世界！"

为了探明真相，蒋介石一方面恳请当时正在华盛顿的美国驻华大使赫尔利帮忙，希望尽早委派宋子文到华盛顿与罗斯福会面，同时还命令驻英大使顾维钧、驻美大使魏道明想方设法打探《雅尔塔协定》的内情。对于赫尔利的询问，罗斯福似乎也有所悔悟，他指示赫尔利去伦敦和莫斯科找丘吉尔和斯大林谈谈，看看有什么可以弥补的办法。3月12日，罗斯福接见中国驻美大使魏道明，向他透露了密约的部分内容。3月15日，蒋介石在接到魏道明的报告后即在日记中写道："阅此，但有痛愤与自省而已……可以断定此次黑海会议俄国对日作战已有成议。果尔，则此次抗倭战争之理想恐成梦幻矣！"

4月5日，蒋介石在日记中表明了这样的态度：

关于旅顺问题，宁可被俄国强权占领，而决不能以租借名义承认其权利。此不仅旅顺如此，无论外蒙、新疆或东三省被其武力占领不退，则我亦惟有以不承认、不签字以应之。盖弱国革命之过程中，既无实力，又无外援，不得不以信义与法纪为基础，而不能稍予以法律之根据。如此则我民族之大，凭借之厚，今日虽不能由余手而收复，深信将来后世之子孙亦必有完成其领土、行政、主权之一日。要在吾人此时坚定革命信心，勿为外物胁诱，签订丧辱卖身契约，以贻害于民族，而得保留我国家独立、自主之光荣也。

然而，就在赫尔利准备就远东问题与斯大林、丘吉尔商讨之时，久患重病的罗斯福于4月12日溘然长辞。副总统杜鲁门继任总统后明确表示：凡是罗斯福做出的决定继续照办，凡是已经允诺的国际义务必须遵守。赫尔利无计可施，只能以"私人"方式，向蒋介石通报了《雅尔塔协定》的相关内容。赫尔利最后还强调，罗斯福和杜鲁门对于苏方的要求均持赞同态度。

斯大林态度强硬

1945年4月，中国外交部长宋子文率领中国代表团前往旧金山出席联合国成立大会。据《宋子文传》记载，他在6月5日与美国总统杜鲁门会见时，杜鲁门向他透露了《雅尔塔协定》的内容。6月15日，美国驻华大使赫尔利奉命正式向蒋介石通报了《雅尔塔协定》。蒋介石感到愤怒，却又无能为力，只好派宋子文、蒋经国等人赶赴莫斯科谈判。就在这一天，杜鲁门发电报通告斯大林说："宋子文今日动身经重庆赴莫斯科，他将于7月1日前到达莫斯科，就苏中协定进行具体讨论。"

宋子文一行于1945年6月30日抵达莫斯科。当天晚上6时30分，斯大林会见了中国代表团。当他走进会见大厅时，宋子文迎了上去，与他热烈握手。斯大林面带和蔼可亲的笑容，说道："看，我们正在恭候你们，这次我们要很好地谈一谈，我希望你们在这儿过得愉快。"

听闻此言，宋子文沉重的心情略有松弛，而蒋经国看到斯大林彬彬有礼的样子，心里的一块石头也落了地。

此时，莫洛托夫指着站在一旁的秘书对宋子文说："我们是不是发表一个关于中苏会谈的一般性声明，这个事情可以让他们去办。"

宋子文回答："这当然可以，我想可以简短一些。"

"过几天，我们再正式会谈，您看这样好吗？"斯大林仍然很有礼貌。

"我很乐意按您的意见办。"宋子文说完后宾主站起来，向宴会大厅走去。

蒋经国看了一下表，第一次会见只用了15分钟。

1945年7月2日晚上8时，中苏举行第二次会谈。这一次，斯大林的脸上毫无表情。他从椅子上站起来，将手里的一份文件扔到宋子文的面前，问道："你读过这个东西吗？"

宋子文低头一看，是一份雅尔塔会议的秘密协定。

"是的，我看过这个文件。"

"很好，这是罗斯福总统签署过的文件。如果你要讨论什么问题，必须以这个文件为基础。"

宋子文点了点头。

斯大林于是说道："如果是这样，我可以和你们讨论任何问题。"

当接着谈到最敏感的外蒙问题时，斯大林以强硬的态度发表了意见："我们认为，外蒙必须独立。"

中国代表全都怔住了，因为《雅尔塔协定》明确写道："外蒙保持现状。"

"不，外蒙独立是中国不能接受的。"宋子文说。

"我可以明确地告诉你们，如果中国不同意外蒙独立，苏联就不会出兵远东同日本作战，那么中国就会被日本长时间地占领。"

宋子文马上回答："中国政府不能以放弃领土为条件，来换取苏联出兵，这样，中国的老百姓也不会答应。"

斯大林脸色铁青："苏联政府不会同意你们的意见。你们要明白，如果那样的话，有些国家可能以外蒙为基地，对苏联发动进攻，它们可能占领苏联的远东地区；如果外蒙作为一个国家存在，那么这对于苏联来说，那应是一个可以利用的缓冲地带。"

他看了宋子文一眼，继续说道："看来你不相信我说的话。日本就是这样一个国家，它就是投降了，过上5年，10年，谁能保证它不会东山再起？……说到蒙古人，他们既不愿加入中国，也不愿加入苏联，只好让它独立。"

宋子文无言以对，只能机械地重申中国政府的立场："中国国民政府从孙中山的时候起，就向中国人民作出保证，要保持领土完整，这当然也包括中国的外蒙在内。"

"中国已无力管理外蒙，何况目前外蒙正在和内蒙串通起来，企图成立一个大蒙古共和国。如果发生这种情况，就会危及华北。所以就是从中国的利益出发，让蒙古独立也是有好处的。"

不管斯大林怎么说，宋子文就是不点头。他说："这个事，我本人没有权力决定，在没有接到中国政府的明确指示之前，是万万不能同意的。"

斯大林点了点头说："那好吧，我们可以等一等。"

蒋介石在西安得知情况后，急忙返回重庆，召集高级官员开会商讨对策。

7月6日，蒋介石指示宋子文："若苏联能协助我对日抗战胜利，对内切实统一，则为苏联与外蒙以及我国之共同利益与永久和平计，我政府或可忍此牺牲。"

在接着进行的谈判中，中国代表团复述了蒋介石的如下指令：

中国政府今愿以最大之牺牲与诚意，寻求中苏关系根本之解决，扫除今后一切可能之纠纷与不快，藉获两国彻底之合作……中国最大之需要，力求领土主权及行政之完整，与国内真正之统一。对此有了三个问题，切盼苏联政府给以充分同情与援助，并给以具体而有决心之答复。问题如下：

一、东北领土主权及行政之完整……兹为中苏共同利益计，中国准备共同使用旅顺军港，大连辟为自由港，期限均为二十年。至旅顺之行政管理权，则应属中国，以期中国在东北之主权行政真能完整。中东南路干线可与苏联共同经营，利润平均分配。至铁路所有权应属中国，铁路支线及铁路以外之事业，均不包括在共同经营范围之内，期限均为二十年。

二、……阿尔泰山脉，原属新疆，应仍为新疆之一部。

三、中国共产党有其军事及行政组织，因之，军令、政令，未能全归统一，深盼苏联只对中央政府予以所有精神与物质上之援助，苏联政府对中国之一切援助，应以中央政府为限。

外蒙，中国政府以外蒙问题既为中苏两国关系症结之所在，为中苏共同利益与永久和平计，愿于击败日本及上述三项由苏联政府接受之后准许外蒙独立……

外蒙区域范围，应以原疆界中国之旧地图为准。中国政府深望苏联政府能明了中国政府极大之牺牲与诚意，切实谅解，藉以获得两国久远之合作。

听完了蒋介石的指令，斯大林的脸上露出了笑容："这些条件，苏联政府基本上是同意的，当然这些我们可以以后再谈，我和莫洛托夫同志要去参加波茨坦会议，等开完那个会之后，我们再接着谈。"

宋子文不肯签字

几天以后，宋子文从莫斯科回到重庆，情绪低落。他对赫尔利说："我完全垮了……这个拟议中的与苏联的协定，对负责这个协定的人来说，是政治上的毁灭。"他还在蒋介石面前大诉其苦，说："斯大林这个人的胃口是很大的，一口咬定非要外蒙独立不可。这件事情，我是不能干了，你叫别人去好了。这个外交部长，我也不要兼了，你再派一个人去当外交部长，反正这个字我是不会签的。"

于是，蒋介石另选了外交部长——王世杰。8月6日，宋子文、王世杰、蒋经国一行再次前往莫斯科，延续中苏谈判。8月9日，苏联出兵中国东北，斯大林又趁势胁迫中国代表团说，如果中方不赶快在协定上签字，"共军将进入满洲"。在苏联出兵已成既定事实的情况下，中方最终答应在《雅尔塔协定》的基础上，根据苏联提出的条件，签订《中苏友好同盟条约》。签订日期是日本宣布投降的头一天——1945年8月14日，签字地点——莫斯科。

《条约》载明：中国政府承认外蒙古独立，中东铁路及南满铁路改名为中国长春铁路，主权属于中国，由中苏两国共同经营；旅顺口由"两国共同使用"，民事、行政权属于中国旅顺政府。在《条约》所附照会中，苏联政府承认"东三省为中国之一部分，对中国东三省之充分主权重申尊重，并对其领土与行政之完整重申承认"。

美国《时代周刊》认为，《中苏友好同盟条约》是东北地区蒋介石手中的一张王牌，它有利于蒋介石同中国共产党打交道。该刊写道："其中显而易见的一点是，俄国人转而支持中央政府。中国共产党失去得到苏联同志帮助的希望，将不得不交出他们独立的军队和统治，在一个统一中国的不同政治势力中占据他们的位置。延安反对这样的结果，但它的领导人已看到厄运降临的预兆。"

中东铁路的变迁

　　中东铁路是"中国东清铁路"的简称，亦作"东清铁路"、"东省铁路"，民国后改称"中国东省铁路"。该铁路干线由满洲里经哈尔滨到绥芬河，全长1480多公里；由哈尔滨经长春到大连是中东铁路支线，称南满铁路，全长940多公里。

　　19世纪40年代，沙俄的侵略势力伸入中国的黑龙江流域。从19世纪中叶起，沙俄先后强迫当时的中国政府签订了《中俄瑷珲条约》、《中俄北京条约》等一系列不平等条约，把黑龙江以北、乌苏里江以东的100多万平方公里的中国领土并入俄国版图。沙俄为了增强其对外扩张的实力，进一步侵略和占领中国东北和朝鲜，并与当时也觊觎这些地方的日本对抗，于1891年2月决定修筑西伯利亚铁路。

　　1896年（光绪二十二年），清政府特使李鸿章赴俄祝贺沙皇加冕典礼，与沙俄签订了《中俄御敌互相援助条约》即《中俄密约》，允许俄国修筑东清铁路。

　　1898年8月，东清铁路破土动工，以哈尔滨为中心，分东、西、南部三线，由六处同时开始相向施工。北部干线（满洲里至绥芬河）和南满支线（宽城子至旅顺）及其他支线，全长约2500多公里，采用俄制1524毫米轨距，干支线相连，恰如"T"字形，分布在中国东北广大地区。1903年7月14日，东清铁路全线通车，并开始正式运营。

　　日俄战争（1904年）后，沙俄把南满铁路的长春至大连段转让给了日本。

　　从1920年起，东清铁路始称"中国东方铁路"，简称"中东铁路"或"中东路"，长春以北段由中苏共同经营。

1922年2月28日，中国政府与苏俄政府代表就中东铁路问题签订的协定大纲规定：中东铁路归中国政府管理；俄人所有该铁路股份由中国政府于此后五年内收回；该路未完全收回前，苏俄政府代表有权派员参与该路路政；中东路所负各国政府及外商之债，由中国政府完全负责。

1931年"九一八"事变后，日本占领了东北，使中东铁路处于日军包围之中。是年11月，日本违反原来向苏联所做的允诺："日本军队奉命不得使中东铁路遭受任何损失"，派兵进驻中东铁路地区，使苏联感到极大不安。但日本没有直接用武力接管中东铁路，而是企图用破坏、挑衅等手段迫使苏联自动退出该铁路。苏联当时也没有立即退出中东铁路，但它在暗中作了应变的准备，把一批铁路车辆运入苏境。日方向苏方提出交涉，没有达到还车目的，就下令封锁满洲里和绥芬河，并禁止货运列车出境。

1933年5月2日，苏联为了缓和同日本的矛盾，由外交人民委员李维诺夫出面，提议把中东铁路卖给"满洲国"（实际上是日本），"以为中东铁路纷争解决的实际方法"。此后，苏日双方进行了近两年的谈判，于1935年3月24日苏联以1.4亿日元把中东铁路及其一段支线卖给了日本。根据"大纲协定"，中东铁路为中苏两国合办和所有，因此，苏联这样做，明显违反了"大纲协定"。中国政府向苏日双方提出抗议，指出苏联无权单方面处理中国财产。日本买下中东铁路后，立即把宽轨改为窄轨，以适应其对华侵略战争的需要。

1945年2月，美、英、苏三国领导在苏联雅尔塔举行会谈，讨论战后德国的处理问题以及苏联参加对日作战问题。美苏双方围绕苏联参加对日作战的条件，进行了极秘密的幕后讨论。在"恢复历史正义"的口号下，苏联提出要求恢复沙俄在日俄战争中丧失的全部权利。10日，苏联方面向美国方面提交了一份《斯大林元帅关于苏联参加对日作战政治条件草案》，后经斯大林和罗斯福修改，便成了美、英、苏三国领导签署的严重损害中国主权的雅尔塔协定。

当时的中国政府没有参加雅尔塔协定，也没有公开表示同意这个协定，然而这个协定的绝大部分条款却与中国有关。苏联特别强调要保证它在中东铁路上的"优越权益"。事实是，俄国已在1905年把南满铁路转让给了日本，苏联也于1935年把中东铁路卖给了日本，所以，日本投降后这条铁路理应返还给中国。后来的中国报纸在评论雅尔塔协定时，谈到了当时中国政府在两个大国的压力下接受雅尔塔协定的隐衷："此项协定的内容，直接间接影响我国主权，我国身为当事国，既未参与，亦未示同，自难接受此项协定外交所发生之拘束，但我国当时所接受者，厥为美国对增进中苏邦交之提示，于是遂有宋院长之赴苏，与莫斯科谈判之获得结论，签订中苏友好同盟条约也。"

雅尔塔协定签订后，中国方面对苏联要租借旅大和合办中东铁路事已有所闻，而美苏双方对协定的内容却一直保密。当时，中国驻美国高级官员向美方当事人提出询问时，他们都守口如瓶。只是在苏联向美国作了相应的表示之后，美国急于以中国主权换取苏联早日出兵参战，便压中国政府全盘接受雅尔塔协定，但它又不愿对苏做出超越雅尔塔协定的让步，以致影响其控制和独占中国的阴谋计划。

1945年6月9日，美国新总统杜鲁门把雅尔塔协定内容告诉了当时的中国政府行政院长宋子文，并要宋立即去苏就履行雅尔塔协定事与苏谈判、签约。杜鲁门强调说："一旦苏俄参加对日作战，则美国政府对于雅尔塔协定，便不能不予以支持。"

从1945年6月30日起，中苏两国在莫斯科举行谈判。谈判中，中国方面受到来自美苏两国的双重压力。8月，中苏签订了《中苏友好同盟条约》《中苏关于中国长春铁路协定》以及关于大连、旅顺口协定等文件。

《中苏关于中国长春铁路协定》的内容有：（1）中东铁路和南满铁路合并为中国长春铁路，由中苏"共同所有，并共同经营"；（2）铁路所有权为中苏共同所有；平均属双方，任何一方不得以全部或一部转让；（3）关于铁路管理，仍沿用以前的做法，中国人任理事长，苏联人任铁路局长；（4）在对日作战时期，苏联有权利用该铁路运输军队和军需品；（5）协定有效期为30年，期满后，苏联将把中长铁路连同该路之一切财产，无偿转移交给中国政府。

新中国成立后，中苏两国的关系进入一个新的历史时期，这为解决两国之间历史上遗留下来的一些问题，其中包括中东铁路问题创造了良好的条件。

1950年初，中苏两国领导人在莫斯科举行正式会谈，讨论与两国有关的重要政治问题、经济问题以及两国间的其他一些问题，包括中东铁路问题。2月14日，中苏双方通过谈判，签订了《中苏友好同盟互助条约》《中苏关于中国长春铁路、旅顺口及大连的协定》以及苏联向中国提供贷款协定等文件。有关中东铁路的协定说：

> 缔约国双方同意苏联政府将共同管理中国长春铁路的一切权利以及属于该路的全部财产无偿移交中华人民共和国政府。
> 此项移交一俟对日和约缔结后立即实现，但不迟于1952年末。
> 在移交前，中苏共同管理中国长春铁路的现状不变。惟中苏双方代表所担任的职务（如铁路局长，理事会主席等职），自本协定生效后改为按期轮换制。

根据这项协定，1950年4月25日，中苏双方通过谈判，成立了中国长春铁路公司，作为中苏两国在中东铁路移交前共同管理该路的机构。1952年9月15日，中苏发表联合公告，宣布为进行铁路移交工作而成立中苏联合委员会，该委员会应于1952年12月31日前将中东铁路向中国移交完毕。这就是说，苏联到时将把它在中东铁路所拥有的一半财产(另一半属中国)无偿移交给中国。同年12月31日，中东铁路移交仪式在哈尔滨举行。从此，这条被沙俄、苏联和日本侵占、经营50余年的中东铁路，完全返还中国，中国对中东铁路的主权也完全得到了恢复。

外蒙古独立始末

外蒙古独立是指外蒙古于20世纪上半叶脱离大清帝国统治的历史事件。外蒙古与内蒙古在二战之前同属中国的一部分。外蒙古包括现在的蒙古国以及唐努乌梁海地区。今日外蒙古大部分地区属蒙古国，目前是一个被国际社会广泛承认的主权独立的国家，而唐努乌梁海地区则先后被俄国、苏联控制，之后一部分被并入俄罗斯苏维埃联邦社会主义共和国（今俄罗斯联邦），另外一部分则被并入蒙古人民共和国。

蒙古高原历来是蒙古人繁衍生息的地方。13世纪初，蒙古人的首领成吉思汗统一了这一地区的所有蒙古部族，建立了蒙古帝国。其后，忽必烈建立的元朝包括现今中国的大部、蒙古高原、外东北等地。明朝时，蒙古残余势力退回塞外，维持北元政权，与明朝对抗。其后，满族统治者与漠南蒙古（内蒙古）诸部结盟，进入中原，建立清朝，其他蒙古部族也逐渐成为清朝的臣属。

清代将蒙古分为设官治理的内属蒙古和由札萨克世袭统治的外藩蒙古。外藩蒙古又分为内札萨克蒙古和外札萨克蒙古。清代后期的官方文书中出现了"内蒙古"和"外蒙古"的概念，内蒙古指内札萨克49旗，外蒙古则指喀尔喀四部。

16世纪，沙俄开始经营西伯利亚，与外蒙古地区有了往来。1727年中俄签订的《布连斯奇条约》，肯定蒙古属于清朝管辖，而沙俄则取得了在恰克图和外蒙古地区通商贸易的特权。

第一次宣布独立

1911年10月，武昌起义爆发，沙俄认为公开分裂外蒙的时机已到，一面在北京向中国政府要求所谓外蒙"自治"权和俄国控制外蒙的特权，一面又在外蒙古库伦（今乌兰巴托）策划所谓"外蒙"独立——藏传佛教格鲁派活佛哲布尊丹巴在俄国驻库伦领事的策动下出使俄国后，于11月30日宣布"独立"，成立"大蒙古国"。接着，俄蒙军队包围了清政府驻库伦的办事大臣衙门，解除了清军的武装，并将办事大臣三多及其随从人员押送出境。12月28日，哲布尊丹巴在库伦登基，自称"日光皇帝"，年号"共戴"。

1912年11月3日，沙俄政府不顾中国政府的抗议，同外蒙古当局订立《俄蒙协约》，其中规定：由俄国扶助外蒙古的"自治"及训练外蒙古军队；外蒙古不得允许中国军队入境，不准华人移植蒙地；外蒙古准许俄国人享受本条约广泛的特权。内外交困的北京政府别无他路，只得与沙俄谈判，寻求解决外蒙古问题的办法。11月18日，蒙古国外务部照会法国、英国、德国、美国、比利时、日本、丹麦、荷兰、奥匈帝国外交部，宣称"独立"。

1913年11月5日，沙俄迫使袁世凯北洋政府签订了《中俄声明》。声明虽然承认外蒙古是中国的一部分，要求外蒙古取消独立，但又规定，中国不得在外蒙古派驻官员，不驻军，不移民；承认外蒙古的"自治权"。

1915年6月7日，沙俄政府、外蒙古当局和北洋政府三方又在外蒙古的恰克图签订了《中俄蒙协约》，确认1913年的《中俄声明》，并将之具体化。

1917年，俄国爆发十月革命，新成立的苏维埃政府在1919年和1920年两次发表对华宣言，宣布废除沙俄与中国签订的不平等条约，放弃从中国掠夺的一切。

1919年7月25日，苏俄政府发表声明说："外蒙古是一个自由的国家，它的一切权力属于蒙古国，任何外国都无权干涉它的内政。"声明表示，苏俄要求立即同外蒙古建立外交关系。11月7日，由于白军和红军均陷入苏联国内战争而无暇顾及外蒙古，中华民国总统徐世昌和政府首脑段祺瑞决定出兵外蒙，派直系将领徐树铮率兵进入外蒙古库伦，挟持"内阁理"巴德玛·多尔济，软禁哲布尊丹巴活佛，并全面否定《中俄声明》。11月17日，外蒙古正式上书中华民国大总统徐世昌，呈请废除俄蒙一切条约。11月22日，《中国大总统公告》取消了外蒙古的自治，恢复了旧制。北京政府在库伦设立"中华民国西北筹边使公署"，由徐树铮部在外蒙古驻防，并派兵收复唐努乌梁海。孙中山因此赞扬徐树铮说："徐收回蒙古，功实过于傅介子、陈汤，公论自不可没！"

苏联与蒙古

1919年，牧民出身的苏赫—巴托尔和乔巴山寻求共产国际帮助建立独立的蒙古国。

1920年，苏赫—巴托尔和乔巴山在列宁的帮助下组建了蒙古的共产党，即蒙古人民革命党。

1921年，远东白俄谢米诺夫的军队在东北日本军人的支持下侵入外蒙古。2月21日占领库伦，扶植起新的政权，活佛、王公们又一次宣布"独立"。接着，苏俄红军借口白俄军队入蒙，也进军库伦。7月，在红军的支持下，外蒙古成立了亲苏的新政府，实行君主立宪制度。11月5日，外蒙古宣布成为"独立国"，建立"人民革命政权"。同日，苏俄和外蒙古订立了《苏蒙修好条约》，双方相互承认为合法政府。北洋政府虽对苏俄出兵并成立政府提出了抗议，但鞭长莫及，无能为力。

1924年5月31日，苏联同北洋政府签订《中俄解决悬案大纲协定》，表示承认外蒙古是中国的一部分，尊重中国对外蒙古的主权，并答应从外蒙古撤军。由此，中苏建立了正式外交关系。11月26日，蒙古人民革命党宣布废除君主立宪制，成立蒙古人民共和国，定都库伦，改城名为"乌兰巴托"。中国以及英美等并未承认这一政权。

1936年3月12日，《苏联和蒙古人民共和国互助议定书》在乌兰巴托签订。1946年2月27日，双方又在莫斯科签订了《苏维埃社会主义共和国联盟和蒙古人民共和国友好互助条约》。《条约》称：

鉴于苏维埃社会主义共和国联盟和蒙古人民共和国所缔结的互助议定书有效期限已将结束，苏联最高苏维埃主席团和蒙古人民共和国大人民呼拉尔主席团，决定将下列1936年3月12日的议定书改为有效期为十年的友好互助条约：

苏维埃社会主义共和国联盟政府和蒙古人民共和国政府根据他们两国自从1921年在红军帮助下将蒙古人民共和国领土从那些与侵入苏联境内的军事

力量有联系的白党队伍压迫下解放出来的时候起，就存在的友好关系，为了维护远东和平和促进友好关系更加巩固，决定用本议定书的形式把两国1934年11月27日就已存在的君子协定肯定下来。该君子协定曾经对于军事侵略威胁的阻止和预防双方用一切方法彼此予以互助，并在苏联或蒙古人民共和国遭受第三国攻击时，彼此相互援助和支持。

《条约》第二条规定：“缔约国一方如遭受军事侵略时，苏维埃社会主义共和国政府和蒙古人民共和国政府应彼此予以一切援助，其中包括军事援助。”

国民政府与蒙古

1928年，中华民国军队曾在外蒙东部边界与苏军发生小规模冲突。此后，中华民国政府一直处于内外交困的境地，再也没有进入蒙古。与此同时，在乔巴山等人的领导下，蒙古人民共和国实行了苏联式的政治制度。

1941年4月13日，苏联同日本签订《苏日中立条约》，并发表联合声明说：苏联保证尊重“满洲国”的领土完整和不可侵犯，日本保证尊重“蒙古人民共和国”的领土完整和不可侵犯。对此，中华民国外交部长王世杰发表声明宣布：“《苏日中立条约》，对于中国绝对无效。”

1945年2月，美国总统罗斯福、英国首相丘吉尔和斯大林在雅尔塔举行三国首脑会议。在商讨对日作战问题时，斯大林提出苏联对日作战的条件之一是“外蒙古的现状须予维持”。斯大林的要求得到了罗斯福和丘吉尔的同意。2月11日，三方签订密约——《雅尔塔协定》。6月15日，美国驻华大使赫尔利奉命把《雅尔塔协定》的内容正式通知了蒋介石。蒋介石感到愤怒，却又无可奈何，只得同意派行政院院长宋子文、外交部部长王世杰和蒋经国赴莫斯科谈判。6月底至8月中旬，中苏双方在莫斯科举行多次会议，争论激烈。斯大林几乎是以威胁的口吻对宋子文说：外蒙古人民“既不愿加入中国，也不愿加入苏联，只好让它独立”；如果中国不同意，苏联就不会出兵中国东北。宋子文据理力争，毫无结果。在严酷的既成事实面前和强大的国际压力下，蒋介石只得指令宋子文接受苏方条件，允许外蒙古“独立”。8月14日，宋子文拒绝在《中苏友好同盟条约》及其附件上签字，并辞掉外交部长一职，最后该条约由王世杰签署。双方关于外蒙古问题的换文说："鉴于外蒙古人民一再表示其独立愿望，中国政府同意，将在日本战败后举行公民投票以确定外蒙古的独立。"作为交换条件，苏联承诺"尊重中国在满洲的主权和领土完整，不干涉新疆事务，不援助中共"。

曾任中华民国驻联合国代表的蒋廷黻认为：中苏条约"与五十年前大清帝俄同盟条约太相同了。条约及换文，就全体看起来，是极有利于苏俄的，简直可说是片面的、不平等的。苏俄如严格遵守这条约及换文，于苏俄只有利而无害。任何公平的研究员，不能避免这个结论。"

著名外交家顾维钧后来也写道："我仍然无法理解为什么我们在莫斯科的代表团认为非得向苏联做出超过需要之外的让步不可。即使从英国的观点来看，中国在外蒙问题上是能够不让步的，美国的国务卿贝尔纳斯持有同样的看法。这是贝尔纳斯在1945年9月从莫斯科来参加五国外长会议时在伦敦对我说的。然后他问我为什么我们做出了不必要的让步，他指的是蒙古。我虽不理解为什么这样做，但觉得这个评论进一步证实了艾登对我说的话是有理由的。我对中国在莫斯科所采取的立场自然是极感失望的，我设想一定有不得不这样做的理由。我希望有朝一日能够公开当年我们的重庆政府为什么决定不惜任何代价与苏联缔结这个条约的全部理由。"

1946年1月5日，中华民国承认蒙古人民共和国独立。2月13日，国民政府与蒙古建立外交关系。8月6日，中华民国驻联合国大使徐淑希发表了支持外蒙古加入联合国的声明："蒙古人民共和国在数月之前，尚为中国之一部分，称为外蒙古。其独立乃由选举之故，国民政府将为欢迎其加入联合国之一国家，吾人固竭诚期望其加入此国际机构。……"

1952年，中华民国向联合国控告苏联。联合国大会以25票赞成，9票反对，24票弃权通过联合国大会谴责苏联的505号决议。是为"控苏案"。

1953年，蒋介石宣布废除1945年中苏条约中关于外蒙古的换文，不承认外蒙古的独立，并下令把外蒙古重新纳入"中华民国"的版图之内。他还在国民党的中央会议上"检讨"说："承认外蒙古独立的决策，虽然是中央正式通过一致赞成的，但我本人仍愿负其全责。这是我个人的决策，是我的责任，亦是我的罪愆。"蒋介石还称，放弃外蒙古"实在是一个幼稚的幻想，绝非谋国之道"，并表示自己"对总理、对革命、对国家和人民应该引咎自责"。

2004年，台湾当局"行政院"通过了废除《蒙古盟部旗组织法》和《管理喇嘛寺庙条例》决议。行政院表示，"蒙古各盟部旗已非我国统治权所及地区，因此该法已无继续施行的必要。"

中华人民共和国的态度

1931年11月7日，《中华苏维埃共和国宪法大纲》主张："中华苏维埃政权承认中国境内少数民族的民族自决权，一直承认到各弱小民族有同中国脱离，自己成立独立的国家的权利。蒙古、回、藏、苗、黎、高丽人等，凡是居住在中国的地域的，他们有完全自决权：加入或脱离中国苏维埃联邦，或建立自己的自治区域。"

1939年12月，毛泽东在《中国革命与中国共产党》一文中提出，"现在中国的国境：……正北面，和蒙古人民共和国接壤。"

1949年1月，毛泽东试探性地向来访的苏联部长会议副主席米高扬谈起内外蒙统一然后加入中国的问题，对方答道：我们不主张这样的统一，因为这可能导致中国失去一大块领土，如果真这样的话，那将是内外蒙统一起来建立一个独立国家。3月5日，毛泽东在七届二中全会上作报告表示：不承认国民党时代的任何外国外交机关和外交人员的合法地位，不承认国民党时代的一切条约。但中苏后来发表公告称："1945年8月14日中苏签订的条约约定均已失去效力，但双方政府确认，蒙古人民共和国的独立地位已因1945年的公民投票及中华人民共和国业已与其建立外交关系而获得了充分保证。"8月14日，《人民日报》发表郭沫若题为《我们应该怎样认识外蒙古独立》的文章，表示赞同外蒙古独立，并谴责"中国侵略者"压迫和欺负蒙古人民。文章说："有什么理由跟在美帝国主义和蒋介石反动派后面，来对苏联'愤慨'呢？"10月16日，中华人民共和国同蒙古人民共和国建交。

1950年2月，中共党史学者胡华在《人民日报》发表题为《承认和保证蒙古人民共和国的独立地位》的文章，说是"只有国民党反动派才痛恨蒙古人民共和国有独立地位"，并批评这种"大汉族主义情绪"蛊惑了不少国人。

1953年，赫鲁晓夫上台后，毛泽东趁机再次提出外蒙古回归中国问题，但赫鲁晓夫拒绝讨论这一问题。此后，蒙古人民共和国与中华人民共和国交换地图，正式划定边界。

1989年5月16日，邓小平对戈尔巴乔夫说："六十年代，在整个中苏、中蒙边界上苏联加强军事设施，导弹不断增加……真正的实质问题是不平等，中国人感到受屈辱。"

  1994年，《中蒙友好互助条约》签订，双方表示互相尊重国家主权和领土完整。

附：苏美英三国关于日本的协定（雅尔塔协定）[①]
（1945年2月11日订于雅尔塔）

苏美英三大国领袖同意，在德国投降及欧洲战争结束后两个月或三个月内苏联将参加同盟国方面对日作战，其条件为：

1．外蒙古（蒙古人民共和国）的现状须予维持。

2．由日本1904年背信弃义进攻所破坏的俄国以前权益须予恢复，即：

甲、库页岛南部及邻近一切岛屿须交还苏联；

乙、大连商港须国际化，苏联在该港的优越权益须予保证，苏联之租用旅顺港为海军基地须予恢复；

丙、对担任通往大连之出路的中东铁路和南满铁路应设立一苏中合办的公司以共同经营之；经谅解，苏联的优越权益须予保证而中国须保持在满洲的全部主权。

3．千岛群岛须交予苏联。

经谅解，有关外蒙古及上述港口铁路的协定尚须征得蒋介石委员长的同意。根据斯大林大元帅的提议，美总统将采取步骤以取得该项同意。

三强领袖同意，苏联之此项要求须在击败日本后毫无问题地予以实现。

苏联本身表示准备和中国国民政府签订一项苏中友好同盟协定，俾以其武力协助中国达成自日本枷锁下解放中国之目的。

斯大林　　罗斯福　　丘吉尔

---

① 引自《国际条约集》（1945—1947），世界知识出版社1961年版，第8—9页。

波茨坦会议 ★★★☆

会议概要

波茨坦会议也称"柏林会议"。

波茨坦位于柏林西南27公里处的哈弗尔河畔，公元993年为斯拉夫人的村落，14世纪始建该市。腓特烈大帝（1740—1786）时期为皇室住地和普鲁士军事、文化中心，18—19世纪成了普鲁士国王的夏宫。1945年7月17日至8月2日，苏、美、英三国首脑正是在这里进行晤谈，商定了二战末期和战后的对德、对日政策以及其他相关事宜。

波茨坦会议分为两个阶段：第一阶段从7月17日到25日，第二阶段从7月28日到8月2日。在会议第一阶段，温斯顿·丘吉尔代表英国，第二阶段则由工党新政府首相克莱门特·艾德礼代表英国。

斯大林会见杜鲁门

7月17日12时整，斯大林的轿车轻缓地停在波茨坦巴倍尔斯堡即所谓"小白宫"的门前。美国总统助理哈里·沃恩和詹姆斯·瓦达曼走下台阶迎接客人。斯大林身着佩有金红色肩章的白色大元帅服，与他同来的有苏联外交人民委员莫洛托夫。苏联代表沿着铺有厚厚地毯的楼梯来到二楼美国总统的办公室，杜鲁门总统、国务卿贝尔纳斯正在那里等候客人。

杜鲁门和斯大林首先谈到会议议程。杜鲁门问斯大林：何时召开第一次全体会议比较方便？斯大林回答说："莫洛托夫和艾登已经商定好了，就在今天，7月17日，下午5时开会。"贝尔纳斯以开玩笑的口吻提到，斯大林有众所周知的晚睡晚起的习惯，斯大林也以同样的口吻回答说，他的这种习惯已经在战争结束后改变了。

当斯大林谈到西班牙佛朗哥问题时，杜鲁门说，他现在没有关于佛朗哥的足够材料，但他一定研究这个问题。他想随随便便交谈下去，便说："我不是外交家，我来这里是为了同您交朋友，直接与您共事，使我们能够就这个或那个问题马上得出'行'还是'不行'的决定。"

斯大林回答说："开诚布公很好，这有助于苏联同美国共事。"

杜鲁门说："如果美国和苏联建立起友好关系，那么，产生的分歧将能迅速得到解决。"

"自然，"斯大林表示同意，"可能会有分歧，但应该解决分歧。"

杜鲁门在不经意间说出，他已经见过丘吉尔。对此，斯大林反应平和，只是说，英国人在对日战争问题上态度不够明朗。杜鲁门却说，英国首相表示愿意在远东战事中向美国提供援助。

"这个想法有点奇怪，"斯大林指出，"是德国人而不是日本人轰炸了英国。可以说，对英国来讲战争已经结束，英国人民的这种情绪可能会对首相产生不利影响。美国人民在战争的最初阶段帮助了英国，也许，丘吉尔现在考虑要在对日战争中帮助美国人？"

"我们的处境不像英国在面临德国进攻时那样糟糕。"杜鲁门说。

"我们准备在8月中旬参加对日作战。"斯大林抓住机会，坚定地表示。

听斯大林这么一说，杜鲁门感到有些不是滋味。由于原子弹即将问世，他现在反对苏联参加远东战争，认为不再需要苏联的帮助。但是，杜鲁门明白，不管他现在如何表态、如何行事，苏联总会按雅尔塔的约定参加对日战争，他对此无可奈何。因此，总统只好沉默不语。

谈话结束后，杜鲁门请斯大林留下共进午餐。席间，他们进行了一般性的交谈。

关于这次见面，杜鲁门事后在日记中写道："他的眼睛、他的脸部表情给我留下了特别的印象……他说话时注视着我的眼睛。他的心情很好，非常客气。他给我留下了深刻印象，我决心同他率直地讲话。"

首次全体会议

7月17日下午5时左右，西席林霍夫宫绿荫如盖的宁静院子里充满了汽车

↑波茨坦会议现场

马达的喧嚣声——波茨坦会议第一次全体会议即将开始。英国人来得最早。丘吉尔由几个便衣侦探陪同，从车里走出来，向宫内大院走去。几分钟后，杜鲁门一行闹闹嚷嚷、伴随着警报器的吼叫到来了。布满卵石的路上首先出现了摩托车护送队，接着是一辆装甲吉普车，然后是脚踏板上站满特工人员的总统座车，最后还有一辆满载武装人员的装甲运输车。这些人从车上跳到宫前的广场上，端着手枪和冲锋枪，形成一道人的走廊。杜鲁门和贝尔纳斯笑嘻嘻地穿过走廊，走进宫内大厦。随后，苏联代表团的车队也来了。

会议参加者围坐在一张大圆桌旁，桌上铺着奶油色的台布，桌子中央竖着三大国的小国旗。

紧靠桌子的三把高背安乐椅上坐着三国代表团团长，普通软椅上坐着他们的顾问，代表团其他成员和专家则坐在靠后的地方。斯大林的两旁是莫洛托夫、维辛斯基、葛罗米柯和译员巴甫洛夫；杜鲁门的两旁是贝尔纳斯、莱希、戴维斯和译员波伦；丘吉尔的两旁是艾登、贾德干、艾德礼和译员伯尔斯。艾德礼是应丘吉尔之邀作为观察员来参加会议的。一旦保守党人在议会选举中失败，他作为工党领袖，将主持英国政府并领导这里的代表团。事情后来果真这样发生了。

会议开始时，丘吉尔首先问道："谁担任我们这次会议的主席？"

"我提议由杜鲁门总统担任。"斯大林说。

"英国代表团支持这个建议。"英国首相急忙同意说。

杜鲁门显然感到受宠若惊，但外表上的反应则是镇静。他只是说，他接受主持这次会议的工作。

　　第一次会议从协商会议日程开始。但在初步交换意见以后，杜鲁门为当选会议主席后自己没做出更热情的反应感到有些失礼，便决心纠正这个疏忽。他说："由于我没有料到会被选作本次会议主席，所以我不能立刻表达自己的感情。我很高兴认识您，大元帅，还有您，首相先生。我深知，我在这里是代替一位无法代替的人——前总统罗斯福。如果我能哪怕是部分地不辜负你们对罗斯福总统的怀念，我将感到高兴。我愿意把他和你们之间的友谊巩固下来……"

　　然后丘吉尔以英国代表团的名义对杜鲁门接受主持会议表示感谢，并表达了他对罗斯福总统的怀念之情。斯大林简短地补充说，丘吉尔所言也表达了苏联代表团的感情。

　　关于会议日程，杜鲁门建议设立一个专门的外长会议来处理和约谈判的问题。接着他说，必须讨论和确定对德管制委员会应当遵循的原则。话题转到雅尔塔会议上三大同盟国所承担的义务时，总统指出，这些义务中的很多方面仍没有付诸实施，尤其是《关于被解放的欧洲的宣言》中所承担的义务。杜鲁门提议，希望本次会议能研究这个问题。他还把接纳意大利加入联合国的问题列入应该讨论的议题之中。杜鲁门结束发言时说道：

　　"我向你们提出的这些问题当然是很重要的，但这并不排除再提出补充问题列入议程。"

　　丘吉尔说："我以为，我们现在应该制订一些工作计划，以便看一看，我们能否自己完成这个会议议程，或者要将部分问题交给外长们去讨论。我觉得，我们不需要一下子把全部议程都拟出来，我们可以仅限于确定每天的工作日程，譬如说，我想补充一个波兰问题。"

　　斯大林对丘吉尔提出的程序表示怀疑。他说："最好还是让三国代表团把他们认为需要列入议程的所有问题都提出来。苏联想提出关于分配德国船舰等问题……第二个问题是赔偿问题。然后应该讨论被托管的领土问题。"

　　丘吉尔顿时警觉起来，立刻问道："您所指的被托管领土是欧洲的，还是全世界的？"

　　斯大林回避了正面作答。他说，他还不确切了解，这是指哪些领土，但他又说："苏联想参加对托管领土的管理。"

　　与会者商定，让三国外长定期开会，并挑选出由三大国领导人在全体会议上应该研究的具体问题。

据会议记录，会议结束前发生了如下有趣的对话。

斯大林：“……只是有一个问题：为什么丘吉尔先生不让苏联人得到分给他们的那份德国船舰呢？”

丘吉尔：“我不反对。不过您既然向我提出这个问题，那我的回答是：这些船舰应该沉没或者是分掉。”

斯大林：“您主张沉没还是主张分掉？”

丘吉尔：“一切战争工具都是可怕的东西。”

斯大林：“船舰应该分掉。如果丘吉尔先生愿意沉掉这些船舰，那他可以沉掉他自己的那一份，我可不打算把自己的一份沉掉。”

丘吉尔：“目前，几乎全部德国船舰都掌握在我们手里。”

斯大林：“问题就在这里，问题就在这里。所以我们才应该解决这个问题。”

原子讹诈未得逞

原子弹，亦称“裂变弹”，它利用重元素原子核裂变在瞬间释放出的巨大能量产生杀伤作用。原子弹爆炸时产生的高温可达10亿摄氏度。

1941年12月7日珍珠港事件后，美国加快了原子弹的研制工作，当时称为“曼哈顿工程”。1945年，美国原子弹研制成功，科学家们把有“死亡原野”之称的新墨西哥州阿拉莫戈多沙漠选作核试验场。7月16日清晨5时30分，当第一颗原子弹——“大男孩”轰然炸响时，美国记者威廉·劳伦斯描述当时的情景说：“说时迟，那时快，只见地球的肚腹中射出一道光芒——这绝不是地球的光芒，而是众多太阳合而为一的光芒！”

正当杜鲁门准备去参加波茨坦三国首脑会议时，美国的原子弹试验已经安排就绪。他想借助原子弹的威力抬高美国的地位，就建议把会议日期推迟了两个星期。

7月15日，杜鲁门到达波茨坦。就在当天，陆军部长史汀生递给他一份从华盛顿发来的军方电报：“行动已于今晨开始。分析尚未完成。结果看来令人满意且出乎意料。”次日，史汀生接到第二份电报：“医生刚兴奋地回来，他保证小男孩和哥哥一样壮实。”

　　7月18日下午1时15分，杜鲁门乘车来到丘吉尔的别墅——英国首相请他共进午餐。他带来了华盛顿发来的关于原子弹试验成功的电报。他让丘吉尔看过电报后，提出一个问题：应该对斯大林讲些什么和怎么讲呢？如何避免苏联人指责他居心叵测呢？杜鲁门认为，如果将原子弹爆炸的细节告知苏联，只能加速苏联参加对日作战，而这是他竭力要避免的事情。假如书面通知，那会显得太过正式并引起苏方的警觉。两人在权衡各种可能性后得出结论：最好趁斯大林在考虑别的事情时，偶然地、好像顺便地对他说一声新炸弹已经试验成功。杜鲁门说："我认为最好是在我们开了一次全体会议后告诉他，我们有一种完全新型的特殊的炸弹（不提'原子'这个词），我们认为它对日本继续作战的意志会产生决定性的影响。"丘吉尔略加思索后回应道："我同意。"

　　7月21日，杜鲁门得到了关于原子弹试验的详尽报告。他的女儿玛格丽特·杜鲁门曾在叙述父亲政治功名的著作中写道："就在这种错综复杂的争论正在进行的时候，关于阿拉莫戈多空军基地原子弹爆炸的详尽报告来了……下午3时，陆军部长史汀生向总统报告了此事。父亲邀请贝尔纳斯国务卿一起听取。史汀生兴奋地朗读1945年7月16日所进行爆炸的报告。史汀生在日记中写道，杜鲁门听到爆炸的详细情节后'大为振奋'，并说'这个报告使他在会议上有了全新的地位'……这就使我父亲可以更大胆和更直率得多地进行谈判……波茨坦这个舞台被用来进行若干极其艰难的谈判。"

　　杜鲁门急不可待地想使苏联方面明白，他的手里握有一张王牌。7月24日全体会议结束后，他立即把早先预定的计划付诸实施。玛格丽特·杜鲁门写道："爸爸踱到那位俄国领袖的眼前，对他说美国已制造出一种'具有异常破坏力的'新武器。丘吉尔首相和贝尔纳斯国务卿站在只有几码远的地方，仔细端详斯大林的反应。斯大林显得异常冷淡……我的父亲、丘吉尔先生和贝尔纳斯先生都断定，斯大林没有理解刚才听到的那句话的含义。"

　　实际上，斯大林对美国研制原子弹的了解要比杜鲁门早得多，从1942年起，他就通过美国人莫里斯·科恩、英国人克劳斯·富克斯等十几名间谍，知道了"曼哈顿工程"的详情。1943年初，他又通过一名代号为"伯修斯"的物理学家，掌握了美国相关实验室的情况。朱可夫后来回忆说："当斯大林会后返回住所，就在我在场的情况下，跟莫洛托夫谈到杜鲁门这次谈话。莫洛托夫听后说：'他们是想抬高身价。'斯大林笑道：'让他们抬高身价好了。应该告诉库恰托夫，加快我们的工作速度。'我知道，他指的是（苏联的）原子弹。"

围绕波兰西部边界的交锋

7月21日，杜鲁门按美方小范围商定的办法，试图以波兰西部边界为借口，用原子弹"吓唬吓唬俄国人"。会议记录中有这样一些段落：

杜鲁门："请允许我对波兰西部边界问题作一个声明。雅尔塔协定规定，德国领土由大不列颠、苏联、美国和法国等四国军队占领，其中每个国家均拥有自己的占领区。这次会议上谈到了波兰边界问题，但决议指出，这个问题应最后在和会上得到解决。在前面的一次会议上我们决定，以1937年12月的德国边界作为讨论未来德国边界的出发点。

"我们划定了占领区以及这些区域的界线。我们已按照规定将自己的军队撤到了各自的占领区内。但是看来，现在还有一个政府得到了占领区，并且没有和我们协商就这样做了。假如原来认为，波兰应是分得占领区的国家之一，就应该事先达成协议。我们很难同意这种解决问题的办法，因为没有就此问题和我们进行任何协商。我对波兰是友好的，并且我也许会完全同意苏联政府关于波兰西部边界的提案，但是我不想现在就这样做，因为另有地方来做这件事，这就是和会。"

斯大林："克里米亚会议的决议中说明，三国政府首脑同意波兰东部边界以寇松线为准，可见波兰东部边界在那次会议上就已确定下来。至于西部边界，会议决议中说：波兰北部和西部的领土应有相当的扩大。决议接着指出：它们——三国政府——认为，将在适当的时候就这部分领土扩大的范围问题征询新的波兰民族统一政府的意见，尔后，波兰西部边界的最后划定应留待和会解决。"

杜鲁门："我也是这样理解的。但是我们过去没有、现在也没有任何权力给波兰一个占领区。"

斯大林："波兰民族统一政府就西部边界表达了自己的意见。现在我们大家都知道它的意见。"

杜鲁门："这条西部边界从来就没有正式宣布过。"

斯大林："我现在讲的是波兰政府的意见。这个意见我们现在都知道。我们

175

现在可以就波兰西部边界问题取得一致意见，而最后划定应在和会上完成。"

杜鲁门："贝尔纳斯先生今天才收到波兰政府的声明，我们还没来得及很好地了解内容。"

斯大林："我们提出的建议的意思是，我们要就波兰政府希望有这样一条西部边界发表自己的意见。我们是今天还是明天来发表这个意见，这没有什么关系。至于说我们未经盟国政府同意，就给了波兰人一个占领区的问题，这种提法是不准确的。美国政府和不列颠政府曾几次在照会中向我们提出，在波兰西部边界问题未最后解决之前，不要让波兰行政当局进入西部地区。我们无法做到这一点，因为德国居民跟着败退的德军向西逃跑，波兰居民则向西前进，而我军需要在自己的后方，在我军占领的领土上建立行政机构，又要作战，肃清领土上的敌人。我军不习惯这样做。我们当时就是本着这种精神答复了我们的美英朋友。由于我们知道波兰原西部领土将扩大，我们就更可以这样做了。我不知道，假如波兰人未来在它的领土上建立自己的行政机构，这对于我们共同的事业有什么损害……"

听到这里，杜鲁门不想再纠缠下去了，于是赶紧提出了一个新的讨论题目——赔款问题，并试图把赔偿问题同波兰领土问题挂钩。

⬆ 波茨坦会议期间的丘吉尔、杜鲁门和斯大林

杜鲁门："我们曾经商定，德国所有各部分应由四大国管理，而如果德国的一些重要部分将处于一个不在四大国之列的国家的占领之下，那么将很难就合理解决赔偿问题取得一致意见。"

斯大林："您何必那么担心赔偿呢？我们可以不要这些地区的赔偿，可以吗。"

杜鲁门："我们并不想得到这些赔偿。"

斯大林："至于这些西部领土，过去这方面并没有任何决议，现在问题是如何解释克里米亚决议。关于西部边界没有过任何决议，这还是一个悬而未决的问题。只是许诺过要扩大西部和北部的疆界。"

丘吉尔："关于波兰西部边界线我有相当多的话要讲，但据我看，说这些话的时候还没有到。"

斯大林："我们的观点，我们俄罗斯人在战时占领敌人领土时的观点是这样的：军队在作战，在前进，除了如何赢得战斗之外，另无任何其他考虑。但要使军队能前进，就应该让它有个安宁的后方。它不能在前线和后方同时和敌人作战。如果后方稳定，如果后方同情和帮助军队，军队就能打得好。请设想一下那时的情况：德国居民不是跟着他们败退的部队逃跑了，就是从背后袭击我们的部队，而波兰居民则跟着我们的军队前进。在这种情况下，军队希望在后方有一个同情和帮助它的行政机构，是很自然的。全部问题就在于此。"

杜鲁门："这一点我理解，也同情。"

斯大林："没有别的办法。这当然不意味着，我自己确定边界。如果你们不同意波兰政府建议的边界线，问题就继续悬着。就是这样。"

丘吉尔："可是，这个问题能搁起来不解决吗？"

斯大林："总有一天要解决的。"

丘吉尔："还有一个供应问题。粮食供应问题是十分重要的问题，因为这些区域是向德国居民提供粮食的主要地区。"

斯大林："可谁将在那里干活和生产粮食呢？除波兰人外，那里没有人干活。"

杜鲁门："我们可以达成协议。我认为，这个摆在我们面前并使我们不安的问题，其实质是这些地区将有一个什么样的行政机构。我们还关心这些地区在占领期间将是德国的一部分呢，还是波兰的一部分。问题是这样的：

我们有占领区，法国有占领区，英国和苏联也有占领区。我想知道，现在谈的这些地区是否属于苏联占领区。我认为关于波兰未来边界我们可以在适当的时候达成协议，但现在我关心的是这些地区在占领期间内的归属问题。"

斯大林："在纸上这暂时还是德国领土，而实际上这是波兰领土，事实如此。"

杜鲁门："当地居民怎么样了？那里大概曾有300万居民。"

斯大林："居民都走了。"

丘吉尔："如果这样，就会形成这种局面：既然德国人已离开的这些地区不再交给德国，也不归德国管辖，那么这些居民就要吃他们去的那些地区的粮食。据我理解，按照波兰政府的方案，1937年德国境内全部耕地面积的四分之一将被割让。"

杜鲁门兜了一个圈子，又回到了波兰边界问题上。他开始好像自言自语地说："法国将要求得到萨尔区和鲁尔区，如果我们把萨尔区和鲁尔区给法国，那还有什么能剩给德国呢？"

斯大林："这一点没有决议，而关于波兰西部边界则有决议，即关于波兰领土应在西面和北面得到扩大的决议……"

丘吉尔："我们本来谈的是边界问题，而现在转到了讨论德国粮食供应问题。不过，我之所以提到这一点，是因为边界问题为我们解决其他一些问题造成了巨大的困难……"

斯大林："反正，德国过去不进口粮食不行，将来也不行。"

丘吉尔："是的，当然是这样。但是如果拿走它的东部领土，它就更不能养活自己。"

斯大林："让他们向波兰买粮食！"

丘吉尔："我们不认为这块土地是波兰的领土。"

斯大林："那里住着波兰人，他们耕种了土地。我们不能要求波兰人耕种土地，却把种得的粮食送给德国人。"

……

会外花絮

7月18日，杜鲁门决定对斯大林前一天访问"小白宫"进行礼节性的简短回访。总统由国务卿贝尔纳斯作陪。同斯大林在一起的有莫洛托夫。在互相问候之后，斯大林说，他想告诉总统一件新闻。他把苏联政府收到的日本天皇给其驻莫斯科大使的一份电报副本递给杜鲁门。杜鲁门装作在看电报，但他已经从此前与丘吉尔的谈话中知道了电报的内容。

斯大林问杜鲁门：日本人希望苏联调停的电报是否需要答复？总统未直接回答，却说，他不相信日本人的诚意。

斯大林说："尽可能给予日本人一个最笼统而不具体的答复，并以日方所提建议的性质尚不清楚，以此麻痹日本人的警惕性，也许是可取的。"

杜鲁门沉默下来，似乎在思考什么。

"有两种办法可供选择：完全置之不理，不予回答；或者断然拒绝。"斯大林继续说。

杜鲁门说，他觉得第一种办法最为合适。

"的确，"莫洛托夫说，"这倒是个正确和现实的办法，因为根本不清楚，日本人心里到底在想什么。"

问题就这样解决了。杜鲁门起身告辞。

同日，斯大林邀请英国首相共进晚餐。丘吉尔于晚8时30分乘车来到苏联政府首脑的住所，一直逗留到次日凌晨1时半。陪同英国首相的只有译员伯尔斯一人。

后来，丘吉尔详细描述了这次会见。他在日记中写道，斯大林当时心情很好。丘吉尔带来一盒他自己非常喜欢的缅甸大雪茄烟。斯大林接受礼物时说，他现在比从前吸烟少多了，有时只是按照老习惯吸一吸空烟斗。这只不大的弯弯烟斗，像丘吉尔的缅甸大雪茄烟一样名扬四海，甚至带有某种象征意义。

席间，斯大林想使客人高兴。由于英国首相那时特别为即将举行的议会选举的结果忧虑不安，斯大林便说，希望丘吉尔获胜。看来斯大林认为，选民们总不该在胜利的时刻抛弃一位引导国家走向胜利的军事领袖吧？丘吉尔在雅尔塔一次会议上半开玩笑地说，若他做出什么使英国不喜欢的事，可能会把他"赶下台"。斯大林也半开玩笑地说："……胜利者是不会被赶下台的。"但是，深知英国民意的丘吉尔对自己获胜毫无信心。丘吉尔为同艾德礼一起返回伦敦听取选举结果，请求波茨坦会议休会。丘吉尔说："……我和外交大臣将不得不在7月25日星期三离开这里。但是，我们将返回这里参加7月27日晚上的会议。"他稍微犹豫了一下，补充说："……或许我们当中只有某些人能够回到这里来。"

选举结果，丘吉尔失败了，艾德礼和几位新上台的政治家来到了波茨坦。厄·贝文成了英国的外交大臣。但是，工党首相和外交部新领导的对外政策方针实质上与丘吉尔的方针没有什么两样。

由于议会选举的胜利，艾德礼要组织新内阁，他在伦敦耽搁了一天多，会议复会不是在预定的7月27日，而是在28日。

当然，所有这一切都是后话。此时的斯大林和丘吉尔继续进行着从容不迫的席间交谈。由于丘吉尔对选举胜利尚抱着一线希望，他便向斯大林表示，他的政策将致力于使"俄国成为一个海上大国"。

首相继续说道："我希望看到苏联的船只在世界各大洋游弋。苏联现在像是一个巨人，它的鼻孔被波罗的海和黑海的狭窄出口捏住了。"

斯大林没有打断丘吉尔的话，平心静气地听着。

受到斯大林鼓舞的丘吉尔继续说道："我本人会支持修改蒙特勒公约的想法。把日本撵走，而给予苏联进入地中海的通路。我欢迎苏联出现在海洋上，而这不是光指达达尼尔海峡，还应包括基尔运河和太平洋暖流水域……"

不过，斯大林知道，西方大国不仅不会支持苏联成为一个海上大国，而且还要千方百计地进行阻挠，其中包括拖延把本应归于同盟国苏联的一部分缴获的舰船交给苏联。此刻，斯大林顺势问道："德国舰队怎样处理呢？苏联想得到自己的一份……"

丘吉尔哑口无言。他明白，动听的空谈使他走得太远了，应该摆脱困境，回避直接回答。他说："有些人对苏联人的意图深感不安。现在东欧各国的首都全在苏联人手中，并给人一种苏联准备继续向西推进的印象。"

斯大林对这种臆测大为惊愕。他说，苏联将从西方撤军，200万人将在最近四个月内复员回家。苏维埃国家蒙受了巨大的损失，必须把尽可能多的士兵送回家乡，从事恢复家园的建设。随后，丘吉尔把话题转到了别的方面。

在非官方会见的时候，时而发生一些可笑的事情。一次，苏联政府首脑举行午宴，两位优秀的钢琴家和两位造诣颇深的女提琴家为客人表演了节目。在各方面都想领先的杜鲁门决心在这方面也较量一下。遵照他的命令，在巴黎美国军队中服役的美国著名钢琴家尤金·李斯特被紧急召来了。杜鲁门吩咐尤·李斯特在演奏中要有肖邦的一首圆舞曲，但在巴倍尔斯堡没有乐谱。当时给美军司令部拍发了要乐谱的电报，而乐谱在巴黎找到了，并用飞机送到了柏林。晚上，乐谱已经到了"小白宫"。为所有这一切感到不快的丘吉尔对莱希海军上将夸口说："我在音乐方面要超过他们。"他马上向伦敦发出命令，要皇家空军乐团全班人马赶到巴倍尔斯堡，在他邀请苏联和美国领袖的晚宴上演奏。

23日晚上，丘吉尔在晚宴上接待了斯大林和杜鲁门。开始一切进行得像往常一样，但突然震耳的乐声大作，以致客人彼此交谈时几乎像是喊叫。饭桌后面的乐队以最大音量演奏着英国、美国和俄国的进行曲。过了一会儿，斯大林端着酒杯踱到乐队指挥面前，举杯为乐队祝酒，并请乐队演奏几首较为轻松的乐曲。

晚宴即将结束的时候，斯大林拿起菜单卡片，请每人在卡片上亲笔签名。丘吉尔和杜鲁门也照样把自己的卡片传签了一遍。菜卡在出席者的玩笑和欢笑声中传来传去，气氛无拘无束。午夜已过，乐队演奏了三国国歌，客人们渐渐离去。

《波茨坦公告》问世

波茨坦会议讨论的问题较为广泛。通过讨论，三大国首脑在一些主要问题上基本达成协议，有些问题还有待进一步协商，因为分歧还不能马上完全消除，如对德国赔偿的最高数额等，各方意见不能统一。

8月2日，各方代表签订了包含下列内容的《苏英美三国柏林（波茨坦）会议议定书》：1. 外长会议的设立；2. 在盟国管制初期关于处置德国的政治和经济原则；3. 取自德国的赔偿；4. 德国军舰商船的处置；5. 哥尼斯堡城及其附近地区；6. 战争罪犯；7. 奥地利；8. 波兰；9. 缔结和约与加入联合国组织；10. 领土托管；11. 修改盟国对罗、保、匈三国管制委员会程序规则；12. 德国人的有秩序的遣返；13. 罗马尼亚的油田设备；14. 伊朗；15. 丹吉尔国际共管区；16. 黑海海峡；17. 国际内水通道；18. 欧洲内陆运输会议；19. 关于德国管制委员会军事司令官的指令；20. 以盟国财产作为卫星国的赔偿或"战利品"；21. 军事洽商。

《议定书》特别载明：战后处置德国问题的原则是将之视为一个"经济单位"。

会议期间，即7月26日，苏、美、英首脑讨论了结束对日作战的条件和有关对日本的战后处置方针，并通过了著名的《波茨坦公告》。《公告》以美、英、中三国共同宣言的形式发表。苏联当时还没有参加对日作战，因而没有在上面签字。美国国务卿贝尔纳斯将《公告》的副本寄给了苏联政府，作为签字当日向苏联的通报。苏联代表团关于推迟三天公布文件的意向在波茨坦会议上未被接受。

中国政府虽然没有参加讨论，但在《公告》发表之前已表示同意。苏联出兵对日作战后，也正式在《公告》上签了字，所以，《公告》实际上成了四国的共同对日宣言。

《波茨坦公告》形成了一些基本的政治原则，这些原则应适用于无条件投降后的日本。《公告》确认了1943年12月1日的《开罗宣言》，要求日本无条件投降，这对日暮途穷的日本法西斯来说是一个沉重的打击。《公告》说："日本必须决定一途，其将继续受其一意孤行计算错误，使日本帝国已陷于完全毁灭境地之军人之统制，抑或走向理智之路？"《公告》特别指出："开罗宣言之条件必将实施，而日本之主权必将限于本州、北海道、九州、四国及吾人所决定其他小岛之内。"《公告》最后警告日本："吾人通告日本政府立即宣布所有日本武装部队无条件投降，并对此种行动诚意实行予以适当及充分之保证。除此一途，日本即将迅速完全毁灭。"《波茨坦公告》完全符合苏联的利益，因此，苏联在8月8日表示同意。

苏美译员评波茨坦会议

同盟国"三巨头"的第三次也是最后一次会晤,与前两次会晤相比,具有许多不同之处,而这些不同之处对战后的国际关系,特别是"冷战"的形成,产生了直接的、重大的影响。对此,当时的苏方译员瓦连京·别列日科夫和美方译员查尔斯·波伦,事后都曾作过细致而深刻的分析。

别列日科夫在《外交史的篇章》一书中写道:

首先,这次会议的独特之处在于,会议是在欧洲胜利完成对希特勒德国及其仆从国作战后不久举行的。一方面,这造成了一种精神振奋的气氛,似乎会议面临的任务理应容易得到解决。另一方面,使人感到有某种离心力,仿佛在把与会者引至不同的方向,使其难以达成一致行动。

波茨坦会议还有一个特点,就是与会者也有别于德黑兰和雅尔塔会晤。这次代表美国的是杜鲁门,他的观点和行动方式与罗斯福的实践迥然不同。英国代表团只是在会议的第一阶段由丘吉尔率领。自丘吉尔在英国大选中失败以后,从7月28日起英国代表团改由获胜的工党领袖克·艾德礼率领。西方大国新的政治人物的出现,自然不能不使波茨坦会议的工作受到深刻的影响。

前两次"三巨头"会晤时,许多问题刚刚提出来就得到解决,而波茨坦会议不同了,它已经拥有同盟国之间在继续作战(例如,关于苏联参加对日作战)和战后安排问题达成的许多重要的具体协议。因此,波茨坦会晤的参加者往往只是批准已有的原则性协议或者使其具体化。但是,做起来并非轻而易举,因为西方的代表企图修正某些现有的协议,于是会上往往为此而进行尖锐的外交斗争。当然,与此同时也就产生了需要讨论和解决的新问题。

　　重新安排德国无条件投降的问题大概是几经全面讨论的最重要的问题。这个问题也有过方案，即由1943年莫斯科外长会议决定建立起来的欧洲协商委员会制定出来的方案。但是，在欧洲战事结束以后出现了新的形势。在西方大国统治集团中，有人越来越乐于玩弄丘吉尔的手法：利用德国的人力和经济潜力进行将来可能爆发的反苏战争。因此，以前制定的彻底肃清德国军国主义和德国完全民主化的计划现在已不合乎华盛顿和伦敦政治家们的胃口。苏联代表团在波茨坦会议上不得不进行坚决的斗争，反对这种别有用心的企图。

　　在战争年代，罗斯福这样的现实主义思考问题的政治家担任美国政府首脑，这一点也有着重要的意义。罗斯福有别于丘吉尔，他头脑冷静，多次促成最后合理地解决最尖锐的问题。美国的研究家斯坦利·霍夫曼在其所著《对冷战的回顾》一书中指出："罗斯福有与苏联和平共处的非常明显的极大愿望。总统理解苏联对其安全的关注，这一点在战争期间时常引起丘吉尔的极大愤怒。"

　　但是，问题不仅仅在于罗斯福尽量理解和考虑谈判对手的立场和利益。他把战争年代与苏联建立的合作继续到战后的原则方针也同样有意义。这实际上就意味着反对西方大国统治集团在两次世界大战之间所奉行的旨在与苏联对抗、尽力消灭社会主义制度的政策。华盛顿、伦敦和巴黎许多权威的政治家们认为，在1917年10月出现的社会主义制度是一种"历史的错误"。他们甚至曾打算假德国法西斯之手来纠正这个"错误"。许多西方政治家，首先是美国的政治家，在战时和战后表现出与苏联在平等原则基础上合作的愿望，这恰恰是反希特勒同盟各大国合作政策的最重要的政治成果。

　　美国新领导当时下不了决心断绝与苏联的军事合作，除了以上列举的原因之外，看来还因为美国新的行政当局是波茨坦会议前几个月才执政的，新领导感到还不太自信。这里不妨回忆一下，在德黑兰会议和雅尔塔会议上，美国人和英国人提出了把德国分割为几个国家的问题，华盛顿和伦敦同意以原先属于德国的领土作补偿来改变波兰西部的边界。他们之所以采取这种立场，除了其他各种原因外，还由于当时英美两国的权威人士仍然指望建立一个"反对共产主义壁垒"的资产阶级波兰。但是，到了波茨坦会议召开之时，美英两国的政治家们看到，事态正朝着出现一个与苏联友好的、人民民主的波兰的方向发展。由此，他们的立场发生了转变，他们认为，如果波兰不行了，那就要把德国变成维护帝国主义利益的反动堡垒和工具。

为了得到更充分的印证，我们引用另一个美国外交官罗伯特·墨菲的话来证明。墨菲曾很接近新总统并积极参与制订总统的政治方针。他写道："虽然杜鲁门也公开承诺忠实履行罗斯福所承担的一切义务，但他从不感到自己要为随后到处与俄国人共同签订的伟大计划负责。"

因此，波茨坦会议还具有一个特点：就其主旨来说，会议本来完全能够圆满结束一系列军事会谈并能以反希特勒同盟大国合作政策的辉煌成绩而著称，但是这种可能性还在会议开始前就丧失殆尽了。三方与会者中的两方，即美英两国代表团，抱着与会议宗旨背道而驰的目的来到柏林。他们已经决定抛弃与苏联合作的思想，并沿着与社会主义大国对抗的道路走下去。他们违背罗斯福在世时制定的各项计划，回到了旨在孤立苏联、抛开苏联解决世界性问题的战前方针上去。他们盘算的是，如何取得迫使苏联接受他们意志的"实力地位"。

在那时，美国的政治中已经酝酿着美国领导全世界的救世主思想。杜鲁门就任总统后，马上就以他固有的粗野直爽性格宣称："俄国人很快将知道自量，那时美国一定肩负起领导世界沿着它所应该走的道路发展。"原子弹研制工作接近完成，使这种梦想更为强烈。1945年4月，贝尔纳斯告知杜鲁门总统，原子武器"能变得威力无比，它将能够从地球上抹掉一座座城市，以史无前例的规模消灭居民"。贝尔纳斯同时相信，原子弹能够提供"迫使别人在战争结局方面接受我们条件"的美好希望。

华盛顿的政治家采取了对抗的、在一定条件下甚至准备进行反苏战争的方针，这一点变得越来越明显。5月18日，副国务卿约瑟夫·格罗在小范围内宣称："显然，同俄国将爆发战争……美国应该以此为出发点建立自己的'战争间歇期'外交……战争可能在最近几年内爆发。因此，我们应该保持自己的武装力量处于戒备状态。"

在美国政府内部围绕华盛顿今后的外交路线也产生了分歧。曾与罗斯福共事的许多部长对反苏方针是否正确将信将疑。美国历史学家A·施莱辛格对那一时期作过研究，他认为，斗争是在瓜分世界势力范围的拥护者和主张美国应有权干涉世界各个角落事务的所谓"包罗万象派"之间进行的。诚然，参加这场争论的有各种学派，观点也有细微差别，但归根结底问题在于：继续执行战争年代形成的不同社会制度国家之间的合作政策呢，还是放弃这种政策，回到与苏联为敌的老路上去，并废除与苏联签订的各种重大协议。在这方面，现代美国史学界被标为"修正"派的代表的一些见解是令人感兴趣的。他们的结论是：在战后出现的美国"新"政策仅仅是杜鲁门倡导的罗斯福以前的激烈反共政策的翻版。现在美国很多人认为，假如不改变罗斯福的路线，那么"冷战"就不会开始。霍夫曼写道："假如我们坚持温和适度的观点，冷战本可以避免。"

众所周知，要和睦，必须两厢情愿，而要争吵，一厢情愿就够了。而且，转而走上对抗和战争道路上的人，需要有相应的暴力手段。杜鲁门总统及其幕僚指望的是原子武器的力量。

美国外交官、参加过"三巨头"会议的译员查尔斯·波伦在《历史的见证》一书中写道：

波茨坦会议主要是由于丘吉尔的努力而召开的。丘吉尔对于红军的挺进愈来愈感到不安。他主张这个会开得愈早愈好，因为苏联每一项成功都增加他的忧虑。……

波茨坦会议与以前两次战时会议不同，在语调上、作风上和实质上都是不同的。……

虽然每个人在外表上很和气，但双方都保持着某种保留态度，这是根本上互不信任的表示。

三巨头中还有了两个新领袖——杜鲁门和一星期以后由于在英国大选中工党胜利而代替丘吉尔当上了首相的克莱门特·艾德礼。杜鲁门是最受人注目的。人们必然要把他同罗斯福相比，而且这位不出名的总统比起那位已故的巨人来必然是不利的。杜鲁门的作风完全不同。罗斯福随机应变，杜鲁门则坚定地站在事先决定的立场上。罗斯福同丘吉尔和斯大林都热情友好，杜鲁门则保持若即若离的态度。

杜鲁门的个人目标是很简单的。他想向斯大林证明他是独立自主的，是一个真正的领油，牢牢地掌握着美国政府。……

丘吉尔这匹老马在对苏联的态度上已经作了180度的大转弯（在德黑兰，他称呼过"伟大的斯大林"）。像他以前的那些英国领袖那样，他不要别的强国去支配欧洲。他担心美军迅速调往亚洲将会让苏联席卷欧洲大陆。

并且他从苏联的赔偿要求中看到一个将成为英国负担的变得赤贫的德国。丘吉尔忧心忡忡，因此，如果苏联不同意把波兰和德国之间的边界往东挪动一些，他就准备退出会议（这是他在回忆录中说的，而就我所知，他在会上没有提过）。

附：中美英三国促令日本投降之波茨坦公告①
（1945年7月26日于波茨坦）

一、余等：美国总统、中国国民政府主席及英国首相代表余等亿万国民，业经会商，并同意对日本应予以一机会，以结束此次战事。

二、美国、英帝国及中国之庞大陆海空部队，业已增强多倍。其由西方调来之军队及空军，即将予日本以最后之打击，彼此之武力受所有联合国之决心之支持及鼓励，对日作战，直至其停止抵抗为止。

三、德国无效果及无意识抵抗全世界激起之自由人之力量，所得之结果，彰彰在前，可为日本人民之殷鉴。

此种力量当其对付抵抗之纳粹时，不得不将德国人民全体之土地工业及其生活方式摧残殆尽。但现在集中对付日本之力量则较之更为庞大，不可衡量。

吾等之军力，加以吾人之坚决意志为后盾，若予以全部实施，必将使日本军队完全毁灭，无可逃避，而日本之本土亦必终归全部摧毁。

四、现时业已到来，日本必须决定一途，其将继续受其一意孤行计算错误，使日本帝国已陷于完全毁灭境地之军人之统制，抑或走向理智之路？

五、以下为吾人之条件，吾人决不更改，亦无其他另一方式。犹豫迁延，更为吾人所不容许。

六、欺骗及错误领导日本人民使其妄欲征服世界之威权及势力，必须永久剔除。盖吾人坚持非将负责之穷兵黩武主义驱出世界，则和平安全及正义之新秩序势不可能。

七、直至如此之新秩序成立时，及直至日本制造战争之力量业已毁灭，

---

① 引自《国际条约集》（1945—1947），世界知识出版社1961年版，第77—78页。

有确实可信之证据时，日本领土上经盟国指定之地点，必须占领，俾吾人在此陈述之基本目的得以完成。

八、开罗宣言之条件必将实施，而日本之主权必将限于本州、北海道、九州、四国及吾人所决定其他小岛之内。

九、日本军队在完全解除武装以后，将被允许返其家乡，得有和平及生产生活之机会。

十、吾人无意奴役日本民族或消灭其国家，但对于战罪人犯，包括虐待吾人俘虏者在内，将处以法律之严厉制裁。

日本政府必须将阻止日本人民民主趋势之复兴及增强之所有障碍予以消除，言论宗教及思想自由以及对于基本人权之重视必须建立。

十一、日本将被许维持其经济所必需及可以偿付实物赔款之工业，但可以使其重新武装作战之工业不在其内。为此目的，可准其获得原料，以别于统制原料。日本最后参加国际贸易关系当被准许。

十二、上述目的达到及依据日本人民自由表示之意志成立一倾向和平及负责之政府以后，同盟国占领军队当即撤退。

十三、吾人通告日本政府立即宣布所有日本武装部队无条件投降，并对此种行动诚意实行予以适当及充分之保证。除此一途，日本即将迅速完全毁灭。

大 国 外 交

欧非地区 ★★★★

绥靖政策酿恶果

人类历史表明，大国之间的冲突实质上就是利益的冲突。美国政治家小约翰·米尔斯海默（John J.Mearsheimer）曾这样揭示国际政治中的弱肉强食的本质：国际体系是一个险恶而残忍的角斗场，要想在其中生存，无论国家好坏善恶，都别无选择，只能为了权力而相互竞争和厮杀。

1933年1月30日，德国总统兴登堡在极度混乱的政治和经济情势下，把纳粹党头子希特勒封为总理，让他登上了德国权力的巅峰。希特勒一上台就提出了"要大炮不要黄油"的口号，明目张胆地破坏《凡尔赛条约》对德国军备的限制，试图把德国从一个受辱国变成欧洲最大的军事强国。

德国利用西方列强憎恨社会主义苏联的心理，大谈"苏俄威胁"，埋怨自己"毫无防御能力"。于是，1932年12月，英、美、法、意、日五国首脑会议通过决议，原则上承认了德国军备平等的权利。1935年3月16日，希特勒正式废止了《凡尔赛条约》中关于禁止德国军队复活的内容。他发表讲话说："通过重新武装，德意志帝国政府表达了一个满怀信心的希望，即重新获得荣誉的德意志民族，能在独立平等的基础上，有权在与其他国家自由和开放的合作中，创造出一种有利于世界和平和稳定的环境。"这一年11月1日，希特勒要求所有年满21岁、身体健康的男性公民全部参军。按照新的计划，德国军队将拥有36个师、55万人。

纳粹宣传部长戈培尔甚至毫不掩饰地说："好吧，我们现在承认，我们从1933年以来就已竭尽全力扩充军备。不错，我们承认，如果我们把裤带勒紧，那只是因为我们只为我们的军备进口原料，这是比吃饭更重要的事情。"

吞并奥地利

1935—1936年的整个冬天，希特勒一直在等待时机。1936年2月27日，法国议会批准了同莫斯科的联盟，希特勒认为有了借口，就于3月1日决定出兵莱茵河非军事区。根据《凡尔赛条约》的规定，德国不得在莱茵河两岸驻扎军队和建立军事设施。3月2日，德国最高统帅部发出了占领莱茵区的正式命令。3月7日凌晨，德国1000多名步兵和骑兵开进了非军事区，完成了占领。

1937年11月5日，希特勒在柏林总理府举行的会议上声言："在欧洲寻找与德国直接相关的原料地区，比到海外去寻找这些地区更为适宜。解决这个问题必须要用一两代人的时间。……各个时代——罗马帝国和大英帝国的历史都已证明，扩大空间只有通过粉碎抵抗和进行冒险才能实现。挫折是不可避免的。无论是过去还是现在，从来没有无主的空间，进攻者总是要同占有者遭遇。……对德国来说，问题在于：哪里可以用最低的代价取得最大的收获。……为了改善我们军事方面和政治方面的地位，我们的第一个目标在任何一种卷入战争的情况下，必须是征服捷克斯洛伐克和奥地利，以便在可能对西方进行的战争中解除我们侧翼的威胁。"

奥地利位处欧洲腹地，占领这个国家就可以从三面包围捷克斯洛伐克，打开进攻东南欧和巴尔干半岛的大门。因此，希特勒把兼并奥地利作为在欧洲发动战争的第一步。英、法、美三国虽然深知希特勒的侵略野心，仍然对德国采取了容忍态度。在欧洲争霸问题上，英国一贯认为："英国没有永久的盟友和永久的敌人，只有永久的利益，我们的行动应该以利益为准绳。"1937年5月31日，英国驻柏林大使亨德逊在同德国驻奥地利公使弗朗兹·冯·巴本会谈时声明，英国完全理解在德国范围内解决奥地利问题的必要性。11月，法国总理旭丹也对德国吞并奥地利表示赞同。

1938年3月12日拂晓，德国军队越过边界进入奥地利。这一天，出生在奥地利的希特勒作为"大英雄"回到维也纳，受到奥地利人的"狂热欢迎"。希特勒即刻下达命令：签署"德奥合并"的法律。按照这一命令，德国内政部副部长斯图卡特将一份"法律草案"交给了奥地利政府，该法案规定奥地利只是德国的一个省。亲德总理赛斯-英夸特当即在上面签了字。

3月14日，69岁的英国首相张伯伦在下院辩论时说："无可动摇的事实是，没有什么能制止奥地利发生的事情。"17日，他又拒绝了苏联关于举行一次四国会议以讨论制止德国进一步侵略的建议。

纽伦堡审判的《判决书》指出："对奥地利的入侵是进一步对其他国家实施侵略战争计划的一个预谋的步骤，其结果是德国的侧翼得到了保障，捷克斯洛伐克则明显地被削弱了。夺取'生存空间'的第一步完成了；同时建立了由受过训练的士兵所组成的许多新师；通过获得外国的外汇储备，扩充军备的计划大大加强了。"

威胁捷克斯洛伐克

希特勒在奥地利得手后，更大胆地盯上了另一个目标——捷克斯洛伐克。

捷克斯洛伐克位于欧洲中心，它被喻为"一截粗短的楔子，插进了新德意志的心脏"。它资源丰富，工业发达，希特勒早就对它垂涎欲滴。希特勒敢于对它下手，既是因为他认为"欧洲不存在什么团结"，也是因为捷克境内有300万日耳曼人聚居在与德国接壤的苏台德区，这使他有了再好不过的借口。于是，他开始实施入侵捷克斯洛伐克的所谓"绿色方案"。

1938年5月20日，捷克斯洛伐克总统贝奈斯召集会议，决定让军队开往边境构筑防御工事；苏联表示将向捷克斯洛伐克政府提供援助。5月28日，希特勒下令，准备工作要在10月2日完成。从那时起，进攻捷克斯洛伐克的计划便经常受到密切的注意。5月30日，希特勒在他签署的一项指示中宣告，他

⬆ 德军进入捷克斯洛伐克首都布拉格。

的"不可动摇的决心就是在不久的将来以军事行动粉碎捷克斯洛伐克"。6月8日，德国驻苏大使舒伦堡在经过认真分析后，向柏林报告：苏联"不可能出兵保卫一个资产阶级国家——捷克斯洛伐克"。同时，波兰为了自身利益，表示不愿苏联军队借道增援捷克斯洛伐克。

战后从柏林党卫队保安勤务处档案中搜获的一个文件表明，德国在1938

年6月已经制订了一份在捷克斯洛伐克使用党卫队保安勤务处的周密计划。这个计划规定，"如果可能，党卫队保安勤务处紧紧跟随作战部队，承担像他们在德国一样的类似任务"。

秘密警察官员奉命同党卫队保安勤务处在某些任务方面进行合作。为了防止破坏，特工人员应当事先接受训练；他们应当"在发动攻击之前及时得到通知，以便隐蔽起来，避免被逮捕和驱逐"。"在最初的时期内，预料会遭遇非正规部队的战斗或游击战，因此有必要配备武装"。

该计划还规定，要把捷克斯洛伐克暂时分为大小不等的许多地区，并研究了把该国的居民和地区并入德国的各种"建议"。最后一项建议涉及整个国家，包括斯洛伐克和喀尔巴阡—俄罗斯地区，人口将近1500万。

1938年8月3日，英国首相张伯伦派人赴捷克斯洛伐克"调查"，并充当苏台德危机的"调解人"。实际上，他的真正意图是为把苏台德区转交给德国人铺平道路。

8月31日，希特勒批准了德军最高统帅部作战处处长约德尔8月24日的一份备忘录，这份备忘录提出了入侵捷克斯洛伐克的命令发布的时间和防卫措施，其中包含这样一句话："'绿色'行动将通过在捷克斯洛伐克制造事端，使德国有机会进行军事干涉。决定这一事端的确切时间至关重要。"

希特勒上台后，即通过在该地的代理人、体育教员康拉德·汉莱因组织了一个苏台德日耳曼人党。到1935年，这个党每月从德国外交部领取1.5万马克的活动经费。1938年3月28日，希特勒把汉莱因叫到柏林，密令他在捷克斯洛伐克制造事端，提出捷克斯洛伐克政府"不能接受的要求"。汉莱因对希特勒的企图心领神会，表示"我们必须老是提出永远无法使我们得到满足的要求"。

汉莱因于1938年4月24日召开苏台德日耳曼人党代表大会，制定了《卡罗维发利纲领》，公开提出成立"自治政府"，要把苏台德区从捷克斯洛伐克分割出去。消息传开，捷克斯洛伐克人民十分愤怒，要求政府镇压汉莱因分子。捷克斯洛伐克政府在人民的压力下，宣布苏台德区处于军事状态。汉莱因慌忙逃往德国。于是，5月20日，希特勒在德捷边境集结兵力，以战争相威胁，酿成所谓"五月危机"。这天下午，在布拉格的赫拉德钦宫，由贝奈斯总统主持召开了内阁紧急会议，决定实行部分动员。21日，捷克斯洛伐克人民为抵抗法西斯的侵略积极行动起来，40万后备军应征入伍，他们在六小时内就迅速而有秩序地进入防御阵地，走上边境各要塞的战斗岗位。与此同时，德军最高统帅部和陆军总司令部仍在日夜工作，加紧草拟10月1日向捷克斯洛伐克进攻的最后计划。

没过多久，希特勒已不满足于苏台德区的"广泛自治"。9月12日，他在纽伦堡体育场上对纳粹党徒发表演说，宣称要为苏台德人"伸张正义"，并且扬言，如果捷克斯洛伐克政府不接受德国的全部要求，就将面临战争危险。当晚，日耳曼人党策动叛乱，德军大规模向德捷边境移动。

希特勒得寸进尺

法国和捷克斯洛伐克原本订有同盟条约——当捷克斯洛伐克的领土完整和独立受到威胁时，法国有义务给予援助。但是，法国达拉第政府虽在口头上多次声明恪守条约义务，背后却同英国首相张伯伦一起，大搞出卖捷克斯洛伐克的勾当。1938年4月底，达拉第前往英国同张伯伦磋商，张伯伦对他说，英国是不会为捷克斯洛伐克作战的，法国也应这样。双方会谈后，法国通过外交途径密告希特勒说，法国要尽力摆脱对捷克斯洛伐克的条约义务。英法均表示，它们在任何情况下都不会卷入军事冲突。

⬆希特勒

9月13日，法国内阁全天开会，讨论法国是否应当履行对捷克斯洛伐克的义务的问题。内阁意见不能统一。最后，达拉第要求英国火速同德国谈判。15日清晨，张伯伦拿着雨伞，行色匆匆地赶往德国去拜见希特勒。他生平第一次乘上飞机，经过四小时飞行，在德国慕尼黑机场着陆，然后又乘了三小时火车，才到达德国西南角的小城伯希特斯加登。然而，他万万没有想到，希特勒在高山别墅会见他时竟然坚决表示，德国决心要"在最短时间内，用一切办法来结束苏台德区不能容忍的局面"；"现在不是苏台德日耳曼人自治的问题，而是把这一地区割让给德国的问题"。

第二天，张伯伦匆匆从德国回到伦敦。英法两国很快就商量出一项强加给捷克斯洛伐克的联合提案。提案规定："凡是苏台德区日耳曼籍居民占50%以上的全部领土，都直接转让给德意志帝国"。另外，英、法、德将一起"担保"捷克斯洛伐克的"新边界不受无端侵略"，这种"国际保证"将代替捷法、捷苏之间的现有条约。这样，既可以把苏台德区作为礼物奉送德国，又可使法国从法捷条约中脱身，并使捷苏条约不能生效。

9月16日，张伯伦召开内阁会议，说是只有答应德国的要求，才能阻止希特勒进犯捷克斯洛伐克。达拉第同日也赶到伦敦，联合向捷克斯洛伐克施加压力。无奈之下，贝奈斯9月21日发表公报说："我们没有别的选择，因为我们被抛弃了！"

9月20日，斯洛伐克人向捷克斯洛伐克政府提出了实行自治的要求。9月21日，波兰向捷克斯洛伐克政府提出在特青地区举行公民投票的要求。9月22日，匈牙利对捷克斯洛伐克的卢西尼亚地区提出领土要求。这天，张伯伦口袋里装着英法提案，到了莱茵河畔的小城哥德斯堡。希特勒一看两国送货上门，立即又抬高了要价。他说："我极其抱歉，由于过去几天形势的发展，这个计划再也没有什么用处了。"他斩钉截铁地要求：苏台德区必须立即由德国实行军事占领，这个问题至迟要在10月1日完全地、最后地解决。

9月23日早饭后，张伯伦给希特勒写了一封信，表示愿意把希特勒的要求提交给捷克人，并愿意向布拉格建议，在苏台德区正式移交以前，可由那里的日耳曼人自己来维持当地的法律和秩序。英国首相等了一天，才收到一个措辞激烈的照会：看来只有战争才能解决问题！当天晚上，张伯伦同希特勒举行最后一次会谈，希特勒以备忘录的形式提出了他的全部要求并附有地图。

希特勒善于察言观色。他见张伯伦不愿再谈下去，生怕张伯伦就此脱钩而去，于是做出一项让步。他说："我很少给别人做这样的事情，你是难得的一个。我准备只给捷克人撤退的期限规定一个日期——10月1日——如果那样能便于你完成任务的话。"他一边说，一边拿铅笔把日期改掉了。其实，这不是什么让步，因为10月1日本来就是希特勒计划向捷克斯洛伐克进军的日期。

9月26日，希特勒在柏林体育馆声言："如果10月1日苏台德区还没有交给德国，我希特勒就是打进捷克去的第一个士兵。"次日，希特勒命令德国军队进逼捷克斯洛伐克边境的出击点，要求部队必须在9月30日准备好按照"绿色方案"行动。

然而，另一方面，这一天天刚黑，希特勒就口授了一封信给张伯伦，以温和的口吻否认他"会剥夺捷克斯洛伐克得以生存的一切保证"，否认他的军队到了分界线以后会继续前进，还说他打算同捷克人谈判细节问题，并不准备对和平的最后一线希望砰然关上大门。最后，希特勒敦请张伯伦继续努力，使布拉格政府在这最后关头"恢复理智"。张伯伦接信后喜出望外，马上给希特勒回信说："我深信我们能在一个星期之内达成协议。"

慕尼黑阴谋得逞

9月28日早晨，法国驻德大使按照本国政府的指示，前往总理府晋见希特勒，并献计说："当你的主要要求能不需要战争而得到满足时，为什么你要冒那种风险呢？"这正合希特勒的心意。希特勒同意把总动员的时间推迟24小时。下午2时，希特勒做出决定：向英、法、意三国发出请帖，要它们第二天中午到慕尼黑开会，解决捷克斯洛伐克问题。下午4时15分，正在下院发表演说的张伯伦收到希特勒的信，如获至宝，欣喜若狂地对议员们说："我刚刚接到希特勒先生的通知，他邀请我明天早晨去慕尼黑同他会晤。他也邀请了墨索里尼先生和达拉第先生。……我们都是爱国者，危机又一次推迟，再一次给我们提供一个机会……对此，本院不会有哪一位尊敬的议员先生不感到万分激动。"晚上6时45分，张伯伦给贝奈斯发出电报，正式通知他到慕尼黑开会。

1938年9月29日，张伯伦兴致勃勃地奔向伦敦机场。他在机场发表谈话说："当我是一个小孩子的时候，我总是爱说：'如果开头没有成功，就再试一试，再试一试，再试一试。'我现在要做的正是如此。当我回来的时候，我希望能像莎士比亚的历史剧本《亨利四世》里霍士泼所说的：'把那芬芳可爱的蔷薇拔了下来，不让一棵刺人的荆棘在他的土地上生长发育。'"

当天12时45分，张伯伦、达拉第、希特勒、墨索里尼及其随从在慕尼黑纳粹新厦"褐色宫"举行正式会议。这就是历史上臭名昭著的慕尼黑会议。会上，张伯伦和达拉第极力迎合希特勒和墨索里尼提出的出卖捷克斯洛伐克的建议。

开会时，两位捷克斯洛伐克的代表在德国秘密警察的监护下，坐警车来到举行会议的"褐色宫"，在会议室隔壁的房间里等候四大国首脑对他们祖国命运的判决。

慕尼黑会议进行到晚上9时，希特勒邀请与会者出席宴会。此时，译员们都在忙于准备协定草稿。9月30日凌晨1时，四大国首脑在慕尼黑协定上签字。协定载明：德国得到捷克斯洛伐克的苏台德区（约1.1万平方英里，居民350万人）。会议结束后，张伯伦连连打着哈欠。有人问他是不是累了，他说："我累，但累得很舒服。"他勉强打起精神，叫人把捷克斯洛伐克的两名代表带进会议厅。张伯伦同达拉第等人一起，向捷克斯洛伐克代表介绍了协定的内容。捷克斯洛伐克代表还被告知，这是一个"无权上诉和不能修改的判决书"。30日12时50分，捷克斯洛伐克政府终于投降。

就在当天，张伯伦又去看望希特勒，要同德国法西斯头子商讨另一笔交易。张伯伦从衣服口袋里掏出在伦敦拟好的《英德宣言》，要希特勒同他一起在上面签字。希特勒心不在焉地听着张伯伦的谈话，看了一下宣言，很快就在上面签了字。《宣言》全文如下：

德国元首兼总理和
英国首相
我们于本日再次会谈并且我们一致承认英德关系的问题对两国和欧洲具有头等重要的意义。
我们认为昨夜签订的协定以及英德海军协定构成两国人民愿望永不再投入彼此之间战争的象征。
我们业已决定采取协商的办法来处理可能有关我们两国的一切其他问题并且我们坚持继续我们的努力来排除一切可能的纠纷根源，从而对保证欧洲的和平作出贡献。

阿道夫·希特勒

纳维尔·张伯伦

张伯伦回到伦敦后，站在唐宁街10号二楼的阳台上高呼："我相信，这是我们时代的和平……我建议你们安然睡觉去吧。"

捷克斯洛伐克的下场使各国看清了英法的可憎面目，迫使东欧各国重新考虑同法国结盟的意义，并盘算自己的后路，争先恐后地向德国靠拢。法国同捷克斯洛伐克、波兰、南斯拉夫和罗马尼亚的同盟土崩瓦解。

慕尼黑协定签字不到10天，甚至希特勒还没有最后占领苏台德区，他就下令德国军队进行战争准备，"清算捷克斯洛伐克的剩余部分"。

11月22日，张伯伦访问巴黎时，迎接他的是"打倒慕尼黑！"的口号声。

1939年，捷克斯洛伐克新任总统哈查被迫接受了希特勒的要求——让斯洛伐克脱离捷克独立。3月15日，捷克并入德国版图，德军24个师随即开进布拉格，独立的捷克斯洛伐克在世界地图上暂时消失了。

慕尼黑的道路是一条通往战争的道路。希特勒灭亡捷克斯洛伐克后，得意扬扬地说："现在我才知道，西方是多么软弱。我要进行战争，使全球都接受我的思想。"

《马太福音》有言："当你和你的对手同路时，赶快同他和解。"后人把这一说法套用于外交事务，并将之称为"绥靖政策"。英国首相张伯伦在1937—1939年奉行的正是这种政策，因为他说"联合王国太弱，不能有其他办法"。

附：关于捷克斯洛伐克割让苏台德领土给德国的协定[①]

（1938年9月29日订于慕尼黑）

德国、联合王国、法国和意大利考虑到苏台德领土割让给德国在原则上已达成协议，同意于有关上述割让的下列条款和条件以及由此而产生的措施，并且通过本协定它们对保证履行本协定所必要的步骤各应负其责任：

一、撤退将在10月1日开始。

二、联合王国、法国和意大利同意从领土上撤退应于10月10日完成，不得破坏目前存在的任何设备，并且捷克斯洛伐克政府将被责成履行撤退，不

---

① 引自《国际条约集》（1934—1944），世界知识出版社1961年版，第208—211页。

[原注] 本协定又称"慕尼黑协定"，是英法出卖捷克斯洛伐克的协定。1919年6月28日凡尔赛和约第八十一条至第八十三条规定了捷克斯洛伐克的边界。1927年2月3日德捷两国还缔结了关于两国边界的双边条约。因此，本协定也是对上述一系列条约的粗暴破坏。跟着本协定的签订，还有1938年11月20日所谓"德捷划界议定书"。同年11月21日本协定规定的所谓"国际委员会"还核准了该议定书，这样就彻底完成了慕尼黑的勾当。

本协定是1933年7月15日在罗马签订了"四强公约"（原名"法德英意四国谅解和合作协定"）以来，英法执行勾结法西斯轴心政策的顶点。1938年3月11日希特勒德国占领奥地利后，纳粹侵略的矛头就转向捷克斯洛伐克。

苏联对于这一问题采取了同英法完全相反的态度。1938年9月20日苏联外交人民委员会给苏联驻捷大使的电文指示他转告贝奈斯总统如下："对于贝奈斯所提问题，即如果法国仍忠于捷克斯洛伐克而同样给以援助，苏联是否会根据条约立刻给捷克斯洛伐克以实际援助，请代表苏联政府给以肯定的回答。"不仅如此，当时斯大林还接见了已在苏联的哥特瓦尔德，进一步托他转告贝奈斯：即使法国不出兵援助捷克斯洛伐克，苏联也准备给以军事援助，唯一条件必须捷克斯洛伐克主动请求苏联援助并且自己积极抵抗纳粹的侵略。但是捷克斯洛伐克资产阶级统治集团害怕丧失自己的阶级利益，不愿采取苏联的建议，反而实行可耻的投降，以至于1939年3月15日捷克总统加赫和外长赫瓦尔科夫斯基被召到柏林，在希特勒和里宾特洛甫的威胁下，签订了"以充分的信任把捷克人民和其地方的命运交给德国元首手中"的德捷协定。

得损害上述设备。

三、关于撤退的条件，应由德国、联合王国、法国、意大利以及捷克斯洛伐克的代表等所组成的国际委员会制定细节。

四、德国军队分阶段占领主要是日耳曼的领土将在10月1日开始。在附图所标出的四块领土，将由德国军队按照下列次序加以占领：

标为第一号的领土在10月1日和2日占领；

标为第二号的领土在10月2日和3日占领；

标为第三号的领土在10月3日、4日和5日占领；

标为第四号的领土在10月6日和7日占领。

其余日耳曼特征最强的领土将由上述国际委员会迅速确定，并由德国军队在10月10日占领。

五、第三款所指国际委员会将决定应举行公民投票的领土，该项领土在公民投票未完成前，应由国际机构占领。同一国际委员会将确定举行公民投票的条件，以萨尔公民投票的条件为基础。国际委员会并应指定举行公民投票的日期，这一日期将不迟于十一月底。

六、边界的最后确定将由国际委员会完成。该委员会也将有权在某些例外情况下，严格地从人种学来确定有些地区可不必举行公民投票予以移交，向四国即德国、联合王国、法国和意大利建议作出非主要的变动。

七、应有自由选择迁入或迁出被移交领土的权利，选择权应在本协定签订日起六个月内行使。一个德捷委员会应确定自由选择的细节，考虑便于迁移居民的方法及解决由上述移转而产生的原则问题。

八、捷克斯洛伐克政府自本条约签字之日起四个星期内将从其军队和公安部队中解除任何希望解除的苏台德德国人的职务，并且捷克斯洛伐克政府

1942年8月5日在伦敦成立捷克斯洛伐克流亡政府，艾登和马萨里克的换文竟然把慕尼黑协定视作正当合理的条约文件，换文指出："既然德国有计划地撕毁1938年关于捷克斯洛伐克的各项协议，英王陛下政府自己认为在这方面已不再受任何承诺的约束。"1942年9月29日法兰西民族解放委员会和捷克斯洛伐克流亡政府也作出类似英捷换文的联合声明。就是这样，英法用轻描淡写的手法来洗清它们在慕尼黑勾当中所负的严重责任。

苏联一贯忠实于苏捷人民的友谊。1945年解放捷克斯洛伐克全部领土的是苏联红军。苏台德区领土已重回捷克斯洛伐克国家的怀抱。1959年1月10日苏联提出的对德和约草案第十条规定如下：

"德国承认慕尼黑协定以及由此协定而产生的一切后果无效，并声明前所谓苏台德区的领土将永远被承认为捷克斯洛伐克共和国国家领土的不可侵犯的组成部分。"

尽管对德和约因西方的阻挠还没有缔结，但苏台德区重归捷克的事实已经确定不移了。——编者

将在同时期内释放因政治罪行而在服徒刑的犯人。

1938年9月29日订于慕尼黑。

阿道夫·希特勒　　爱德华·达拉第

纳维尔·张伯伦　　本尼多·墨索里尼

协定附件

联合王国陛下政府和法国政府是在坚持9月19日英法建议第6款所规定的提议的基础上参加上述协定的缔结。前项建议第6款是涉及对捷克斯洛伐克国家新疆界面临无端侵略时的一项国际保证问题。

当捷克斯洛伐克境内的波兰和匈牙利少数民族问题已告解决时，德国和意大利方面将对捷克斯洛伐克给予保证。

声　明

四国政府首脑声明，关于捷克斯洛伐克境内的波兰和匈牙利少数民族的问题，如果未在三个月内由有关政府予以解决，则应列为出席这次会议的四国政府首脑间另一次会议的议题。

补充声明

由于移交领土可能引起的一切问题应被视为属于国际委员会的职责范围内。

国际委员会的组成

出席这次会议的四国政府首脑同意他们于本日签订的协定所规定的国际委员会应由德国外交部长，英国、法国和意大利驻柏林大使和由捷克斯洛伐克政府指派的一名代表组成。

苏联"反革命军事法西斯组织"案

所谓"反革命军事法西斯组织"案，是20世纪30年代苏联肃反期间的四大案件之一，这起案子对后来苏联的反希特勒侵略战争产生了很大影响。苏联元帅华西列夫斯基曾经用一句话揭示了此案同德国入侵之间的内在联系："没有1937年，就可能没有1941年。"

1937年5月中旬，希特勒党卫队保安处的海德里希在柏林艾伯莱希特亲王大街盖世太保的秘密地下室里，建立了一座特别实验室。多位特工人员——语言学家、逻辑学家、心理学家、印章专家和笔迹模仿专家，正在秘密炮制苏联元帅图哈切夫斯基谋反的"专卷"。

海德里希于1904年出生在德国萨勒河畔的哈勒市，家庭优裕，生活富足。他18岁入伍，24岁当上海军军官，27岁成为党卫队里仅次于希姆莱的显赫人物。希姆莱视他为"天生的情报人才"，"一个了解所有线路并使它们始终连接畅通的有头脑的人物"。他性格坚毅，冷血残酷，为达目的不择手段，并因有一头金发而被捷克斯洛伐克人民称为"金发野兽"和"布拉格屠夫"。

1936年12月16日，十多年前被红色苏维埃驱逐出境，充当了双料间谍，而目前正在巴黎避难的原沙俄的将军斯科布林，急匆匆来到德国驻法国大使馆，向盖世太保的大间谍卢戈森提交了两份"机密情报"。第一份情报说，苏联红军统帅部正在策划一起推翻斯大林、建立亲德政权的阴谋，主谋正是图哈切夫斯基元帅；第二份情报说，图哈切夫斯基及其亲密战友同德军统帅部和谍报机关一直保持接触。

实际上，斯科布林和他的妻子是苏联国家政治保安总局高价收买的白俄特工，他们分别以"农场主"和"农场主之妻"为代号，利用与境外反苏的"俄罗斯全军联盟"的头目米勒的特殊关系，在1931—1935年期间连连得手，其中包括帮助国家政治保安总局逮捕了17名西方国家派往苏联的特工。斯科布林的上述情报来自何处，至今仍然是一个谜。有一种说法是：苏联内务人民委员部通过自己的间谍，悄悄塞给斯科布林这一假情报，以便此后据此惩治红军中的反对派。

卢戈森得到上述两份"情报"后，如获至宝，马上亲自乘飞机把它送到了海德里希的手里。海德里希不问情报的真伪，只觉得满可以将之变成一把刺向图哈切夫斯基的利剑！

图哈切夫斯基于1893年出生在斯摩棱斯克省多罗戈布日县的一个贵族家庭，从小受到良好的教育。1914年毕业于亚历山大军事学校，获中尉军衔。他参加过第一次世界大战，被俘后逃回俄国，随即加入了苏联共产党。

1918—1921年，图哈切夫斯基在短短两三年里，就获得了六枚战斗奖章。一战结束后，他又因在红军改装技术设备，改革军队体制，发展航空兵、机械化兵、空降兵、海军和培训军政干部方面成绩卓著，特别是首次提出了军事史上的大纵深战役和战斗理论而登上荣誉之巅，获得了列宁勋章和红旗勋章。1935年，他被授予苏联元帅的最高军衔，并被誉为"国内战争中所向披靡、最富天才的红色统帅"，而西方国家则称他是"红色拿破仑"。

另一方面，图哈切夫斯基又在他出版的《进军维斯拉河》《国内战争史》中，两次不点名地批评了华沙之战中的决策性错误，让斯大林心怀忌恨。1930年，他又在重新装备红军等问题上同斯大林、伏罗希洛夫产生了矛盾。于是，这位杰出的苏军将领渐渐失去了苏联最高层的信任——斯大林称他是个"好作空洞计划的人"。

1934年12月1日基洛夫遇刺事件发生后，斯大林对苏联的阶级斗争状况做出了错误的判断，认为斗争日趋激烈，隐蔽的敌人正纠集在一起，试图用极端手段进行垂死挣扎，因此在全国范围内掀起了一场大规模的"揭发和铲除人民的敌人"的运动，而这又恰恰引起了具有勃勃侵略野心的德国法西斯的注意。

希特勒在听了海德里希的详细汇报后，很快就认同了这个罪恶计划。

海德里希的第一步是伪造档案。他先派出老间谍罗德曼等两个特工组潜入德军最高统帅部的机密档案库，盗走了关于图哈切夫斯基的代号为"R"的文件——1922—1923年德国一个商业企业家联合会在军事方面同苏联打交道的文件，其中就有图哈切夫斯基的谈话。为了消除痕迹，避免泄密，预防档案失窃后引起怀疑，特工组竟然在几个地方设置了火情，凡是保存这些密件的房间几乎全部化为灰烬。

德国特工人员在炮制图哈切夫斯基"专卷"时，采用了模仿、篡改"R"文件的办法，一是按照图哈切夫斯基的语调在谈话记录中增添了图哈切夫斯基串通叛国等词句，二是刻意模仿他本人的笔迹和风格，伪造了他给德国朋友的一封信。与此同时，图哈切夫斯基等人给德国出具的收款凭据等也被伪造出来了。文件和信件的每一页上，都盖有德国军事谍报局的"绝密"钢印，德军十多名高级将领的德文缩写签字也出现在文件上。

某日，捷克斯洛伐克驻德国大使马斯特内伊来到柏林一家高级酒店的餐厅，和他的情人贝丽尔约会。这是柏林外交官和达官贵人经常光顾的地方。马斯特内伊作为一名捷克斯洛伐克间谍，刚刚领受了本国政府的一项任务——"必须摸清德苏关系的发展趋势"。

马斯特内伊心情沮丧，满脸愁容，一声不响地喝着闷酒。

"不要发愁，亲爱的，把所有的烦恼都抛在脑后吧！"贝丽尔小姐关切地劝道。

"你有什么愁心事呀，马斯特内伊。"贝丽尔小姐娇嗔地问道，"这可能是我们最后一次见面了。"

"怎么啦？"马斯特内伊不解地问。

"我很害怕……"她小声说，"大家都希望苏德和好，但愿不要发生意外……"贝丽尔想说又停了下来。

"我们应该单独待一会儿。"马斯特内伊对贝丽尔说。

"好吧。"贝丽尔举起酒杯，脸上掠过一丝喜悦。

"德国政府正在与苏联红军中的反斯大林集团联络，希望苏联出现混乱。"贝丽尔对马斯特内伊说。

这件事使马斯特内伊感到震惊，但他脸上依然很平静。"亲爱的，但愿苏德能够保持友好！"贝丽尔说着，用双臂去拥抱马斯特内伊。

马斯特内伊的情人贝丽尔是一名德国警察。她年仅24岁，同时兼任德国外交部的秘书。海德里希命令她"在无意之中"把图哈切夫斯基的绝密情报告诉马斯特内伊。

第二天，贝奈斯得到了这份情报。他马上召见苏联驻布拉格大使亚历山德罗夫斯基，后者于是紧急赶回国内报告情况。

与此同时，三天以后，法国政府在巴黎举办外交官招待会。法国总理达拉第向苏联大使波特金通报了法国得知的情报："先生，莫斯科有改变政治方针的可能。据可靠情报，德国正与苏联某些红军将领密谋推翻斯大林。"

"这是谣传，先生，不要上当！"波特金说。

10分钟后，波特金回到大使馆，用密电向斯大林做了汇报。这也是海德里希为增加情报的可信度，故意向法国人施放的烟幕。

海德里希的陷阱已经挖好，苏联一步步地陷了进去。

海德里希的代表来到布拉格，同贝奈斯取得了联系。在贝伦茨向贝奈斯提出出售图哈切夫斯基谋反的"专卷"后，贝奈斯马上密报了斯大林。就这样，贝奈斯的特使同贝伦茨进行了接触。斯大林的代表叶若夫也来到柏林。贝伦茨向斯大林索价300万卢布，斯大林毫不犹豫地答应了。

5月20日，斯大林解除了图哈切夫斯基的副国防人民委员的职务，让他担任伏尔加河沿岸军区司令员。苏联人不敢想象，在"五一"节上还陪伴在斯大林身边的图哈切夫斯基，这么快就失宠了。这位生性耿直的苏军元帅感觉事情不妙，赶忙写信给斯大林和伏罗希洛夫，要求退役复员，但他得到的答复却是尽快上任。这时，副国防人民委员戈马尔尼科告诉他："米哈伊尔·尼古拉耶维奇，最近以来一直有人在暗算你。……我认为，对你的全部指责都是胡扯……"

几天后，图哈切夫斯基元帅来到莫斯科喀山火车站，同苏联高级军官们告别。

"元帅，请保重！"许多军官握住他的手。

"谢谢大家。"图哈切夫斯基举手投足之间，显示出一种病态。他步履蹒跚地登上了列车。

6月4日，伏尔加沿岸军区召开了政治工作会议。会议刚刚结束，图哈切夫斯基就被逮捕了。6月10日，在阴暗的地下室里，由伏罗希洛夫等四名元帅组成的军事审判团设立秘密法庭，审讯图哈切夫斯基和另外几位著名将领的"罪行"。图哈切夫斯基说："我不会去请求宽恕，因为这个法庭只能以三流侦探编造出来的假文件为凭据，任何一个思想健全的人都不会尊重这种法庭的。你们自以为是法官，可我要告诉你们，犯罪的是你们而不是我们。"

与此同时，斯大林也在莫斯科召开了苏联革命军事委员会扩大会议，揭露了这个"反革命军事法西斯组织"，号召人们粉碎"反革命阴谋"。

6月12日，图哈切夫斯基和基辅军区司令员亚基尔、白俄罗斯军区司令员乌鲍列维奇、伏尔加军区副司令员帕里曼科夫、红军军事学院院长科尔克、红军干部部长费里德曼等高级干部均被处决。戈马尔尼科在斯大林派人前去逮捕他时，开枪自杀了。当天，塔斯社播发了一则新闻："以图哈切夫斯基为首的反苏托洛茨基军事集团成员犯有违背军人天职罪和叛国罪，已被处决。"6月15日，《布尔什维克》杂志发表社论，题目是《现在和将来都决不宽恕间谍和祖国的叛徒》。社论说："无产阶级专政的利剑再一次粉碎了一伙叛徒和敌人。无论他们的罪恶活动隐藏得多么深，无论间谍们乔装打扮得多么巧妙，但什么也挽救不了暗藏在我们光荣的红军队伍里的图哈切夫斯基及其同伙。"

图哈切夫斯基被捕后，他的入党介绍人、老布尔什维克库利亚布科写信给斯大林表示抗议，而图哈切夫斯基被枪毙后，他的同学日利亚耶夫也遭到逮捕。当刑警看到他家墙上仍然挂着图哈切夫斯基的肖像时，十分惊愕地问道：

"你怎么还没有把它摘下来？"

"不！你知道，将来人们会给他树一座纪念碑！"

1937年下半年至1938年，斯大林处决了3位元帅、14位军区司令、60位军团长、136名师长（总共3.5万名红军军官）。就这样，苏联军队元气大伤。

20年后，苏联检察院开始复查这起案件，并向最高法院提交了撤销对所有被告的判决并通过诉讼程序终止此案的结论。1957年1月31日，苏联最高法院军事法庭做出了最终裁决：撤销原判并终止此案。只是在这时候，当年曾名列图哈切夫斯基之后的朱可夫，才说出了他的一句真心话："图哈切夫斯基是伟大的军事思想家，是我国军界人物中最光辉夺目的巨星。"

苏德三次媾和秘档

1939年年初，英法政府迫于希特勒的战争压力，稍稍改变了绥靖政策，做出愿意同苏联谈判的姿态。

3月18日，为了采取共同行动来制止希特勒的侵略，苏联外交人民委员李维诺夫提出召开一次欧洲会议的建议，与会国将包括法国、英国、波兰、苏联、罗马尼亚和土耳其。对于这样一次会议，英国首相张伯伦马上表示时机"尚未成熟"。3月21日，法国总统阿·勒布伦在外交部长庞纳的陪同下，突然到伦敦进行国事访问。张伯伦此时为了应付国际舆论，却向法国人建议，由英、法、波、苏四国发表一项正式声明，宣布它们将立即进行协商，以便制止在欧洲发生进一步的侵略行径。

三国谈判无果而终

4月15日，苏、英、法三国的政治谈判在莫斯科开始。4月17日，苏方向英法提出了八点建议，其中有如下三点：

1.英国、法国、苏联缔结为期5到10年的盟约，相互承担义务，在欧洲发生针对任何一个缔约国的侵略时，彼此立即给予一切可能的援助，包括军事援助在内。

2.英国、法国、苏联约定，在发生针对分布于波罗的海与黑海之间同苏联接壤的东欧国家的侵略时，给予这些国家一切可能的援助，包括军事援助在内。

3．英国、法国、苏联约定，在最短期间内讨论和确定在履行第1条和第2条时给予这些国家中每个国家的军事援助的规模和方式。

然而，苏方的建议竟然在伦敦和巴黎引起了"惊愕"。

在英国下院5月19日的辩论中，张伯伦仍对苏联的建议表示冷淡。他不信任苏联，因而说道："在两国政府之间有一道幕，或者说一道墙，极难穿过。"时任海军部长的丘吉尔却不同意他的看法，他恳请英国政府"给脑袋里装上点残酷的现实"。他说："如果没有一条有效的东方战线，就不可能在西方有令人满意的防务，而如果没有苏联，就不可能有一条有效的东方战线。"

5月31日，苏联外交人民委员莫洛托夫在苏联最高苏维埃会议上发表演说，严厉批评西方国家的犹豫不决，并且重申，要是这些国家真想同苏联一起制止侵略战争，就必须在上述三个主要点上达成协议。

但是，苏、英、法谈判仍然进展缓慢。波兰和罗马尼亚对苏联抱有成见，两国乐于得到英法的担保而拒绝接受苏联的担保。

6月初，莫洛托夫建议英国派外交大臣哈利法克斯勋爵到莫斯科参加谈判，但遭到张伯伦的拒绝。最后，英国只派了一名外交官。在此后的约10轮会谈中，英法代表在实质性问题上拒绝表态。对此，莫斯科感到气愤。最高苏维埃外交事务委员会主席日丹诺夫曾就此发表文章说："在我看来，英国和法国政府似乎并不想努力达成一项苏联能够接受的真正协议，而是想做做姿态，以便向它们本国的舆论表明所谓苏联的不妥协态度，从而好同侵略者缔结协定。"斯大林也不信任英国和法国，认为它们有可能像一年前一样，在最后时刻同希特勒做成一笔类似慕尼黑协定那样的交易。

时至7月，鉴于欧洲局势异常紧张，战争有一触即发之势，苏联政府又向英法提出建议：三国要打破常规，既举行政治谈判，也举行军事谈判，并派出了以国防人民委员伏罗希洛夫为首的全权代表团。但是，英法采取了拖延策略。8月15日，苏联高级军事代表团在克里姆林宫同英国和法国军事代表团会谈时，苏军总参谋长沙波什尼科夫主动提出，如果波兰允许苏联红军过境，苏联在战争开始时就可以派出136个师、5000门大炮、1万辆坦克和5000架飞机来对付侵略者。然而，英法政府没有回应苏联的建议。至于波兰，它在历史上曾被俄国三次瓜分，其领导人现在面对苏联的建议，斩钉截铁地回答："德国人来了，我们有丧失自由的危险；俄国人来了，我们有丧失灵魂的危险。绝不允许俄国士兵进入我们的领土。"

到了8月底，三国谈判在进行了四个多月后，仍然达不成协议。

据《国际条约集》（1934—1944），1939年8月27日，伏罗希洛夫在答塔斯社记者问时说："苏联军事代表团认为，苏联之边境不与侵略国接壤，故苟苏联欲援助英、法、波，则只有让苏联军队通过波兰，方有可能，舍此则别无他法使苏联军队与侵略者之军队接触。过去世界大战时，如英美军队不能开至法境内，则无法与法国作军事之合作；相同的，如不允苏联军队通过波兰，则苏联之队伍不能与英法队伍作军事上之合作。虽然此种立场是正确的，但英法军事代表团竟不同意苏联代表团此种立场，而波政府亦公开宣称不愿接受苏联之军事援助，此为意见分歧之基点。谈判决裂亦因此。"

当时在东方，苏联也面临着极其复杂的国际形势。日本在"北进"还是"南进"的争论中，继1938年挑起"张鼓峰事件"后，又于1939年8月再次试探苏联的虚实，在中蒙边境的诺门坎同苏军进行了一场激烈的局部战争。

在这种情况下，斯大林只好采用权宜之计，把眼睛瞄向德国。

苏德条约产生过程

说来也巧，此时的希特勒在准备对波战争时，唯恐重蹈第一次世界大战时两面作战的覆辙，因而迫不及待地要破坏英、法、苏联盟，不惜放低身段拉拢苏联。

8月15日晚上8时，德国驻莫斯科大使舒伦堡奉命约见莫洛托夫，并按照柏林的指示，向莫洛托夫宣读了德国外交部长里宾特洛甫表示愿意到莫斯科解决德苏问题的急电。莫洛托夫"以极大的兴趣，听取了这位大使的陈述"，并表示欢迎德国想改善对苏关系的愿望。他还试探性地向舒伦堡提出了一连串问题：德国政府是否有兴趣在两国之间签订一项互不侵犯条约？是否准备发挥它对日本的影响来改善苏日关系并消除边境冲突？如果苏德联合担保波罗的海国家的安全，德国以为如何？他最后说，所有这类问题都必须具体讨论，并作出具体规定。

希特勒十分痛快地接受了苏联的建议。舒伦堡再次奉命约见莫洛托夫，向莫洛托夫宣读了里宾特洛甫的指示："德国准备同苏联缔结一项互不侵犯条约，而且，如果苏联政府也有同样愿望的话，这项条约的期限可定为25

年，期满以前不得废除。除此之外，德国还准备同苏联一起对波罗的海各国作出担保。最后，德国也愿意发挥影响来改进并巩固苏日关系。"

事后得知，里宾特洛甫发给舒伦堡的电报的最后还有这样一段"附言"："我要求你再一次把这一指示逐字读给莫洛托夫听，并且要求立即知道苏联政府和斯大林先生的意见。为让你心中有数，再告诉你一句要绝对保密的话，如果我能在本周末或下周初到莫斯科的话，对我们将特别有利。"

第二天，希特勒和里宾特洛甫待在巴伐利亚阿尔卑斯山顶上，十分焦急地等待着莫斯科的回答。但是，他们收到的苏联照会却使他们有些失望。这份照会一开头就尖刻地追溯了纳粹德国以前对苏联的敌视行为，并且说，"直到最近，苏联政府都一直认为德国政府是在找机会同苏联发生冲突……更不用提德国政府利用所谓反共公约努力建立而且已经建立了包括一些国家在内的反苏统一战线这一事实了。"

"虽然如此，"照会写道，"如果德国政府现在要改变过去的政策，准备认真改善同苏联的关系，苏联政府表示欢迎，并且准备修改自己的政策，以便认真改善对德关系。"

8月18日晚，希特勒在上萨尔斯堡的夏令总部又给舒伦堡发出一封由里宾特洛甫署名的"特急"电报，指示舒伦堡立即约见莫洛托夫，通告他德国外交部长马上就动身去莫斯科，而且他"将由元首授以全权，来全面地而且最后地解决全部问题"。

此时，希特勒进攻波兰已是箭在弦上。

8月19日下午4时，莫洛托夫在克里姆林宫接见了舒伦堡，把一份互不侵犯条约的草案交给他，并且表示，如果苏德贸易协定能在20日签字并公布的话，里宾特洛甫可以在8月26日或27日访问莫斯科。

8月20日下午6时45分，希特勒给斯大林发去一封长电，恳求斯大林允许里宾特洛甫在22日或至迟在23日访苏。电报说：

我衷心地欢迎新的德苏贸易协定的签字，认为它是改变德苏关系的第一步。

同苏联缔结互不侵犯条约，对我来说，意味着确立德国的长期政策。德国从此将恢复过去若干世纪中对我们两国都是有益的政治方针。……

我接受你的外交部长莫洛托夫先生交来的互不侵犯条约草案，但是认为迫切需要尽快地澄清与之有关的问题。我深信，如果能有一位负责的德国政治家亲自到莫斯科谈判的话，苏联所希望的补充议定书的内容就能在最短期间内得到澄清。如若不然，德国政府就无法明白，这项议定书怎样才能在短时期内澄清内容并得到解决。

德国和波兰之间的紧张关系已变得不可容忍……不论哪一天都可能爆发危机。德国已经下定决心，从现在起，以在它支配下的一切手段来保护它的国家利益。

在我看来，鉴于我们两国都有建立彼此间新关系的愿望，最好不要丧失时间。我因此再次建议你在星期二（8月22日）接见我的外交部长，最迟在星期三，德国外交部长有充分的权力来拟定并签订互不侵犯条约和议定书。鉴于目前的国际形势，外交部长在莫斯科只能逗留一天，至多两天，再长是不可能的。我将十分高兴地得到你尽早的答复。

斯大林同意了希特勒的请求。希特勒在21日晚9时35分收到了斯大林的答复。

1939年8月23日中午，里宾特洛甫带着希特勒亲笔签字的全权证书急忙飞抵莫斯科。经过两国政府的高级谈判，当天晚上就签订了《苏德互不侵犯条约》。条约规定：缔约双方保证决不单独或联合其他国家彼此间进行任何武力行动、任何侵略行为或者任何攻击；缔约任何一方不加入直接或间接旨在反对另一方的任何国家集团；不以任何方式支持对缔约一方进行敌对行为的第三国家；双方保持联系，交换对彼此共同利益有关问题的情报；双方在某种问题上发生分歧或抵触时，只应通过和平方法解决。条约有效期为10年。

里宾特洛甫的助手高斯后来就《苏德互不侵犯条约》的文本写道："里宾特洛甫在前言中亲自加进一句有关德苏两国形成友好关系的重要的话语，斯大林对此表示反对。他说，苏联政府在被纳粹政府劈头盖脸地倾倒六年大粪之后，不能突然之间把一项德苏友好宣言拿到群众面前。因此，前言中的这一句话被删去了。"

附：苏德互不侵犯条约[①]
（1939年8月23日订于莫斯科，同日生效）

苏维埃社会主义共和国联盟政府和德国政府从加强苏德间和平事业的愿望出发并以1926年中立条约的基本条款为基础达成以下协议：

第一条

缔约双方保证决不单独或联合其他国家彼此间进行任何武力行动，任何侵略行为或者任何攻击。

第二条

如果缔约一方成为第三国敌对行为的对象时，缔约另一方将不给予该第

---

① 引自《国际条约集》（1934—1944），世界知识出版社1961年版，第226—228页。

[原注]本条约批准书于1939年9月24日在柏林互换。以后在1941年6月22日，希特勒德国大举侵犯苏联，背信弃义地撕毁了本条约。世界各国的反动派曾将本条约当作反苏宣传的资料，甚至还异想天开，捏造了一件所谓"秘密议定书"，把它说成是本条约的附件（见英国皇家国际关系学会编"苏联对外政策文件"第3册1933—1941年，360—361页，1953年牛津版）。对于这件彻头彻尾捏造的文书，法国蒲维埃和茹贡所著"1939年的真相"（1953年巴黎社会出版社，195—197页）曾正确地指出：

"一切以反苏为职业的人对于所谓关于波兰的'秘密议定书'曾经大事宣扬，把这议定书说成是条约的附件，并说是英国人在柏林发现的；纳粹战犯的辩护人在纽伦堡审判中还曾妄图利用该文件，当经苏联检察官卢登科指出其为捏造。

"此后反苏报纸还曾公布所谓文件的全文，用照相影印作为根据，但是1948年杜鲁门政府出版的一本杂乱无章的捏造出来的文件汇编，题为'1939—1941年苏德关系的真相'，一般称为白皮书，却不敢把这一假文件编进去！

"有一个简单明了的证据证明这是捏造，所谓议定书下面莫洛托夫的签字竟为拉丁字体，但其真实的签字却是民族字体。尤其是，捏造家们彼此间很不协调，竟把他们所利用的假签字作出各种不同的拉丁字体……"。

以上充分说明所谓本条约"秘密附加议定书"是彻头彻尾捏造出来的。

三国任何支持。

⊙苏联外长莫洛托夫签署《苏德互不侵犯条约》，站在他背后的是德外长里宾特洛甫和苏共中央总书记斯大林。

第三条

缔约双方政府今后将彼此保持联系，以便对他们共同利益有关的问题交换情报进行协商。

第四条

缔约任何一方将不加入直接或间接旨在反对另一方的任何国家集团。

第五条

如果缔约双方间在某种问题上或其他问题上发生分歧或抵触时，缔约双方应当只通过和平方法、友好地交换意见或者必要时设立调解委员会，以资解决这些争端

或抵触。

第六条

本条约有效期为十年，除非缔约一方在期满前一年通知废止，本条约将被认为自动延长五年。

第七条

本条约应尽早批准。批准书应在柏林互换。本条约签字后立即生效。

1939年8月23日订于莫斯科，共两份，用俄文及德文写成。

苏维埃社会主义共和国联盟全权代表　维·莫洛托夫

德国政府代表　冯·里宾特洛甫

据说，就在这天晚上，苏德还签订了《苏德条约秘密附加议定书》，其全文是：

双方在签订互不侵犯条约时，上述全权代表就互相确定双方势力范围问题在秘密的情况下交换了意见，结果达成以下各点：

一、属于波罗的海国家、芬兰、爱沙尼亚、拉脱维亚、立陶宛等国的地区，如发生领土和政治变更时，立陶宛的北部疆界就自动构成德国、俄国势力范围的疆界，同时双方承认立陶宛在维尔纽斯的利益。

二、波兰国家的领土如发生疆界和政治变更时，德国和苏联的势力范围将大体以纳雷夫河—维斯瓦河—桑河一线为界，从缔约双方的利益来看，是否需要维持一个独立的波兰国家和这个国家的边界应如何划定，只有在今后政治局势发展中方能最后确定。在任何情况下，两国政府都将通过友好谅解的途径解决这个问题。

三、在东南欧方面，苏联强调它在比萨拉比亚的利益，德方声明，它在这个地区没有任何政治利益。

四、双方把本议定书看作绝密文件处理。

各方对《条约》的评论

希特勒的"盟友"——墨索里尼和佛朗哥公开反对《苏德互不侵犯条约》，日本人也对《条约》表示不满，因为当时他们正在中蒙边境同苏联作战。

美国记者安娜·路易斯·斯特朗曾经写道，在波兰遭受危难的时候，一个苏联外交官曾对她说："要是没有苏德互不侵犯条约，我们现在就会受到德、意、日同盟从欧洲和亚洲两面的夹击。英法会据守马奇诺防线并且资助希特勒。美国会成为日本的兵工厂来反对我们，就像它反对中国那样。签订了互不侵犯条约后，我们就在希特勒、日本和支持希特勒的伦敦人士之间引起了矛盾。要制止对波兰的入侵已经太迟了。张伯伦甚至没有尝试这样做。可是我们已经分裂了法西斯阵营，我们将不需要同整个世界作战了。"①

丘吉尔说："斯大林同希特勒做交易一举，固然足以令人齿冷，然而在当时是高度现实主义的。斯大林的首要考虑，就同任何其他国家政府首脑的考虑一样，是他自己国家的安全。"斯大林后来还告诉丘吉尔，他在1939年夏天深信，希特勒就要打仗了，他不能被别人骗到单独对德作战的倒霉局面

①　转引自之学《世纪大交锋（欧美卷）》，中国文史出版社1996年版，第87—88页。本节引语下同。

中去。如果同西方结成靠得住的同盟已不可能的话，那为什么不转而联合希特勒呢？他不是已经突然来敲门了吗？

《第三帝国的兴亡》的作者威廉·夏伊勒说："有一件事情除对张伯伦以外，几乎肯定对谁都是肯定无疑的。在希特勒每一次行动面前都要动摇的英法外交，现在已经完全破产了。这两个西方国家一步一步后退……有苏联在它们一边，它们还能使那个德国独裁者对发动战争有所顾忌，而如果不能阻止他发动战争的话，它们还有可能迅速把他击败。但是现在，它们把这样一个最后的机会都断送了。"

苏军占领波兰东部

到底有没有《苏德条约秘密附加议定书》，也许这是一个难以解开的历史谜团。然而，一个不争的事实是，德苏不久后就实际瓜分了波兰。

据史书记载，德国在进攻波兰后，多次通过驻莫斯科大使舒伦堡，催促苏联出兵波兰东部。苏联迟迟没有出兵，并不是因为准备军事行动有什么困难，而是一时找不到适当的借口。阿诺德·托因比主编的《第二次世界大战全史》第3卷《轴心国的初期胜利》写道："俄国人想借口德国威胁在波兰的乌克兰人和白俄罗斯人，作为他们干涉的动机，德国政府自然不喜欢这种主意。……莫洛托夫承认，'苏联政府提出的理由，含有刺激德国人感情的口气'，但是他要求，'鉴于苏联政府的困难处境'，德国人不要对这一点小事介意，苏联政府'不幸实在看不出有可能找到其他任何理由'，因为苏联以前从来没有为它居住在波兰的少数民族同胞的困境操过心，目前的干涉，对外界总得找个借口，以言之成理。"

为了师出有名和等待有利时机，苏联通过各种途径传达这样的信息：由德国进攻波兰所引起的战争，只不过是一场两个法西斯国家之间的战争。9月7日，斯大林对共产国际总书记季米特洛夫说：苏联并不反对德波这两个想要重新瓜分、统治世界的资本主义国家相互厮杀和削弱，波兰如被消灭，意味着少了一个资产阶级法西斯国家，这将有利于苏联把社会主义制度拓展到新的领土上和居民中。

1939年9月17日清晨，即在波兰政府首脑逃跑的当天，莫洛托夫发表声明称：苏联为了保护住在波兰境内的乌克兰人和白俄罗斯人免遭德军的蹂蹦，命令军队越过国境，进入波兰东部的西乌克兰和西白俄罗斯地区。苏方在给波方的照会中还说："波德战争表明波兰国家内部是软弱无力的。华沙已经不再是波兰的首都了。波兰政府瓦解了，失去了生存的征兆。这就是说，波兰作为一个国家以及它的政府已经不复存在了。"

当时进入波兰的是由科瓦廖夫大将指挥的白俄罗斯方面军（下辖第3、第11、第10、第4集团军）和由铁木辛哥指挥的乌克兰方面军（下辖第5、第6、第12集团军）。《第二次世界大战全史》继续写道："驻在东部各省的波军在9月的第三周中溃不成军，俄国人的进攻完全出乎波军的意料。俄国人散发的传单上印有德军进攻范围的地图，以涣散波军的士气，入侵者还造谣说，他们是来打德国人，而不是来打波兰人的。"

9月18日，苏德两国军队在布列斯特—里托夫斯克会师。

据沈志华主编的《苏联历史档案选编》，苏联副国防人民委员库利克9月21日向斯大林、莫洛托夫、伏罗希洛夫报告前线状况说："1. 红军转入进攻时，波兰军队士气一落千丈。除边防部队、民团和总司令部领导的撤退部队所进行的零星抵抗外，红军几乎没有遇到任何抵抗。2. 俘获了大量普通士兵和军官。……4. 大部分居民情绪高昂地迎接红军。但在大城市中，特别是在斯坦尼斯拉沃夫，知识分子和商人对红军的态度比较冷淡。5. 在与罗马尼亚接壤的扎列希基市获得了一家银行，其中有尚未运走的部分贵重物品和纸币。在那里还缴获了一辆准备开往罗马尼亚的装满钱的汽车。……7. 由于我们推进速度快，所以除几座小桥外，铁路网桥梁都没有被破坏。……"

波兰利沃夫城防司令西科尔斯基10月20日在俘虏营里写给苏军乌克兰方面军司令员铁木辛哥的申辩信说："您肯定相信，我们彻底履行了我们作为士兵的天职，与德国侵略者进行了斗争，同时，我们也以相应的形式执行了波兰最高统帅部的命令，没有把红军看成是作战的对象。"

10月27日，波兰东部地区"要求"通过投票对并入白俄罗斯和乌克兰苏维埃共和国的问题作出决断。10月31日，莫洛托夫向苏联最高苏维埃报告说："必须指出波兰军队和波兰国家瓦解的事实。波兰当局经常以其国家'巩固'和军队'强大'自夸。可是，只需给波兰一个短时间的打击——首先是从德军方面，然后是从红军方面——就足够使《凡尔赛条约》的这一专靠压迫非波兰民族而生活的畸形儿消灭殆尽了。"

史学家沃尔科夫后来在《第二次世界大战内幕》一书中写道："1939年9月17日，红军进入面积为19万平方公里，住有600多万乌克兰人和300多万白俄罗斯人的西乌克兰和西白俄罗斯的领土，把那里的居民的生命和财产置于自己的保护之下。不久，在那里举行了民主选举，成立了国民会议，宣布成立苏维埃政权，并向苏联最高苏维埃提出申请，要求把西乌克兰和西白俄罗斯分别重新与乌克兰苏维埃社会主义共和国和白俄罗斯苏维埃社会主义共和国合并。这一要求于1939年11月初得到满足。"

苏德继续外交接触

1940年9月27日，《德意日三国同盟条约》在柏林签订。条约规定："日本承认并尊重德意志和意大利在欧洲建立新秩序的领导权"；"德志意和意大利承认并尊重日本在大东亚建立新秩序的领导权"。这标志着三国轴心军事同盟正式形成。1940—1941年，匈牙利、罗马尼亚、斯洛伐克、保加利亚、克罗地亚相继以签订议定书的形式参加了这个条约。

1940年11月12日—13日，莫洛托夫访问柏林，同希特勒和里宾特洛甫就苏联加入三国同盟条约，以及在英国被战败和英帝国瓦解后，如何划分势力范围的问题进行了会谈。莫洛托夫提出了对芬兰、罗马尼亚、保加利亚的领土要求，以及在土耳其诸海峡获得基地的要求，并将此作为会谈的先决条件。双方同意通过信函继续交换看法。11月25日，苏联在一份给德国政府的照会中，更为详细地表述了莫洛托夫访问柏林时就苏联加入三国同盟条约提出的先决条件。希特勒未予答复。从此，柏林和莫斯科之间进行谈判的纽带就被扯断了。

但是，在二战最紧要的关头，斯大林仍然数次想与希特勒秘密议和。从1953年对时任国防委员会委员的贝利亚的审讯记录中，人们可以得知斯大林打算议和的情况。当时，贝利亚被判犯有德国间谍罪和叛国罪。记录显示：1941年7月初德国人占领明斯克后，保加利亚驻苏联大使斯塔梅诺夫曾被召到克里姆林宫。斯大林想马上同柏林联系，斯塔梅诺夫成了最佳人选。一方面，保加利亚是德国的盟国，另一方面，据传这位大使是苏联情报机关的人。与斯塔梅诺夫见面的有三个人：斯大林、贝利亚和外交人民委员莫洛托夫。贝利亚说，斯大林一直沉默不语，由莫洛托夫主谈。他坚持要与希特勒议和。作为交换条件，苏联准备交出波罗的海沿岸地区、乌克兰西部、白俄罗斯和摩尔达维亚的部分地区。

苏德这次谈判最终未能成行。一种说法是，斯塔梅诺夫对苏联领导人说，他不想当中间人，因为他说，苏军"即使后撤到乌拉尔，你们还是能打赢这场战争"。另一种说法是，保加利亚大使把苏联的想法告诉了希特勒，但遭到希特勒的拒绝。希特勒认为按照这种条件媾和对他不合算。

莫斯科保卫战之后，斯大林又想媾和。据历史小说家卡尔波夫说，斯大林议和的借口是需要一个喘息机会，以便重新部署军队。

1942年2月底，苏德在德军占领的姆岑斯克举行了谈判。斯大林派副内务人民委员梅尔库洛夫为代表，德方代表是党卫队头目之一的沃尔夫。苏联要求德国从1942年5月5日上午6时起全线停火，然后，根据计划，苏德将共同对英国和美国作战。卡尔波夫在书中披露了这个协议的复印件。俄罗斯科学院通史研究所的研究人员米亚格科夫说："我认为这些文件是伪造的，不知道是谁编造的，错误百出。"

1970年，英国历史学家加特出版了《第二次世界大战史》。他肯定说，1943年6月莫洛托夫和德国外长里宾特洛甫在基洛沃格勒举行了会晤，德国人将边界划在第聂伯河上，而莫洛托夫要求恢复战前边界。据加特说，因为美国得知了这次接触，所以会晤被迫中断。

有关莫洛托夫与里宾特洛甫举行谈判的传言可能是交战任何一方策划的行动。莫斯科需要这样做，以便促使美英尽快开辟第二战场。而德国人也有可能在库尔斯克战役前放出这样的传言，以便在反法西斯同盟中挑拨离间。库尔斯克战役胜利后，斯大林再也不提与柏林单独媾和一事。

卡尔波夫书中的《绝密报告》如下：

莫斯科　克里姆林宫　1942年2月27日　斯大林同志收
1942年2月20—27日在姆岑斯克与德国司令部的代表沃尔夫举行谈判，德国司令部认为不可能满足我们提出的要求。
它对我方提出的建议是：停火后，战线维持现状到1942年底之前。
德国不排除这样的可能：德苏能够建立对付英美的统一战线。
讨论中以下问题出现了分歧：
（1）拉丁美洲应当属于德国。

（2）很难理解中国文明。德国司令部认为，中国应当成为日本的被占领土和保护国。

（3）在北非，阿拉伯世界应当成为德国的保护国。

因此，应当指出，在谈判中双方观点和立场是完全不同的。

德国司令部的代表否认德国军队有可能战败。他认为，与俄罗斯的战争会拖上几年，德国最终会取得彻底胜利。德国的主要打算是，一旦俄罗斯在战争中耗尽力量和资源，就会被迫在2—3年后按更苛刻的条件重新举行谈判。

苏联副内务人民委员梅尔库洛夫

跨世纪的卡廷森林事件

1939年9月德国入侵波兰时，苏联趁机占领了波兰东部领土，并俘虏了大批波兰官兵，其中多数人为军官、警察、宪兵和地主，即所谓"危险的中产阶级精英"。此后，在伦敦的波兰流亡政府希望苏联交出战俘，以便组建抗击德国的军队。苏联称大部分战俘已逃走，只交出448名军官。1943年4月13日，德国宣称在苏联斯摩棱斯克州的卡廷森林发现了4100多名被害波兰军官的遗骸，他们的后脑处均有弹孔。苏联对此矢口否认，辩称这些战俘死于德军之手，并与波兰政府断绝了外交关系。西方有人推测，这批战俘是苏联应德国要求杀害的。直至1990年，苏联才正式承认内务人民委员部是枪杀这批波兰军官的主谋。苏联解体后，21世纪初，据西方媒体报道，俄罗斯"官方报纸开始退回到斯大林时代对有关波兰俘虏的宣传，重新提出其实是纳粹而非苏联杀害了这些人"。

2005年4月11日，俄罗斯《独立报》刊载了雅·埃廷格尔的文章《卡廷森林事件》，具体说明了事情真相。

1940年4月，斯大林统治时代最血腥的一幕在卡廷森林上演，2.5万名波兰人被枪杀，血流成河。他们主要是1939年被苏联内务人民委员部抓获的战俘。当时，随着波兰的解体，西乌克兰和西白俄罗斯并入了苏联。

⊕ 卡廷森林事件

岁月荏苒。对于这段历史引起的恩怨纠葛，莫斯科与华沙至今难以释怀。

1939年，苏军共捕获波兰官兵近30万人，既有普通士兵，也有二战爆发后应召入伍抵抗法西斯的各阶层人士，其中不少是知识分子。1939年年底，苏联成立了战俘及拘禁者管理局，彼得·索普鲁年科任局长，俄罗斯中部集中营、乌克兰和白俄罗斯西部的监狱都在他的管辖之内。

1940年3月5日，贝利亚交给斯大林一份报告，建议"特别审理"集中营的1.47万名波兰战俘，以及在乌克兰和白俄罗斯西部被俘的1.1万人，对他们施以最高刑罚枪杀。审理时不必传讯被告，亦不必出示罪证。当时，包括伏罗希洛夫、莫洛托夫、米高扬、加里宁、卡冈诺维奇等在内的政治局常委都在贝利亚的报告上签了名。这究竟是贝利亚本人的想法，还是他按斯大林的授意写的报告，至今仍是个谜。

波兰俘虏被关押在三个集中营里：斯摩棱斯克州的卡廷、哈里科夫州的旧别利斯克和特维尔州的奥斯塔什科夫。被俘者集中了波兰军队几乎所有的精英，包括295名将军、上校和中校。与他们一起沦为囚徒的还有波兰知识界的翘楚。一些著名人士也被关在集中营，但幸免于难，其中包括后来的波兰总统沃伊切赫·雅鲁泽尔斯基、在苏联组建波兰集团军的安德斯将军和以色列总理梅纳赫姆·贝京等。波兰著名导演维德的父亲也死于卡廷森林的枪杀，维德打算将这段历史搬上银幕。

在苏联屠杀波兰军官的同时，希特勒也在德国展开了逮捕波兰知识分子的行动。时任被占区行政长官的汉斯·弗兰克承认："我很清楚地意识到，数万波兰人将在这次行动中丧生，尤其是波兰知识分子的精英阶层。"而希特勒更是直言不讳："现在的波兰统治阶层应当全部被绞杀。"法西斯分子和斯大林在铲除波兰精英阶层的问题上，可谓不谋而合。

苏联内务人民委员部加里宁州负责人托卡列夫详细描述了枪杀时的场景。苏联内务人民委员部警备司令布洛欣亲自从莫斯科赶来，与加里宁州警察司令鲁巴诺夫制定了详细的枪杀计划。囚室被用厚厚的毡布包裹起来，外边听不见枪声。监狱的其他犯人被临时转移。波兰囚犯被一个个领进来，核对姓名、出生年月，随即被戴上手铐，带到布置好的囚室，子弹从其后脑勺射入，囚犯当场毙命。当时，加里宁有30人参加行刑，其他3个集中营也有53人在执行上级的命令。行刑工具是德国的瓦尔德式手枪。每天夜里被枪杀的人数在200—350人之间。事实上，枪杀波兰军官的地点除了囚室，还有密林深处。正因如此，人们在卡廷森林附近发现了众多波兰俘虏的遗骸。

哈里科夫屠杀也在进行中。据苏联内务人民委员部哈里科夫分局的警卫头目瑟罗米亚特尼科夫透露，枪杀是在该分局位于捷尔任斯基大街的监狱中进行的。俘虏被从火车站押到此处，然后，尸体被卡车拉到距皮亚季哈特基村1.5公里处的森林公园第6区，掩埋枪杀的同样是来自莫斯科的警备人员，并得到了当地内务分局以及监狱管理人员的协助。

科泽利斯克监狱的波兰军官遭遇了与斯摩棱斯克监狱同伙同样的噩运，也被直接押往卡廷森林附近枪决。在那里，人们共发现8处坟墓、4200具尸体。

3个集中营的2.2万名囚犯突然人间蒸发，这引起了他们的亲友的担忧与恐慌。根据苏共政治局和人民委员会的决定，囚犯家属们被流放到荒凉的哈萨克斯坦，居住条件极其恶劣，缺衣少食。他们生命中的唯一寄托便是四处写信，询问自己在狱中的兄弟姐妹、父母妻儿的下落。

戈尔巴乔夫执政前，苏联政府一直否认卡廷事件是苏联内务人民委员部所为。在解放卡廷及其周围村落后，苏联更是发表声明，将责任转祸到法西斯头上。但波兰流亡政府与盟国政府都很清楚谁是真凶。

1990年4月13日，苏联政府在解密档案的基础上，公开承认以贝利亚及其副手梅尔库洛夫为首的苏联内务人民委员部对枪杀波兰战俘负有不可推卸的责任，认为这是"斯大林时代最为严重的罪行之一"。1999年，亚历山大·雅科夫列夫领导的国际民主基金会公布了卡廷事件的有关文件。

事件到此原本应当画上句号。但不久前，俄罗斯军事检察长亚历山大·萨温科夫的声明却引起轩然大波。他说，卡廷被杀的俘虏仅有1803人，其中22人已经确定身份。在为此召开的记者招待会上，萨温科夫说："根据波兰方面的请求，我们对此事进行了调查，我们推翻了种族屠杀的悖论，认为这样说毫无根据。我们在调查过程中发现，没有发生过任何种族屠杀。"

他指出，对卡廷事件的调查于2004年9月21日结束。一些对罪行供认不讳者已经去世，对他们的调查不得不中止。他说："调查共询问了900多名证人，进行了18次以上化验，检查了上千处地方，研究了200多具尸体。"调查报告长达183卷，其中116卷属于国家机密，只能交给波兰67卷。

2010年5月8日，俄塔社报道称：

俄罗斯总检察院今天向波方转交关于卡廷事件刑事案的卷宗。这批材料共67卷，16700页，重72公斤。

俄方以前虽然向波兰提供过一些档案材料，但转交调查卡廷事件的刑事案材料还是首次。刑事案是1990年3月立案的，由军事总检察院负责，调查持续了14年，于2004年9月结束。

在今天转交的这批材料中，有关于1940年3月如何作出枪杀决定的内容。枪杀是在1940年4—5月期间进行的。不仅发生在卡廷地区，在哈里科夫、加里宁以及乌克兰和白俄罗斯都曾有过。

波方早在1943年就首次对卡廷事件提出质疑，上世纪末和本世纪初又不止一次向俄方提出这一问题。虽说档案本身早就已经解密，但转交俄调查材料尚属首次。

1940年4—5月，4400多名被俘的波兰军官在卡廷森林遭枪杀。目前每个人的身份都已查明。在波兰人掩埋地旁边，还葬有遭镇压的苏联公民的遗骨。

一般认为，秘密杀害波兰军官的元凶是拉夫连季·贝利亚，可是，贝利亚的儿子谢尔戈·贝利亚写的《我的父亲贝利亚》认为，这一切都是捏造。他说：参与掩盖卡廷秘密的不仅仅是斯大林时期的政治局，而且还有苏共中央的历届总书记。当在波兰方面不断交涉而无法抵赖的情况下，就把罪责全部加在贝利亚头上。事实是，贝利亚是屠杀波兰军官的唯一反对者，他没有在屠杀波兰人的报告上签过字。当时投票赞成枪决波兰军官的有斯大林、伏罗希洛夫、莫洛托夫、米高扬、卡冈诺维奇、加里宁等整个党的上层。贝利亚在政治局会议上是这样解释自己的立场的："战争已不可避免。波兰军官是同希特勒进行斗争的潜在盟友。无论如何，我们要进入波兰，而波兰军队在未来的战争中应该站在我们一边。"

2010年11月27日，俄罗斯国家杜马首次以表决方式，公开承认卡廷事件"是两国的悲剧和极权政权恣意专横的暴行"。12月3日，俄方向波方移交了更多有关卡廷事件的档案。

2011年4月12日，俄罗斯总统梅德韦杰夫在结束与波兰总统科莫罗夫斯基的会晤后就卡廷事件表态说："当时的苏联领导人应当对这些罪行负责。试图提出其他说法既没有历史事实和文件为根据，也没有从道义上考虑。"

第二战场之争

1942年，苏德战场上集中了德国153个师和仆从国37个师，共约550万人，占法西斯德国和仆从国军队总数的75%，而在西线战场上只有38个不满员的德国师。在此情况下，苏、美、英三大国围绕斯大林多次提出的在法国北部开辟第二战场的问题，进行了多次谈判和激烈交锋，最后终于达成谅解。

在德国法西斯进攻苏联后，美英两国人民一致要求政府在欧洲开辟第二战场，减轻苏联的沉重负担。英国50万产业工人为此举行了声势浩大的示威游行，美国明尼苏达州的工会也号召职工"尽一切力量援助同希特勒作战的国家"。

据已解密的"俄罗斯社会政治历史国家档案资料"，1941年8月下旬，斯大林在给苏联驻英国大使迈斯基的一份电报中说："我们在乌克兰和列宁格勒战场上的形势很不乐观。问题在于，德国人把最后30个师从西部战线调到与我们作战的战场。这使我方情况日趋严峻，更不用说还有20个芬兰师和22个罗马尼亚师也参加了进攻我们的战斗。……如果局面继续这样维持下去，同时英国人还不行动起来的话，我们的处境就会十分危险。……私底下跟你说——我应该对你开诚布公，如果英国人不能在最近的三到四个星期内在欧洲开辟第二战场，我们和我们的盟国就可能输掉这场战争。这是很让人悲哀的，但这很可能是事实。"

同年9月3日，斯大林又在给英国首相丘吉尔的信中写道："德国人认为西线毫无威胁可言，于是便有恃无恐地把西线的全部兵力都调集到了东线。……结果，我们丢掉了大半个乌克兰，此外，敌人还逼近了列宁格勒。……所有这些都削弱了我们的防御能力，并使苏联处于灭亡的边缘。"

斯大林认为，要摆脱这种危险的局面，英国"今年必须在巴尔干的某个地方，或者在法国开辟第二战场，迫使德国人从东线战场调走30到40个德国师，同时，在今年10月初之前，保证向苏联提供3万吨铝，并每月至少供应400架飞机和500辆坦克（小型和中型的）。如果没有这两种形式的援助，苏联要么彻底失败，要么削弱到极点，在同法西斯斗争的战场上，永远没有能力再用积极的军事行动去帮助自己的盟国。"

与此相反，丘吉尔当时把在法国北部开辟第二战场的主张尖锐地指责为"奇谈怪论"和"愚蠢行为"，认为苏联人对军事战略"一无所知"，不懂得"登陆战役的特点"，不懂得"大部队在敌岸登陆"的"不可克服的困难"。他说："实施重兵登陆，势必意味着流血与失败。"

格鲁吉亚诗人索塔·鲁斯塔维里后来形容说：丘吉尔总喜欢在他的官邸契克斯的房间里踱来踱去，一面不停地抽着雪茄烟，一面高谈其战略——"每个隔岸观火的人，都自诩为战略家"。

有可能开辟第二战场吗?

1941年年底至1942年年初，英美两国是否具备在欧洲开辟第二战场的现实可能性呢？答案是肯定的，就连某些英国政治家和军人也承认这一点，其中包括丘吉尔的内阁大臣比威布鲁克勋爵、英国议员恩尤林·比文、军事评论家维尔纳等。

1942年5月底，在华盛顿召开的一次会议上，罗斯福及其特别顾问哈里·霍普金斯、美国陆军参谋长乔治·马歇尔、海军总司令欧内斯特·金，都曾向苏联代表谈到1942年开辟第二战场的可能性。他们认为，用于登陆的远征军总兵力应为100—150万人。

这年年初，美国武装力量总共有210多万人。英国在敦刻尔克失败后，到1941年9月已恢复了元气，共有陆军339万人，空军75万人，海军50万人。1942年，英国与其自治领地计划扩充并装备99个师。

英美联合空军有能力掩护其陆军在法国沿海登陆。仅1941年，英国就生产了作战飞机2万多架，坦克1.5万多辆。1941年下半年，美国生产作战飞机2.3万架、坦克1.2万辆。与丘吉尔的看法相反，当时英国和美国就已经拥有可供登陆的足够吨位的海军舰艇和登陆船只。

英美海军能够保障60—100个师在欧洲大陆登陆。美国向英国提供了排水量为1200万吨的商船队。如果说英国人在德国狂轰滥炸之下能在七天内从敦刻尔克撤走30多万人的部队，那么，英美联合舰队为什么不能在强大的空中掩护下，把第一批30—40个师的登陆兵送往从日德兰半岛至比斯开湾的欧洲沿海任何一地登陆呢？由于受本身能力所限，德国海军不可能阻止这一行动。

1941年10月莫斯科谈判后，国务大臣比威布鲁克批评了英国的战略。他认为，开辟第二战场是迫切必要的，不能等到"给最后一只护腿钉上最后一颗纽扣"。他还呼吁，不能忽视"目前的有利机会"，声称"从我们方面看，目前的等待是不明智的"。然而，比威布鲁克的声明背离了丘吉尔推行的、帝国总参谋部积极支持的"外围战略"，于是，丘吉尔便抛弃了自己的"挚友"，将他革除出政府。

1942年9月，美国政治活动家温德尔·威尔基也声称："现在，我个人深信，只要我们在最短时间内同英国一起，在欧洲开辟真正的第二战场，就能给俄国人以帮助。"

1942年1月的华盛顿会议成立了负责日常领导战争、制定同盟战略的常设机构——英美参谋长联合委员会。实际上，英美政治领导人未同苏联军事当局协商，就在反法西斯联盟内部建立了独立的机构，实行自己的战略计划，把苏联代表排斥在委员会之外。

联合委员会经常在华盛顿、魁北克、德黑兰、开罗开会，制定战略，协调作战实施计划和时间，批准物资、技术供应总计划以及弹药与运输工具的分配，权衡任务与资源。因此，这个委员会对拖延开辟第二战场也负有责任。

"壁垒"果真可怕吗？

为了在世界舆论面前说明开辟欧洲第二战场的困难，英美政治家还杜撰了一个神话：似乎希特勒在法国西海岸构筑完成了一道"大西洋壁垒"。他们的说法与戈培尔的宣传竟有惊人的相似之处。丘吉尔感叹道："希特勒的大西洋壁垒是难以攻克的，必须关心美英两国的青年，不能让他们的鲜血染红大海，不能让他们的尸体堆满海滩。"1941年6月，丘吉尔在致苏联政府首脑的信中写道：整个法国海岸都"大炮林立，布满了铁丝网、坚固火力点和岸防地雷"。

"大西洋壁垒"果真如此可怕吗？

事实上，在长达5000公里的欧洲沿海建起的这道绵亘的防御壁垒，不可能没有漏洞。据估计，要完成这道"壁垒"，需要投入庞大的力量：170个步兵师、220个预备师，其中包括10—15个坦克师，而当时的德国不可能把这么多的武装部队派到西线。西线集团军群前参谋长布柳门特利特后来回忆说，在诺曼底沿岸、塞纳河以西200英里地带，总共只有6个师。"连长为了查看本连驻防的地段，整天要在岸边奔波。"驻守法国、比利时、荷兰的德军除负责沿海的防御外，还承担"占领"勤务，并分散驻扎在这些国家的内地。

1942年，西线的德国空军共有轰炸机400架，有作战能力的歼击机200架。原德军西线集团军前司令龙德施泰特曾在战后揭穿了关于"大西洋壁垒"的神话，说它只是个"虚构"。德国一些战俘，例如第28军通讯支队的格奥尔格·古德森特中尉也承认："在东线，我军的兵力很多……而西线有一半地方没有驻军，如果当时人们相信英国人，那就倒霉了。"

袭击迪耶普

为了证明在英吉利海峡对面夺占登陆场的种种困难，根据丘吉尔的建议，盟军于1942年对法国沿海进行了多次袭击，其中包括"吉布提"行动——由蒙巴顿将军指挥的对迪耶普港的袭击。在登陆部队登陆前，英国电台广播了一则消息，说是此次袭击的目的是有限的。实际上，这并不是说给过早准备起义的法国爱国者听的，而是说给德国人听的，其目的是让他们做好"迎接"登陆部队的准备。德国人很清楚，迪耶普地区将受到威胁，于是加强了该地的防御。德军平时在这一地区仅仅驻有1个营，连同辅助部队共1400人，而在英国电台广播了这则预告后，该地已集中了1个满员师。

英国"突击队"的勇士们、登陆船队及其护航舰只和加拿大士兵都表现出了非凡的勇敢精神，他们向滩头运送坦克，在岸上攻击，前进了数英里，但坚持了约一个昼夜，即退回到自己的船上。5000人中阵亡约1000人，被俘2000人。事后，英国报刊公开进行了热烈讨论，企图证明在法国实施大规模登陆是不可能的。

然而，研究过迪耶普袭击战的美国军官曾得出结论说：虽然条件极为不利，但这次作战实际上并没有失败。英国和加拿大以不大的打击力量守住了海岸，损失大的原因首先在于突击没有得到后续支援。大规模的进攻，只要能得到大量精锐兵力的保障，就完全有获胜的希望。但这些看法对丘吉尔和英国将军们来说是无足轻重的，他们照旧把政治考虑置于军事战略和盟国义务之上。

苏方曾经指出，丘吉尔仅仅为了证明不能开辟第二战场，就不惜把英国和加拿大士兵当成了牺牲品。

莫洛托夫的穿梭外交

美国总统罗斯福从反法西斯战争的全局出发，积极支持斯大林的倡议。1942年4月1日，他批准了陆军参谋部制定的"西欧作战计划"，即"马歇尔将军计划"。4月8日，他委托总统顾问哈利·霍普金斯和陆军参谋长乔治·马歇尔带着这个计划前往伦敦，征求英国的意见。他在给丘吉尔的信中说："哈里和乔治·马歇尔所要告诉你的一切，都是我的由衷之言。我们两国人民要求开辟一个战场，以便卸下俄国人肩上的压力。两国人民很有智慧，完全能够看到俄国人今天所杀死的德国人和所摧毁的装备，比我们两国加起来的总和还要多。即使还没有得到全盘的成功，这毕竟是一个巨大的收获。必须实现这个计划！"

马歇尔和霍普金斯在同丘吉尔和英国三军参谋长们接触后，双方基本达成协议，准备于1943年向西欧发动进攻。在此情况下，罗斯福于4月11日致信斯大林，请他派两名特使前往华盛顿，商讨这一作战计划。但是，斯大林认为，开辟第二战场是美英两国的事情，必须有丘吉尔的坚决支持，因此，他决定派苏联外交人民委员莫洛托夫先到伦敦，再往华盛顿。

斯大林对一贯反苏的丘吉尔的疑虑不是没有缘由的。二战初期，由于有了美苏这两个反法西斯的强大盟国，德国对英国的致命威胁已经基本消除，因此，他对开辟第二战场采取了比较消极的拖延态度。对此，希腊记者杰烈比曾在他的《丘吉尔秘密》一书中写道："丘吉尔希望苏联在战争中流血牺牲，希望在胜利时苏联已经筋疲力尽，无法在欧洲和世界起首要作用。红军经过战争初期短暂的失利之后，已经成为决定同盟国能否胜利的重要因素。这时，丘吉尔企图通过战争削弱苏联的想法更加强烈。……斯大林焦急不安地紧急呼吁开辟西线第二战场，可是丘吉尔却始终支吾搪塞。"另一方面，丘吉尔又担心，如果苏联在短期内得不到美英的军事援助，它就有可能放弃单枪匹马同德国作战的做法，而同德国签订和约，退出战争。

1942年5月21日，由外交人民委员莫洛托夫和军事代表伊萨耶夫少将组成的苏联代表团应美英两国政府邀请前往伦敦。专机穿过前线和丹麦上空，在英国某机场顺利着陆。代表团在伦敦受到热烈欢迎，丘吉尔把自己的官邸契克斯让给代表团团长住，自己暂时移居到郊外别墅。

5月21日，双方在契克斯开始会谈。5月26日，双方在英国外交部大楼签订了一项为期20年的同盟条约。该条约受到议会的欢迎，自由党首领劳合·乔治宣称："如果几年前就签订这样的条约，战争也许就不会爆发了。"丘吉尔也说："条约是粉碎我们的敌人的保证！"

但是，在开辟欧洲第二战场的问题上，双方议而未果，因为丘吉尔推说要等罗斯福先表个态。

5月29日下午4时，莫洛托夫到了白宫，会见了罗斯福、国务卿赫尔和霍普金斯，进行了初步接触。第二天上午，美国总统罗斯福同莫洛托夫进行了会谈，在座的有马歇尔和海军上将欧内斯特·约瑟夫·金。莫洛托夫在会谈时表示，开辟第二战场的问题既是个军事问题，也是个政治问题，"但它主要还是个政治问题，因此，它不应当由军人，而应当由国务活动家们来解决"。他列举大量事实，证明美英在1942年开辟第二战场，比到1943年才动手更为有利。他说："如果你们拖延你们的决定，你们最终将承负战争的主要压力，而如果希特勒变成大陆上无可争辩的主人，那么，明年无疑地将比今年更为艰难。"罗斯福当即征询马歇尔的意见，然后授权莫洛托夫转告斯大林："我们想在1942年开辟第二战场。这是我们的希望，也是我们的意愿。"

罗斯福认为事情到此还是有点含糊，于是又给丘吉尔发了一份电报："我尤其渴望莫洛托夫能就他的使命带回一些实际的结果，并给斯大林一个令人高兴的报告。我倾向于认为，俄国人现在有点儿垂头丧气。"

6月1日上午，罗斯福和莫洛托夫进行了最后一次会谈。莫洛托夫问罗斯福："对于已经提出的那个总的问题，我将给伦敦和莫斯科带回一个什么样的答复呢？总统对第二战场的答复是什么呢？"罗斯福回答说，他可向莫斯科表明，美国政府力争并希望在1942年开辟第二战场，英国和美国都在这方面进行着大量的准备工作。加速组织第二战场的办法之一，就是缩减美国对苏联的供应，以便腾出辅助吨位，把美国军队调往英国。

6月11日，美苏两国同时发表共同声明说：

对于1942年在欧洲开辟第二战场的迫切任务已达成完全的谅解。此外，还讨论了美国向苏联增加和加速供应飞机、坦克以及其他各种战争物资的各项措施……

双方对于在所有这些问题上的观点完全一致表示满意。

莫洛托夫返回伦敦后，又要求英国政府同意于1942年横渡英吉利海峡开辟第二战场。丘吉尔在《第二次世界大战回忆录》中是这样表述他当时的想法的："我们仍在同美国参谋长一道积极研究这个问题，然而除困难以外，别无所见。一项公开声明当然于事无损，也可使德国人有所畏惧，从而尽可能将其军队留在西线。我们因此同莫洛托夫商妥，发表一项公报。"

英苏公报的内容同美苏共同声明一样，载明将于1942年在欧洲开辟第二战场。但是，在草拟公报时，丘吉尔向莫洛托夫递交了一份备忘录，其中指出："我们正在为1942年8月或9月在大陆登陆进行准备"，但是，"事前很难说，到时候是否会出现采取这种行动的形势。我们因此无法许下任何诺言"。

英美提出"火炬"计划

6月8日，丘吉尔在给英国三军参谋长会议的指示中，更为明确地表示，英国无意于1942年在欧洲开辟第二战场。

……

5.我将要求三军参谋长考虑下列两项原则：

（1）除非我们打算留在那里，不在法国大举登陆；而且

（2）除非德国人在与俄国人作战中再次失利，因而士气不振时，不在法国大举登陆。

1942年6月17日，即在莫洛托夫回国后不久，丘吉尔带着总参谋长艾

伦·布鲁克等飞往美国，次日傍晚抵达华盛顿。在两国政府首脑和参谋长们会谈期间，丘吉尔不赞成于1942年在法国本土登陆，而主张研讨在法属西北非的军事行动。6月21日早晨，丘吉尔到总统的书房去看望罗斯福。正在这时，一封电报送到总统的手中，上面写着："托卜鲁克投降，2.5万人被俘。"英军在北非的惨败使丘吉尔大吃一惊，也更增加了他想在北非采取军事行动的理由。马歇尔后来在他的报告中写道："在这次讨论期间，盟国在北非的形势更为严重，以托卜鲁克陷落达到顶点。此后就几乎完全是讨论要采取什么措施以对付开罗所面临的威胁，因为隆美尔的军队被阻挡在阿拉曼一线是费了九牛二虎之力的。"

7月间，马歇尔、欧内斯特·约瑟夫·金和霍普金斯访问伦敦时，美国参谋们主张在西欧作牵制性的进攻，但英国军政领导人则坚决主张在北非采取军事行动，因为这时如在西欧发动有限攻势，那么地面部队，尤其是空军则主要靠英国提供。双方争执不下，最后马歇尔请示罗斯福，美国总统终于同意了英国领导人的意见。

7月24日，美英双方决定于1942年秋天在北非登陆，这次军事行动的密码代号为"火炬"。次日，美国总统正式批准了这个计划。

美英关于登陆北非的决定在英国高层引起了非议。为了劝说苏联接受这种安排，丘吉尔只好偕同他的军政顾问和美国总统驻英特使艾夫里尔·哈里曼，前往莫斯科安抚斯大林。

8月10日深夜，丘吉尔一行从开罗飞往德黑兰。12日，飞机进入苏联领空。丘吉尔后来在回忆录中说："我们隐约望见西海岸的巴库和巴库油田。德军现在离里海很近，因此我们便取道古比雪夫，以便远离斯大林格勒和战区。这就使我们飞近伏尔加河三角洲。极目远望，俄罗斯大地一片褐色，平原万里，了无人烟。……巨大的伏尔加河有很长一段是在宽广黑色的沼泽中流过，蜿蜒曲折，闪耀着光芒。……我反复思量着我到这个悲惨而阴险的布尔什维克国家去的使命。这个国家诞生之初，我曾一度力图扼死它；在希特勒出现以前，我认为它是文明自由的死敌。现在我要对它说明些什么才算尽到责任呢？"

8月12日下午5时，丘吉尔一行飞抵莫斯科，受到莫洛托夫等的隆重欢迎。晚7时，他来到克里姆林宫。丘吉尔回忆说："我到了克里姆林宫，第一次会见这位伟大的革命领袖，深谋远虑的俄国政治家和战士；在以后三年中，我同他保持密切、严肃的关系，相处之中常常感情激动，但有时也非常亲切。"

会见时，英国首相说："英美双方对（在欧洲开辟第二战场）这个问题进行了详细的审查。两国政府认为，它们不能在9月份发动大规模的战役。但是，正如斯大林元帅所知，英美两国正准备在1943年进行一次规模很大的军事行动。为此目的，100万美国军队业已定在1943年春季到达联合王国的集结地点，编成27个师的远征军。英国政府还准备为远征军增加21个师。我充分了解，这个计划在1942年对俄国毫无帮助。我有充足理由反对1942年进攻法国海岸……"他还辩解说："战争就是战争，不是开玩笑，如果惹起对任何人没有好处的灾难，那就太愚蠢了。"

斯大林对丘吉尔的论据不以为然，他反驳道："你们要是不愿冒险，就不可能赢得战争"，"你们不该这样怕德国人。……据我了解，你们是不能用大量的兵力来开辟第二战场，甚至也不愿用6个师登陆。"

丘吉尔回答："我们能够用6个师登陆，但这样的登陆有害无益，因为它会大大影响明年计划实行的大规模战役。"

为了打破僵局，丘吉尔摊开一幅南欧、地中海和北非的地图，抛出了他的"火炬"作战计划。他说："我想回过头来谈谈1942年的第二战场问题。我是专为这个问题来的，我并不认为法国是进行这样一次战役的唯一地点。还有别的地方。因此，我们和美国人决定了另外的计划。美国总统授权我来把这个计划秘密地告诉斯大林元帅。"

斯大林安详地坐着，笑嘻嘻地说："希望英国报纸不要走漏任何消息。"

丘吉尔又扼要介绍"火炬"计划说："这个计划不迟于10月30日开始，但罗斯福总统和我们都力争在10月7日实施。……如果能在今年年底前占领北非，我们就可以威胁希特勒欧洲的腹部。这次战役应该被认为是同1943年的战役相配合的。"

说到这里，丘吉尔在纸上画了一条鳄鱼，说："我们在打鳄鱼的硬鼻子时，也要攻击它柔软的腹部。"

斯大林高兴起来，说："愿上帝使这一计划成功！"

这时，哈里曼也补充说："罗斯福总统尽管念念不忘太平洋，但仍把欧洲战场视为他主要关心的所在。他将竭尽他所能支配的资源来支持这个战场。"

斯大林思索了一会儿，对丘吉尔说："照阁下的介绍，开展'火炬'战役有四点理由：第一，它会在背后打击隆美尔；第二，它会威胁西班牙；第三，它会使德国人和法国人在法国发生战斗；第四，它会使意大利首当其冲。"

丘吉尔接着列举了第五个理由："它缩短了地中海的海程。"

会谈持续了四个小时。时间已到午夜，丘吉尔还需半个小时才能回到国家宾馆——别墅7号。他虽然有些疲倦，但仍然精神焕发。回到宾馆，他口述了致战时内阁和罗斯福总统的电报。他此时感到，坚冰已经打破，富有人情味的接触已经建立起来。

苏联接受英美安排

8月13日中午，丘吉尔按事先的约定，到克里姆林宫拜访了莫洛托夫，详细阐述了有关"火炬"计划的一些军事问题。晚11时，丘吉尔一行再次来到克里姆林宫，同斯大林举行第二轮会谈。斯大林首先递给丘吉尔一份文件——苏联最高统帅当天签发的《备忘录》：

……我和我的同事们认为，1942年存在着在欧洲开辟第二战场的最有利条件，因为几乎大部德军，并且是最精锐的德军已调往东线，留在西欧的德军为数不多，战斗力也不强。至于1943年开辟第二战场的条件是否将如1942年那样有利，就难说了。

因此，我们认为，在欧洲开辟第二战场，特别是在1942年，是可能的，而且是有效的。我为此事曾力图说服英国首相先生，不幸未收成效，而美国总统的代表哈里曼先生在莫斯科会谈中则完全支持首相先生。

当译员逐字逐句翻译这一文件时，丘吉尔表示要给予书面答复。接着，双方又争论了两个小时。丘吉尔甚至说道："我千里迢迢来到这里，为的是建立良好的合作关系。我们曾竭力帮助俄国，而且将继续帮助下去。现在三大国既已结成同盟，只要不分裂，就一定能取得胜利。"

为了缓和会谈气氛，在译员翻译之前，斯大林开了一句玩笑，说他很爱听丘吉尔先生发言的声调。此后，双方的会谈继续在平静的气氛中进行。

次日，即8月14日上午，丘吉尔在英军参谋长布鲁克和常务副外交大臣卡多根的协助下，对斯大林的《备忘录》作了如下答复：

1942年最好的第二战场以及从大西洋开展的唯一可能的大规模战役是"火炬"作战计划。如果它能在10月实行，将比任何其他计划对俄国更有帮助。它也为1943年的战役铺平道路，并且具有斯大林元帅在8月12日会谈中所提到的四大优点。英美政府对此已下定决心，并且正在以最大的速度进行一切准备工作。……

当天晚上，丘吉尔一行出席了克里姆林宫的正式宴会。约有40人参加，其中包括几位司令官、政治局委员和其他高级官员。斯大林和莫洛托夫诚挚而亲切地招待了客人，气氛友好、热烈。

宴会上，斯大林通过译员，同丘吉尔进行了愉快的交谈。双方无拘无束，潇洒自然。斯大林说："若干年前，萧伯纳先生和阿斯特夫人曾经来访。阿斯特夫人建议我邀请劳合·乔治先生访问莫斯科。我说：'我们为什么要请他来？他是干涉我们的头子。'对这一句话，阿斯特夫人回答说：'那是不确切的，是丘吉尔使他误入歧途的。'我说：'不管怎么样，劳合·乔治是政府的领袖，属于左派，他应对这事负责。我们宁愿喜欢真敌人，而不喜欢假朋友。'阿斯特夫人说：'哎，丘吉尔这下完蛋了。'我说：'我不能肯定是这样。假如大难临头，英国人民或许还要求助于这匹老战马哩。'"

斯大林说到这里，丘吉尔插话说："阿斯特夫人讲得真有意思。的确，我是干涉你们的最为活跃的人物。我不希望你有不好的想法。"丘吉尔见斯大林露出友好的笑容，说："阁下，你已经宽恕我了吗？"斯大林回答："这一切都已过去，过去的事情应该属于上帝。"

英国副外交大臣亚历山大·卡多根爵士后来写道：宴会结束后，丘吉尔和斯大林在翻译的帮助下，进行了一次私人会面。两人在深夜豪饮，直至次日凌晨3时，气氛"像婚礼钟声一样欢乐"。卡多根爵士还说："我在那儿找到了斯大林和丘吉尔，莫洛托夫也在场，他们坐在摆得满满的桌子两旁：在各种食物中，最醒目的是一只乳猪和无数酒瓶。……毫无疑问，温斯顿很受感动，我认为这种感情得到了回应。"

8月16日，苏英首脑会谈公报发表。公报全文如下：

苏联人民委员会主席约·维·斯大林同英国首相温斯顿·丘吉尔先生在

莫斯科举行了会谈，美国总统代表哈里曼先生参加了会谈。参加会谈的，苏联方面还有：外交人民委员莫洛托夫、伏罗希洛夫元帅；英国方面还有：英国驻苏大使克拉克·克尔爵士、帝国总参谋长布鲁克爵士以及英国军队的其他负责代表和外交部常务次官（副外交大臣）卡多根爵士。

会谈就反对希特勒德国及其在欧洲的同伙的战争，作出了若干决定。对于这场正义的解放战争，两国政府决心全力以赴，直至希特勒主义和任何类似的暴政完全消灭为止。会谈是在热诚和十分真挚的气氛中进行的。这次会谈使我们有机会重申，苏、英、美三国完全依照三国间的同盟关系，已结成亲密的友谊，达成相互的谅解。

丘吉尔的飞机于当天上午5时30分起飞。他虽然感觉疲劳，但心情愉快。他后来写道："总的说来，这次访问莫斯科的确使我受到鼓舞。""此外，斯大林完全承认'火炬'作战计划的优越性。"

罗斯福得知丘吉尔与斯大林的会谈成功后，马上给斯大林发了一份电报：

非常遗憾，我不能参加你和丘吉尔先生在莫斯科的会谈。我充分认识到战局的迫切需要，尤其是关于你自己的东线的需要。……我深深地认识到，我们大家的真正敌人是德国，我们必须在尽可能早的时间里集中我们所有的军队和我们的威力来对付希特勒。我可以向你保证，只要关于海运的安排是人力做得到的，都要马上做到。另一方面，8月份就要从这里运出1000辆坦克给俄国，其他急需物资，包括飞机，也在赶运之中。

请相信我，我们正以最快的速度和最大的力量在援助你们。美国人民懂得，俄国今年在作战中是首当其冲的，付出了最大的伤亡代价。对于你们所做的杰出的抵抗，我们是充满崇敬的。

魁北克再起争端

1943年8月中旬，英美政治领导人在加拿大魁北克召开例会，会议讨论的最重要的问题又是在欧洲开辟第二战场的问题。丘吉尔再次坚持他的"巴尔干方案"，要求首先占领罗马，向意大利北部挺进，然后在南斯拉夫、阿尔巴尼亚和希腊登陆。他声称："为什么要像蜘蛛一样顺着意大利靴形半岛

⊕ 诺曼底登陆

的脚尖往上爬呢？打击它的膝部岂不更好？"

　　然而，诚如《纽约时报》所说，由于害怕"俄国人不停地向西推进"，罗斯福和美国战略家们不得不更明确地表示，必须在西欧开辟第二战场，以便通过战略上更有利的捷径向德国腹地进攻。盟军从法国东北通往柏林和德国其他最重要经济中心的道路只有600—700公里，而从意大利到德国边境却有1200公里，从巴尔干到德国则有1700公里。向巴尔干和意大利进攻，离德国的政治经济和军事战略中心都很远，而且西欧的地形、地理条件对军事行动比意大利和巴尔干有利得多：法国北部、比利时、荷兰的稠密道路网能够保障部队顺利机动。

　　通过激烈争论，双方终于通过了一项代号为"霸王"的战略计划，规定盟军于1944年5月1日在诺曼底登陆。另外，还计划了一次在法国南方土伦和马赛附近登陆的辅助性战役，代号为"铁砧"。

　　就是这样一项计划，也由于丘吉尔的倡议而附有一系列前提条件——进攻法国的"霸王"战役只能在以下前提下付诸实施：风力不太强；潮汐符合

239

需要；月光条件适合要求；在潮汐和月光合适的条件下天气也应合适；当上述所有条件均不具备时，进攻时间将自动延期一个月，直至下一个满月出现为止；在此之前调往西北欧的德军快速预备队不多于12个师，且德军无法从俄国战场抽调15个以上的一类师。

换句话说，只要风力稍稍偏大，天气与月相不符，德军拥有的快速预备师不是12个而是13个，开辟第二战场的整个计划就会告吹。

"月亮女神"钟情外交官

1942年11月，英美联军的三支特混舰队在艾森豪威尔将军的指挥下，在北非顺利登陆。此时，远在华盛顿的一家咖啡馆里，一位美国战略情报局的军官向一位漂亮女人举杯祝贺。他指着报纸上的大字标题说："盟军在北非几乎没有遇到抵抗，全世界都得感谢你，多亏你搞到了密码。你改变了战争的进程。"

这个女人就是辛西娅。

在希腊神话中，太阳神阿波罗的妹妹——"月亮女神"辛西娅（英文Cynthia，希腊文译称"阿耳忒弥斯"）美丽圣洁、聪明能干，每天驾着银色的马车在夜空中奔驰。根据传说，如果有人在山顶上沐浴着月光入睡，就会得到她的亲吻，并因此而度过极其浪漫的一生。

人世间也有一个"辛西娅"，她的真名叫做贝蒂·索普。1910年，贝蒂出生在美国明尼苏达州阿波利斯市的一个海军军官家庭，她身材苗条，活泼好动，热衷冒险，风趣幽默，那双碧绿的大眼睛更为她增添了无穷的魅力。她童年的大部分时光是在古巴度过的，她在那里学会了西班牙语，这为她日后的间谍生涯提供了一个有利条件。1930年19

⬆ 辛西娅

岁时，她嫁给了比她大20岁的英国大使馆商务二秘阿瑟·帕克。

　　阿瑟·帕克是一个天主教徒，由于在一战中受过伤，他的健康状况一直欠佳。同时，他自负、浮华、反应迟钝、理解力差，因此，两人冲突不断，贝蒂于是便在一大堆情人中寻求慰藉。尔后，当帕克调到西班牙任职时，她和西班牙空军中一个高级军官有了私情，并通过这个军官搞到了不少重要资料。西班牙内战爆发后，贝蒂这个"业余间谍"更积极地协助英国情报局工作，因而惹出一大堆麻烦，英国大使馆不得不让帕克转到波兰任职。

　　1937年夏天，帕克夫妇抵达华沙。贝蒂当时27岁，仍旧披着一头棕红色的头发，身材婀娜多姿，显得成熟而有风韵。她很快卷入了波兰事务，成为该国外交部年轻男人们的追逐对象。她偶然而巧妙地从一个波兰人那里获得了一条重要情报，得到英国情报局驻华沙特工的赞许："这样的情报要尽力搜集，多多益善。"

　　这个时期，华沙已笼罩在战争的阴影中，而英国在当地的谍报工作特别薄弱。因此，不论贝蒂能帮什么忙，她都受到欢迎。不过，贝蒂那时已被告知，不论她做什么事情，绝对不能让她丈夫知道。帕克当时正患脑血栓在外地住院，这使她很容易做到这一点。

　　贝蒂在华沙的最大成就，是她坚决而果断地把一个波兰小伙子诱入圈套。这个小伙子就是波兰外交部长、欧洲老练的政治家约瑟夫·贝克的机要副官。他不仅深得部长的信任，而且还经常替部长去捷克斯洛伐克和德国执行秘密使命，能够接触各种各样的机密文件。贝蒂正是从他那里得到了德国恩尼格玛密码机的详图。

　　"我一听说他的职务，"贝蒂后来对她的传记作者说，"就拼命地勾引他，哪怕他丑得像魔鬼一样，我也感到高兴。"

　　那时，她经常让波兰小伙子从外交部长的办公室里拿出文件来让她复制，然后再把文件还回去。不久，她就把一张密码机的关键样图送到英国情报局的办公桌上。

　　"起初我们简直不敢相信自己的眼睛，"情报局一位在研究并试图掌握这种纳粹新型密码机的特工人员说，"这正是我们关于这种密码机情报整个链条中所缺少的一环。"

　　贝蒂的所作所为引起了英国情报局局长、赫赫有名的威廉·斯蒂芬森的注意，但他没有正式招募她。在他看来，一个多才多艺的业余间谍比职业间谍更有用处。

贝蒂在波兰的表现越来越出色，以致斯蒂芬森不得不考虑把她派到更大的舞台上去。正在这时，遭受大病折磨的帕克的健康已完全恢复，外交部遂把他调到智利，并让贝蒂陪同前往。这是贝蒂第二次来到智利。七八年前，她也曾同帕克一起来此观光。与当初年轻单纯的新婚妻子不同，这时的贝蒂已是一位有着丰富阅历的社交老手。第二次智利之行的一个结果，是她最终与丈夫彻底分离。不过，斯蒂芬森早就为她作了安排：贝蒂必须先当一名记者，取得合法身份，然后再转移到美国首都华盛顿，用她姑娘时的名字，在她的故土施展才华。

接着，英国情报局正式授予她"辛西娅"的代号。

辛西娅来到美国，对一个意大利海军军官施展手段，终于使这个军官交出了密码。密码给英国帮了大忙，皇家海军凭借它破译了地中海东部意大利海军的来往电报，在1941年3月28日将意大利一支舰队全部炸沉在希腊马塔潘角附近。

辛西娅新的成功使威廉·斯蒂芬森非常高兴，他把她召到纽约，亲自交给她另一项极为艰巨的任务——维希政府驻华盛顿大使馆和欧洲之间定期来往的全部邮件。这一次，辛西娅是以一个美国记者的身份出场的。为此，她提出要采访维希政府驻美大使。1941年5月的一天，她在维希政府驻华盛顿大使馆首先遇到了夏尔·布鲁斯上尉，两人一见钟情。她请求上尉把她引见给大使。不巧的是，维希政府此时决定减少驻外人员，布鲁斯也在被裁减之列，应于7月返回法国。他对辛西娅说："随我到法国去吧，这是我们的唯一出路。"

辛西娅向顶头上司汇报了这一突然发生的情况，后者指示她说：向布鲁斯"亮牌"。辛西娅知道，因为发生了米尔斯克比尔事件[①]，布鲁斯不喜欢英国人，因此，她对布鲁斯说："我为美国情报机构干事，夏尔，你是个爱国者，你讨厌赖伐尔[②]，那么，帮助我搞到全部邮件吧。你会得到资助的。况且，这是我们能够生活在一起的唯一办法。"布鲁斯大吃一惊，一连几天都没有表态。

---

① 米尔斯克比尔是阿尔及利亚一个滨海小城。1940年7月3日，一支法国舰队拒绝英国人要它与德国人交战的最后通牒，结果在这里被击沉，1500名官兵丧生。
② 赖伐尔，法国卖国分子，维希政府首脑。1945年被判处死刑。

恰在这时，布鲁斯的上司来了一封电报，要求他了解停泊在美国港的英国军舰的情况。布鲁斯十分气愤，他对辛西娅说："绝对办不到，法国人岂能给德国人当间谍。"他向辛西娅透露了海军武官收集到并已上报的关于英国舰只在美国海岸位置的情报。辛西娅送出了这些情报，英国马上采取保护措施，使这些军舰逃脱了被德国潜艇击沉的厄运。从此，布鲁斯与辛西娅密切合作了。

太平洋战争爆发后，上司又给辛西娅布置了新任务——搞到维希政府海军的通讯密码。当辛西娅把这一任务转告布鲁斯时，布鲁斯连连摇头说："这怎么办得到？只有大使和负责密码的军官才知道开启保险柜的密码。我甚至连进机要室的资格都没有。"

面对困难，辛西娅没有后退。两人起先想买通大使馆机要官员，但没有成功。剩下的唯一办法就是偷窃。于是，美国战略情报局从监狱里给辛西娅找来一个撬锁专家——一个窃贼。大使馆戒备森严，怎样才能把窃贼带进去呢？布鲁斯绞尽脑汁，最后对值班员说，由于工作需要，他要连续几天在大使馆待到深夜，请值班员为他保密。他还说："有一位女朋友将同我做伴……我不能把她带到旅馆去，免得我夫人怀疑，你明白吗？"说完，布鲁斯塞给值班员一笔可观的小费，值班员欣然同意为他保密。

值班员巡逻一圈只有60分钟，这时间太短了。于是，布鲁斯用一杯含有戊巴比妥的香槟酒使值班员酣然入睡。窃贼进来了。但是，使馆的老式保险柜十分坚固，戊巴比妥的效力只有五小时，当保险柜终于被撬开时，已经没有时间对密件拍照了。窃贼把开锁的方法告诉了辛西娅，就回纽约去了。第二天，辛西娅潜入机要室，怎么也打不开保险柜。她只好又到纽约，再次请来窃贼。当然，以后不能再用药酒麻醉值班员了，辛西娅想出了新的办法。当值班员巡逻回来时，她立即对布鲁斯说："快，快，脱掉衣服！"于是，两人赤身裸体地躺在门厅黑暗处的沙发上，紧紧地搂在一起。当值班员用手电照射客厅时，发现他们两人在卿卿我我，惊恐不已连声道歉，赶忙离开，再也没有来打扰他们。他们乘机把盗贼带进大使馆，而盗贼只用几秒钟就打开了保险柜。密码被逐页拍照，随后被不露痕迹地放回原处。

1942年11月，盟军在北非登陆时伤亡很少。当时除了极少数人外，谁也不知道辛西娅为此做出了多么大的贡献。

在女间谍史上，辛西娅堪称完美。她有一句名言："我酷爱我的美国、英国，后来我也喜欢法国。我相信我是一个爱国者。我用'爱情'换取了情报，但我问心无愧。我的工作挽救了许多人的生命，人们也是这样说的。面对我所遇到的情况，我知道那些体面的女人可能退缩，但我义无反顾。我觉得，单靠'体面'不能赢得战争。"

辛西娅的最后归宿也令人羡慕。布鲁斯后来与他的前妻离了婚，并于1946年迎娶了辛西娅，两人在法国乡村古堡里安然度过了晚年。

冷战阴霾

"冷战"以1947年3月杜鲁门主义出笼作为起点，以1989年美苏首脑马耳他会晤作为结束，中间经历了约半个世纪的时间。

第二次世界大战后，以美国为首的西方国家把它们对社会主义国家推行的除了直接武装进攻之外的一切敌对活动，总称为冷战。"冷战"一词是美国参议员伯纳德·巴鲁克在他1946年的一篇演说中首先提出来的。同年，英国首相丘吉尔发表的富尔敦演说和次年美国总统杜鲁门提出的国情咨文，都标志着西方国家"冷战"政策的开始。1947年9月，美国政论家李普曼又发表了一系列有关"冷战"的文章，遂使"冷战"一词开始广泛流传开来。

冷战的出现并非偶然。二战末期，英美政治家一方面称赞苏军的辉煌胜利决定了德国军国主义的命运，同时却又提出，英美两国面临的威胁已经不是德国而是苏联。英国《每日镜报》甚至认为：现在"同苏联的斗争，如同过去与希特勒德国做斗争一样"。

苏联历史学家沃尔科夫在《第二次世界大战内幕》一书中说："早在结束对德战争之前，丘吉尔就制定了详细的对苏战略战术计划。如果注意到丘吉尔在德国进攻苏联之初就声称他仇视共产主义以及他拖延开辟第二战场和实行'巴尔干战略'等计划的话，那么，上述计划就没有任何特别令人意外的内容了。"

事实上，丘吉尔曾在《第二次世界大战》（1947）第6卷中，把他在二战末期的军事战略和政治纲领表述得非常清楚：

一、苏维埃俄国已成为自由世界的致命威胁；

二、必须立即开辟新战场，以对付苏俄的迅速推进；

三、欧洲的新战场必须尽量向东延伸；

四、英美军队主要的和真正的目标是柏林；

五、解放捷克斯洛伐克和美军进入布拉格具有极为重要的意义；

六、维也纳，实际上整个奥地利应由西方大国同苏俄共同管理。

最后一点，也是主要的一点，东西方之间必须在民主国家的军队撤出或西方盟国让出它们所占领的部分德国领土之前，就有关欧洲的所有基本问题进行调整。

两度签署投降书

1945年5月5日—6日，希特勒死前任命的"德国元首兼武装部队最高元帅"邓尼茨耍了一个花招——他多次派人到西方盟军司令部兰斯同艾森豪威尔联系，谈判投降条件。此时，德军在西线的许多地段实际上已停止了积极的抵抗，而却在东线拼命阻止苏军的推进。艾森豪威尔当时坚决表示，投降书没有任何条件，必须立刻签字。6日，艾森豪威尔约见苏军代表索斯帕罗夫将军，告知他德国人民接受全面投降，并向他展示了已经拟定的投降书，请他通知莫斯科，如果赞同，就代表苏联在投降书上签字。签字仪式定于7日凌晨2时在兰斯举行。索斯帕罗夫将军将情况火速电告莫斯科，但莫斯科当天没有答复。7日凌晨2时41分，索斯帕罗夫以见证人身份代表苏联签了字。不过，他谨慎地留了一手，在投降书上写了一个备注说明："任何一个同盟国政府仍可提出签订另一个更为完善的德国投降书。"

这份以英文写就的投降书墨迹未干，莫斯科的答复电报就来了。电报指示索斯帕罗夫不要在任何文件上签字。斯大林对于英美盟军在兰斯接受德国投降并签订投降书极为不满，他认为，苏联是抗击和战胜德国法西斯的主力，柏林是苏联红军攻克的，投降仪式应该由苏军主持，受降地点应该在柏林，兰斯的投降仪式只能当作预演。索斯帕罗夫当即表示，自己并未得到授权在投降书上签字，因此，这份投降书不能生效，必须在德国柏林举行一场正式的签字仪式。

5月8日，德军凯特尔元帅、弗雷德堡上将和什图姆普弗上将在英军的"护卫"下，到达柏林的滕佩尔霍夫机场。他们是由邓尼茨授权，前来签署

⬆德国签署投降书。

德国无条件投降书的。投降签字仪式在柏林东部卡尔斯霍尔斯特一所军事工程学校的两层楼房里举行，这里原为食堂，后改为苏军司令部所在地。23时45分，英国的泰德上将、美国战略空军司令斯巴兹将军、法军总司令塔西厄将军，以及苏联代表朱可夫、维辛斯基、捷列金、索科洛夫斯基等人均在桌旁就座。

受降仪式开始时，朱可夫元帅庄严宣布："我们，苏军和盟军最高统帅部的代表，受反希特勒同盟国政府委托，来接受德国的无条件投降。现在请德军最高统帅部代表进入大厅！"外表整洁、身穿礼服的德国代表凯特尔元帅强作镇静，举起元帅节杖，向苏军和盟军代表致敬。另两名德国代表弗雷德堡上将和什图姆普弗上将，则流露出凶狠而又无可奈何的神情。凯特尔元帅戴上眼镜，坐在桌前，在5份稍作修改的德国正式投降书上一一签上了名字。什图姆普弗与弗雷德堡也在后面签了自己的名字。大厅里立即响起一片欢呼声。人们举杯相互祝贺。这些出生入死的将帅们，在亲人、战友牺牲的时候从未哭泣过，然而在胜利面前，他们却流下了男子汉的热泪。

6月5日，《柏林宣言》说：艾森豪威尔、蒙哥马利、朱可夫和德拉特尔·德塔西尼签署四个文件，宣告德国政府权力机构结束，由管制委员会中的四个同盟国最高军事长官集体行使德国最高行政职权；以1937年的边界为基础，确定将德国划分为四个占领区和柏林特别区域。

两个"欧洲胜利日"

抗击德国法西斯，使西方国家与苏联前所未有地团结起来。然而，在最终确定哪一天为"欧洲胜利日"这一问题上，双方却出现了严重分歧。美、英、法等国将之定在1945年5月8日，而苏联则定在5月9日。从表面上看，这一日之差与第二份德国正式无条件投降书的签署生效时间——柏林时间5月9日零时有很大关系，那一刻，伦敦、巴黎仍是8日，而莫斯科已是9日。

美国总统杜鲁门在他的回忆录《决定性的一年：1945》中写道："我们原先与斯大林商定，公告于5月8日华盛顿时间上午9时（伦敦时间15时和莫斯科时间16时）发表。可是丘吉尔催促提前一天发表……经过几次电讯往还，最后决定德国无条件投降的正式公告仍按原定时间，即5月8日星期二华盛顿时间上午9时发表。"

斯大林抗议这样过早的宣布。他在为此专门给杜鲁门发去的电报中说明了理由："……红军最高统帅部不能确信德国最高统帅部下达的无条件投降的命令能被东线德军部队执行。再者，我们担心的是，如果苏联政府今天宣布德国投降，我们就欺骗了苏联人民。……应该考虑到德国人在东线的抵抗并未减退。……苏联统帅部希望等待，直至德国投降成为现实，并将政府声明推迟到5月9日莫斯科时间19时发表。"

苏联的呼吁并未使美、英、苏三国的步调在欧战结束的最后一刻保持一致。结果，杜鲁门于8日华盛顿时间9时在白宫发表了有关欧战结束的讲话，丘吉尔几乎同时在唐宁街10号发表了类似讲话。此时，苏联电台却在一个儿童节目里播送了一个《两个兔子和一只鸟》的故事。斯大林直到次日才发表了战争结束的声明。

军舰上的两种声音

杜鲁门在宣布波茨坦会议闭幕时说："下次再见，我想会很快的。"苏联代表认为，他这是口是心非，他现在想的完全是另一码事。美国国务卿贝尔纳斯后来证实，杜鲁门在乘坐"奥古斯塔"号巡洋舰横渡大西洋时，说了这样一句话："波茨坦的实验现在使我做出决定：我不允许俄国人参加对日本的任何管制……实力——这是俄国人所能理解的唯一东西。"

美国政治家们当时考虑得最多的问题，是如何利用原子弹的优势来反对苏联。他们确信，虽然"俄国人在最近两三年内也会揭开原子的秘密"，但苏联能够实际制造原子弹却还要六七年的时间。贝尔纳斯写道："任何人也不为这种前景过于担心，因为在七年内我们在这方面显然应该比苏联前进得更远。……开始我们掌握的只是树枝，而不是粗棒……随着军事实力的增长，我们能够对苏联政府表现出自己的强硬。"

就在美国总统乘坐的这条巡洋舰上，美国外交官就未来的对外政策方针进行了激烈的争论。杜鲁门的译员查尔斯·波伦回忆说："我们感觉到并非常担心美国和苏联之间可能发生的冲突。我们讨论了原子弹，以及我们可以利用原子弹所带给我们的安全感和威力去同苏联建立关系。我们认识到：除非有人采取危及苏联国家和苏维埃制度的措施，否则苏联不会作出反应。我们设想了我们可以采用的种种办法，从向苏联提出一个要求他们撤回国内的直截了当的最后通牒，到施加各种不同程度的压力。"

1945年9月，在伦敦召开波茨坦决议所预定的外长会议时，西方大国确实来了一个180度的大转弯。"冷战"英雄约翰·杜勒斯后来是这样描述这次会议的："从那时起就形成了我们的'不要绥靖'的战后政策。从总的方面来看，它一直被坚持到现在……我们在伦敦会议上的行动引起了重大的后果：它结束了一个时代，即德黑兰—雅尔塔—波茨坦时代……我作为一个共和党党员，并且有强大的共和党作后盾，和国务卿贝尔纳斯出席伦敦会议这一事实，使我在一个重大的决定上起了一定的作用，即不必再争取同俄国人达成协议。"

掉转枪口对付苏联

1945年春天，苏联的崛起使英美大为恼火，两国认为，"苏联是自由世界的致命威胁"。不仅如此，丘吉尔还指示蒙哥马利同希特勒军界头目签订"停战协定"，并暗示有可能掉转枪口对付苏联。

罗斯福去世后，哈里·杜鲁门刚一掌权就大声宣布："俄国人很快就会停止不前，届时美国将担负起领导世界沿着应走的道路前进的责任。"

1945年4月23日，杜鲁门在白宫举行的工作会议上重申，他将一劳永逸地"结束（罗斯福）单方面退让的政策"，"坚决采取对苏强硬的立场"。副国务卿格鲁在给政府的一份备忘录中写道：与俄国打仗是实在的、不可避免的，这场战争在最近几年就可能爆发，所以美国必须保持战略状态。美国一个名叫阿诺德的将军说得更加露骨："我们当前的敌人是俄国……美国应在全世界建立自己的基地，以便从这些基地攻击苏联的任何目标。"

当时，丘吉尔和杜鲁门都认为，资本主义国家与苏联之间的矛盾，不能像战争年代那样通过谈判来解决，而只能依靠武力。丘吉尔说，"西方世界只要一收缩自己的战争机器，就不能指望圆满地解决问题，而且防止第三次世界大战的前景将更加黯淡"。

1945年4月，丘吉尔下达命令：做好同苏联交战的准备，并在7月1日发动对苏战争。5月22日，军方上交了代号为"不可思议"的闪电战计划，其主旨是"迫使俄罗斯遵从美国和大英帝国的意志"。根据这项计划，英美将集结47个师向苏军发起进攻，而由英美提供装备的德国军队，也将有10—12个师参与行动。

2008年7月1日，俄罗斯战略文化基金会在其网站上揭秘：

计划制定者周密地考虑了各种作战方案。他们先否决了用局部战争达到目标的可能性，认定必须发动全面战争：占领苏联战略要地，掐断其物资供应，同时对苏军予以致命打击，使苏联无力再战。

但他们也注意到，战争将面临诸多棘手难题。首先是地缘因素。苏联国土过于广袤，苏军退守的空间太大，盟军不得不深入苏联腹地，战线简直长得没有边际。其次，苏联在中欧部署的兵力约为盟军的三倍。最后，苏军的实力也不容小觑。虽然苏军在二战中伤亡惨重，出现一些厌战情绪，但它仍不失为一支训练有素、纪律严明、指挥得力的队伍，其装备水平也在战争中不断提高，不比西方军队逊色。

此外，计划制定者还假设推演了双方的攻守战术，盟军也没有必胜的把握。最终结论是，要摧毁苏联必须发动全面战争，但不可能速战速决，应当做好打耗资巨大的持久战的准备，战争的结果也很难预料。

251

1954年5月18日，苏联驻英国武官伊万·斯卡利亚罗夫通过某特工得到这份计划，马上报告了斯大林。5—6月，某特工向苏联传递了更多该计划的细节，朱可夫根据这些细节，立即调整了苏军在德国的部署，命令部队加强防御，密切关注西方盟军的调动。

6月8日，丘吉尔收到英军总参谋长布鲁克等高级将领联名签署的意见书。意见书指出：一旦开战，盟军没有能力快速取胜，并将卷入敌强我弱的持久战，而且如果美国人的参战热情减退，局面就更加糟糕。

拿到这份文件后，丘吉尔失望至极。当然，就连拥有核武器的美国总统杜鲁门也对苏联感到畏惧。丘吉尔最后取消了"不可思议"计划，并说该计划"仅仅是在高度假想情况下的先发制人行动"。

11月23日，丘吉尔在伍德福德对选民发表演说时公开承认："早在战争结束之前，以及在数十万德军投降的时候，我就致电蒙哥马利勋爵，命令他仔细收集德军武器并妥为保存，以便在苏联继续进攻时，把它迅速发给我们不得不与之合作的德国士兵。"

蒙哥马利元帅证实："我确实收到了丘吉尔的这份电报，并像士兵一样服从他的命令。"

然而，事情到此并未结束。解密档案显示：1947年，时任英国军情六处负责人的斯图尔特·孟席斯又制订了一份反苏计划，打算炸毁苏联军用列车、向莫斯科邮寄含有爆炸物的包裹、散发假钞票和假食品券、纵火、在大街上张贴反共宣传画，并诋毁、恐吓甚至绑架、刺杀苏联党政要员。不过，伦敦后来放弃了这项计划。

附：德国军事投降书①
（1945年5月8日签于柏林）

（一）我们，代表德国最高统帅部的签字者，于此无条件地以现时仍在德国控制下的一切陆、海、空军，向盟国远征军最高统帅，同时向苏联最高统帅部投降。

（二）德国最高统帅部将立即命令德国一切陆、海、空军事当局及德国控制下的一切部队，于5月8日23时/分（中欧时间）停止一切军事行动，停留在当时所驻在的阵地，并完全解除武装，将他们的武器和装备移交当地盟国最高统帅部代表所指定的盟国指挥官或军官。无论大小舰船或飞机，均不得凿沉；其躯壳、机器及装备亦不得损坏。对于各种机器、军备、器械以及一般用于作战的所有技术方法，亦均不得损坏。

（三）德国最高统帅部立即命令有关将领，保证盟国远征军最高统帅部及苏联最高统帅部在今后所发表的任何命令的执行。

（四）这一军事投降书，不损害总的投降文件，且可以把联合国所决定适用于德国和全体德国武装部队的总的投降文件来代替。

（五）如遇德国最高统帅部或任何在其控制下的军队，未能依照这投降书行动时，盟国远征军最高统帅及苏联最高统帅部得采取他们认为适当的惩罚或其他处理。

（六）本投降书用英、俄、德三种文字制成，仅以英、俄文为正式文本。

1945年5月8日签于柏林。

---

① 引自《国际条约集》（1945—1947），世界知识出版社1961年版，第26—27页。

德国最高统帅部代表：

  冯·弗里德伯格

  基特尔

  斯图普尔

在场的有：

  盟国远征军最高统帅部代表泰特；

  苏联红军最高统帅部代表朱可夫。

签字时在场的还有：

  法国第一军总司令德·拉特·塔西尼；

  美国战略空军司令卡尔·史巴兹。

纽伦堡审判

第二次世界大战给各国人民造成了深重的灾难。为了维护战后和平，国际社会在两个方面采取了重大措施：一是建立一个维护世界和平的国际组织——联合国，二是审判和惩处在二战中犯下滔天罪行的战犯。

战争期间，世界各国人民就已纷纷要求惩办战争祸首。1942年1月，轴心国在它们占领的土地上大肆进行杀戮，因此，在伦敦的法国、比利时、荷兰、卢森堡、希腊、挪威、波兰、南斯拉夫等八国流亡政府提出警告：对法西斯国家的所有罪行都将组织法庭进行审判，罪犯必须被绳之以法。

筹　备

1943年11月2日，苏、美、英首脑在莫斯科宣言中做出了关于惩罚法西斯战犯的决定。1945年8月8日，苏、美、英、法代表在伦敦正式缔结了"关于控诉和惩处欧洲各轴心国家主要战犯"的协定，并通过了《国际军事法庭宪章》，决定由该四国各派法官和助理法官一名组成纽伦堡国际军事法庭，审判第二次世界大战的主要战犯。

这次史无前例的审判，是在极其困难的条件下进行的。当时的德国一片混乱，国家的基础设施几乎全部被毁，人民的未来完全没有着落。食物短缺，盟军尽力为德国平民提供最基本的口粮。大量的德国投降士兵被关押在临时搭建的战俘营中，条件恶劣，食物匮乏。所有的德国陆海空士兵都必须接受审查，主要目的是确定他们的真实身份，判明他们是否犯下了战争罪。党卫队成员是重点审查对象，所以不少人极力隐瞒自己的身份，其中就有党卫队和盖世太保的最高首领海因里希·希姆莱。但是，每一个党卫队成员的手臂上都有编号刺青，他们不难被审查人员发现。

欧洲国际军事法庭的地址最后确定在纽伦堡。该市是巴伐利亚州境内一座具有千年历史的古城，也是纳粹运动的发源地和纳粹党人的精神大本营。纳粹党登场后，每年的党代会都在这里举行。二战期间，它又成为希特勒的鹰巢。在第三帝国雄霸天下的日子里，纽伦堡是纳粹党的头面人物经常出没之地。从法律角度来看，纽伦堡曾经产生过极其丑恶和肮脏的《纽伦堡法》，它以法律的形式排斥、迫害犹太人，成了二战种种兽行的一根导火索。把审判放在纽伦堡，是以正义战胜邪恶的极佳表现。

军事法庭的章程规定，犯有下列三种罪行的个人或组织应受审判和惩罚：一、破坏和平罪：指策划、准备、发动或进行侵略战争，或参与实施上述任何罪行的计划或阴谋等；二、战争罪：指杀害、虐待或劫走占领区的平民，杀害或虐待战俘或海上人员，杀害人质，掳掠公私财产，恣意破坏城镇等；三、违反人道罪：指战争发生前或战争期间对于任何平民的杀害、灭种、奴役、放逐以及其他不人道的行为等。

审判前的逮捕工作充满了奇遇和惊险。战争快结束时，纳粹二号人物赫尔曼·戈林居然给艾森豪威尔将军写了一封信，说是想同将军单独谈判。艾森豪威尔表示："好吧，你等着。"他派汽车把戈林接到美国军营里。几天以后，戈林作为战犯被捕了。

在纽伦堡审判中被指控和起诉的纳粹德国罪魁共24人：赫尔曼·威廉·戈林、鲁道夫·赫斯、约阿希姆·冯·里宾特洛甫、罗伯特·莱伊、威廉·凯特尔、恩斯特·卡尔滕布龙纳、阿尔弗雷德·罗森堡、汉斯·弗兰克、威廉·弗里克、尤利乌斯·施特赖歇尔、瓦尔特·冯克、雅尔马·沙赫特、古斯塔夫·克虏伯·冯·博伦和哈尔巴赫、卡尔·邓尼茨、埃里希·雷德尔、巴尔杜尔·冯·席拉赫、弗里茨·绍克尔、阿尔弗雷德·约德尔、马丁·鲍曼、弗朗茨·冯·巴本、阿图尔·赛斯-英夸特、阿尔贝特·施佩尔、康斯坦丁·冯·牛赖特和汉斯·弗里切。

被宣布为犯罪集团或组织的是：德国内阁、德国国家社会主义工人党政治领袖集团、包括保安勤务处（通常被称为SD）在内的德国国家社会主义工人党党卫队（通常被称为SS）、秘密警察（通常被称为"盖世太保"）、冲锋队（通常被称为SA）以及参谋总部和国防军最高统帅部。

在开始审讯以前，战犯莱伊（希特勒的忠实信徒）畏罪自杀。战犯克虏伯经医务委员会检查，认为患有不治之症，不能受审，法庭宣布中止审讯他的案件。被告鲍曼未缉拿归案，关于他的案件，法庭决定实行缺席审理。

按照法律程序，罪犯在受审前30天，即在1945年10月，各自收到一份长约2.4万字的德文起诉书。

审 讯

1945年11月20日上午10时3分，国际军事法庭开始审讯。庄严肃穆的法庭内座无虚席。英国劳伦斯大法官担任军事法庭庭长。纳粹首要罪犯由宪兵监押，分两排坐在辩护律师的后面。起诉书对24名德国纳粹分子、6个犯罪集团或组织提出指控。24名被告中有21名出庭受审，他们都在纳粹统治德国和争霸世界的年代里，充当了希特勒的左膀右臂，给欧洲人民和世界人民带来极大的痛苦和灾难。

⊙ 纽伦堡审判

开庭后，首席检察官、美国大法官杰克逊首先宣读起诉书。他说："我们力图审判的这些罪行是被精心策划的、极端恶毒的和充满破坏性的，人类文明无法容忍它们被忽视而不受到审判，更无法容忍它们卷土重来。"

从1945年11月底到翌年3月，法庭对战犯罪行进行了审理。

11月29日，法庭上放映了纳粹党人关押和残杀俘虏的集中营的纪录影片，战犯们反应强烈。脸色苍白的弗里切看到德军把俘虏关在仓库里活活烧死时，吓得目瞪口呆。凯特尔取下耳机，擦拭头上的汗水。形容憔悴的赫斯双眼瞪着银幕。施佩尔满头大汗地坐在那里，显得很是颓丧。冯克哭了起来。

12月初，起诉代表团根据缴获的无数文件和电影纪录资料，揭露了纳粹德国准备进行侵略战争的详细情况，特别是揭露了进攻苏联的"巴巴罗萨"计划的情况。在确凿的罪证面前，除了戈林桀骜不驯，拒不认罪外，其余战犯一个个哑口无言。德国海军总司令邓尼茨说："一开始，我对自己被当作战犯押来受审非常生气，可是现在听了这些控诉，我觉得应该把事情的真相搞个水落石出。"

从1946年3月8日起，战犯们开始为自己辩护。每个被告都提出种种遁词，推卸罪责。戈林等还把罪责一股脑儿推在希特勒身上。尽管他百般狡辩，但在法庭检察官的严词质询和确凿的证据面前，他不得不承认自己负有杀害战俘和犹太人的罪责。在审讯期间，这个曾经飞扬跋扈的纳粹头子体重减轻了30多千克。

赫斯和里宾特洛甫不愿出庭为自己辩护。里宾特洛甫面色苍白，神情沮丧。凯特尔为自己辩护时，说他只是奉希特勒之命行事。许多战犯都试图抵赖杀害犹太人的罪行。巴本、牛赖特、赛斯-英夸特、沙赫特和冯克等则拒绝承认自己有罪。

针对战犯们的罪行，法官杰克逊又发言说："半个世纪以来，世界上从未见过这样残酷的大屠杀和不人道的行为，这样野蛮地把大批人逐出家园，使之沦为奴隶的暴行，这样骇人听闻的灭绝少数民族的血腥罪行……被告席上的这些战犯，对上述种种罪行并不是不知情，相反，他们和这些暴行都有关系……可是这些被告却在法庭上声称自己没有罪……如果承认这些人无罪，那就等于承认世界并没有发生过战争，并没有人遭到屠杀，也并没有发生过罪行。"

英国的哈莱特·肖克劳斯在补充发言中指出，纳粹党人杀死了1200万人。欧洲犹太人的2/3都被他们杀害了。单是杀人犯自己承认杀害的人数就达600万。在奥斯威辛、达豪、特来勃林卡、布痕瓦尔德、毛特豪森、梅德奈克和奥兰宁堡等地的集中营，纳粹凶手们用毒气室和焚尸炉，像工厂操作那样集体屠杀了大批的人。700万欧洲的男人、妇女和儿童被赶出家园，被当作牲畜备受虐待、殴打和杀戮。对于这样空前的暴行，全世界人民能够视而不见吗？

纽伦堡法庭进行了长达四个月的法庭审讯，共开庭403次。核实查对3000多份原始材料。传讯237名证人和数百名其他人。听取16个报告。为被告进行辩护的22名德国律师提交法庭的书面材料不少于30万份。法庭的英文记录厚达17000多页。

判　决

1946年9月30日，法庭开始判决。法官们在长时间的发言中，把纳粹的罪行作了系统的叙述——判决书长达250页。

10月1日，法庭对每一名战犯进行判罪，并判决纳粹党的领导机构、党卫队、国家秘密警察和保安勤务处为犯罪组织。

那天，每一名受审者依次在被告席上出现。第一个出现的是戈林。法庭庄严地宣布：判处戈林绞刑。当他听说被判死刑时，脸色灰白，张目结舌，一动不动地站了一会儿，然后扔下耳机，转身走出法庭，回到囚室，躺在铺上。其他战犯在听取判决时，有的故作镇静，有的惊恐万状。

被判处绞刑的有12人：赫尔曼·威廉·戈林、约阿希姆·冯·里宾特洛甫、威廉·凯特尔、恩斯特·卡尔滕布龙纳、阿尔弗雷德·罗森堡、汉斯·弗兰克、威廉·弗里克、尤利乌斯·施特赖歇尔、弗里茨·绍克尔、阿尔弗雷德·约德尔、阿图尔–赛斯–英夸特、马丁·鲍曼。

被判处无期徒刑的有3人：鲁道夫·赫斯、瓦尔特·冯克、埃里希·雷德尔。

被判处有期徒刑的有4人：卡尔·邓尼茨（10年）、康斯坦丁·冯·牛赖特（15年）、巴尔杜尔·冯·席拉赫（20年）、阿尔贝特·施佩尔（20年）。

宣告无罪的有3人：雅尔马·沙赫特、弗朗茨·冯·巴本、汉斯·弗里切。

⊕ 里宾特洛甫

国际军事法庭上的苏联法官、司法少将尼基钦科对上述3人被宣告无罪，对鲁道夫·赫斯被判处无期徒刑，对不宣布德国内阁、参谋总部和国防军最高统帅部等组织为有罪，发表了不同意见。苏联法官说："我不同意法庭对上述部分的判决，因为它不符合事实真相，并且是以不正确的结论为根据的。"

这天下午，法庭闭庭。被告施佩尔、邓尼茨等六人先后上诉，要求减刑；戈林也上诉，要求改绞刑为枪决。所有上诉均被驳回。1946年10月16日，判决得到执行，里宾特洛甫等罪犯被押上纽伦堡监狱死刑室的绞架。

欧洲其他国家也进行了各自的战犯审判。其中，挪威审判并处死了曾于1940年鼓动德国入侵本国的吉斯林，法国审判并监禁了亨利·贝当元帅，后者曾是法国的民族英雄，但在1940年法国战败后，他成了维希政府的领导人。

戈林自杀

⬆戈林

1946年6月，戈林的律师施塔默尔声称，戈林曾真诚地力图制止战争，他个人不能对希特勒的侵略政策承担责任；他只是为国家利益才掠夺艺术品，并未参加把集中营扩建为死亡工厂的活动。最后，这个辩护人的结论是："他对希特勒的忠诚毁了他自己。"

然而，法官杰克逊却勾画了一幅戈林的可憎形象："戈林所起的巨大的、多方面的作用在于他既是军人又是强盗。他到处插手。他利用他的冲锋队的彪形大汉使这帮人夺取了政权。为了巩固这一政权，他又阴谋策划、烧毁了国会大厦。他建立了盖世太保和集中营。如果需要干掉对手或制造丑闻，以摆脱桀骜不驯的将领时，那么戈林的手脚是相当利落的。他建立了空军，用来对付不设防的邻国。在驱逐犹太人出境方面，他出谋划策，积极效力。他竭尽全力，把德国的经济用于战争，而且在很大程度上参与了这场战争的策划活动。他是仅次于希特勒而集全体被告罪恶活动之大成的人物。"

英国主要起诉人肖克劳斯爵士也从起诉当局的角度总结了戈林的罪行："戈林在所有这些问题上应负的责任是无法否认的。他把自己打扮成正人君子，但是在建立这个罪恶体系的人物里，他是希特勒以外的最大的人物。有谁比他更了解发生的这些事件，或更有机会对事件的进程施加影响呢？他们领导纳粹国家的政府，逐步建立起旨在进行战争的各种组织，阴谋策划侵略战争，实施暴政。这些事件都离不开纳粹国家各机构密切的配合。如果不是纳粹统治集团有计划地强迫军队执行命令，他们不会侵入异国领土，不会开枪，不会投炸弹，不会去建造毒气室，不会去驱赶受害者。在全德境内所犯下的，如今已昭然若揭的这一系列罪行，必然涉及纳粹统治集团中的每个人，因为他们构成这一条锁链的各个环节。因为如果没有每个人的配合，侵略计划也好，大规模屠杀也好，都是不可能进行的。纳粹分子借以对领袖忠心效劳的领袖原则正是纳粹党和这批人的创造。"

一个月后，国际军事法庭在1946年9月30日和10月1日再次开庭，法官劳伦斯勋爵宣读了对戈林的最后判决："戈林是进行侵略战争的元凶之一，他经常、几乎是一贯起了推动作用，而且一贯紧跟希特勒行事，所以不存在减刑的可能。他既是政治的、也是军事的首脑。他是奴隶劳工计划的负责人，也是制定在国内外镇压犹太人和其他种族计划的元凶。所有这些罪行他都供认不讳。他本人的供词足以证实他的罪行。这种罪行是骇人听闻的。根据全部材料，对这样的人根本不能宽宥。"

戈林是被叫到审判大厅听取判决书的第一名被告。当审判大厅的同声翻译装置出现故障时，肃静紧张的气氛更为强烈，法官和被告不得不等待技术人员排除故障。然后，法官劳伦斯勋爵宣判说："被告赫尔曼·威廉·戈林！国际军事法庭根据起诉书所确定的你的种种罪行，判处你绞刑。"

戈林通过耳机听到这一判决后，一动不动地站在那里。此时，座无虚席的法庭也鸦雀无声。戈林把耳机扔到桌上，转过身子，最后一次离开了法庭，并对下面等着他的盖伯特说："死刑！"他的双手微微抖动，请求让他自己一个人待一会儿。他的双眼淌出了泪水。

在整个审讯过程中，戈林一直担心他的妻子和女儿。他被捕后，埃米·戈林也被捕受审，她被准许把女儿埃达留在身边。她一直被关押到1946年3月。盖伯特在她被释放之后曾去看过她，后来还允许她与戈林通信。她被释放的消息使戈林在精神上稍许轻松了一些。自9月中旬起，埃米·戈林也和其他犯人的妻子一样，可以在最严密的监视下去探望丈夫。当然他们之间隔着一道金属栅栏。有一次探望时，她把埃达也带去了，然而这被证明是一次疏忽，因为戈林一见到他的小女儿就昏倒在地。直到死，他都同其妻子保持着密切关系。在宣判死刑后，埃米被准许最后一次探望她的丈夫。

戈林曾说，他作为一名军人，应该被执行枪决，不应蒙受绞刑的侮辱。法庭驳回了他的申请，戈林因此决定自杀。1946年10月15日晚，他在自己的单间牢房里服了毒药。当看守发现情况有些不对头时，戈林已处于垂死挣扎之中。请来的医生确认他已死去。

　　戈林是怎样躲过各种搜查，成功地把纳粹头目一向随身携带的毒剂胶囊，一直隐藏到临死之前的呢？直到1967年9月，由于当年的监狱长美国人安德勒斯上校公布了戈林的诀别书，这个谜才被最后解开。诀别书的日期是1946年10月11日。内容是：

监狱长：

　　自我被俘以来，我一直把毒剂胶囊带在身边。在我被押解到蒙道尔夫时，我身上共有3粒胶囊。我把第一粒留在我的衣服里，以便它在搜查时可能被发现；第二粒在我每次脱衣时放在衣帽里，穿衣服时再随身带上。我在蒙道尔夫和在这里的单身牢房里巧妙地把这粒胶囊隐藏起来，所以它虽经反复彻底搜查也未被发现。在出庭时我把它藏在我的手提箱中那个圆形护肤霜盒的护肤膏里。对于受命检查我的人，他们不应为此而受到指责，因为事实上，这粒胶囊是不可能被找到的。这也许只是事出偶然吧。

赫尔曼·戈林

　　写于盖伯特通知我监察委员会拒绝我要求把行刑方式改为枪决的申请之后的片刻。

囚徒与逃犯

　　对于没有被判处死刑的被告来说，西柏林的施潘道监狱就是他们的归宿。这座可容纳600人的监狱由占领国的军队轮流看守。在所有囚犯中，服刑时间最长是鲁道夫·赫斯。

　　赫斯于1894年4月26日出生于埃及亚历山大港，他的父亲是一个富商，他在埃及生活了14年，后来成为希特勒的忠实信徒。1941年5月10日晚6点，也就是德国进攻苏联前一个多月，赫斯竟然爬进一架M-110战斗机，独自一人在暮色中飞往英国，在苏格兰的贝蒂市附近跳伞时扭伤了脚踝。他自称阿尔弗雷德·霍恩，是英国的朋友，被一农民搀扶到他家的厨房。接着，在见到汉弥尔顿公爵时，他便改变了腔调说："我是来拯救人类的，我是鲁道夫·赫斯。"他要求英国向德国投降，并在遭到拒绝后要求回国，但英国没有同意。战争期间，他一直被关押在一家大庄园里，直到被送上纽伦堡战犯审判庭。赫斯的飞行"使命"究竟是什么？数十年中，众说纷纭。赫斯本人1966年在施潘道监狱曾对施佩尔说，他的那个主意是在睡梦中由超自然力量所启示的。孰是孰非，只有待英国政府今后公开档案时，谜底才能揭晓。

晚年的赫斯，身患多种疾病，其双目近乎失明。尽管这样，他依然笃信法西斯主义，拒不承认自己犯下的罪行，也拒绝以犯人身份同家属见面。

1987年8月17日下午3时，施潘道监狱里除了执行守卫任务的美国士兵外，只有一个幽灵似的老年德国犯人。此人老态龙钟，步履蹒跚。他像往常一样，离开囚室，来到狱中花园。卫兵跟在后面，见他随意走进花园中的一个小屋。好几分钟过去了，仍不见老犯人出来。卫兵急了，冲进小屋一看，不由得大惊失色：老犯人倒在地上一动不动，脖子上缠着一根电线……老犯人被送入邻近的英军医院急救，该用的办法都用上了，4时10分，医生终于宣布：抢救无效，犯人死了。一道道电波迅即传遍全球：鲁道夫·赫斯在遭囚禁41年之后自杀身亡，死时93岁。

赫斯死后，施潘道监狱立即被拆除了。

当二战的硝烟散去时，同盟国曾经提出，要把战犯们一一捉拿归案。事实上，在纽伦堡审判中，到案的战犯达95%。但是，由于种种复杂的政治原因，仍有许多战犯逃之夭夭。资料显示，在可统计的纳粹逃犯中，逃往阿根廷的人数多达5000名，逃至巴西的有1500—2000名，逃至智利的有500—1000名，其余逃犯则大多躲在巴拉圭、乌拉圭、美国等国。

瓦尔特·劳夫是一名顽固的纳粹分子和前党卫队成员，他是"流动毒气车"的发明者，东线的10万犹太人、俄罗斯人就被极其痛苦地杀害在这种车子里。但是，他却逃脱了审判，逍遥法外，死后被葬在南非，昔日的同党们还向他的坟墓行了纳粹举手礼。

恶名昭著的"死亡天使"约瑟夫·门格尔曾是纳粹德国设在波兰的奥斯威辛集中营的希特勒冲锋队军医，执掌生杀大权。他以"改良人种"为名，把无数囚犯作为试验品，直接或间接杀死了40万人，其中大部分是犹太人，有1/4是孩子，约1500人是孪生者或侏儒。1949年春，门格尔逃到阿根廷，与另外两人会合。他尽量隐瞒自己的身份，并且不断改变行踪。10年后，门格尔获得了巴拉圭的国籍，然后转到巴西定居。1979年2月5日，门格尔在家中咽下了最后一口气。1985年6月，世界新闻界聚集到圣保罗附近的一个小城，观看了一座坟墓的挖掘。这座坟墓埋葬的是沃尔冈夫·格哈德，然而，真正的亡灵却是约瑟夫·门格尔。

奥地利犹太人西蒙·维森塔尔曾一直致力于追捕纳粹战犯，他和同伴一起，曾将1100名纳粹战犯送上法庭。其中，被称为"里昂屠夫"的克劳斯·巴比虽在战后得以逃到玻利维亚，但却于1983年被法国政府引渡归案，并以反人类罪被判处终身监禁。

阿道夫·艾希曼是纳粹大屠杀政策的制定者之一，在被屠杀的600万犹太人中，大约有200万人由于他制定的"最后解决方案"死于非命。他于1950年5月偷渡到意大利后，一个深知他底细的神父给了他一本化名克莱门特的护照，并帮助他逃到了阿根廷。1960年，由于维森塔尔做出的巨大努力，艾希曼被以色列秘密特工绑架，使他在耶路撒冷受到审判。由于有不少纳粹大屠杀受害者出面作证，以色列政府将艾希曼安排在防弹玻璃后面受审。面对控诉，艾希曼全以"一切都是依命令行事"作答。但是，大量人证物证决定了他的命运，他因战争罪被判处死刑，并于1962年5月31日被押上了绞刑台。

绞　刑①　[美]金·史密斯

戈林元帅终于成功地欺骗了盟军的法庭，从而逃脱了上绞架的命运——就在10名其他纳粹战犯被处死之前不久，他在监狱里自杀了。

尽管美国卫兵昼夜监视他的每个行动，这个纳粹王朝的皇太子还是向嘴里塞了一个装有氰化钾的小玻璃瓶，把它咬碎，吞进肚子里。

戈林吞毒的时候，监狱警卫司令、美国陆军上校波顿·C.安德雷斯正在步行穿过监狱大院，到死囚牢向戈林和其他10名被判了死刑的纳粹领导人宣读国际军事法庭下达的执行死刑的命令。

如果戈林没有服毒自杀的话，那么，在死刑执行令宣读后的一个小时，以他为首的纳粹政治、军事头目就要被押出监房，带到监狱庭院中的体操房里，在那里，他将第一个被送上绞架。

戈林自杀前，并没有告诉他以及其他死刑犯，他们即将被处死。

他是怎样猜到自己大限已到？又是怎样藏了一小瓶毒药的？这些问题，连监狱警卫部队也感到困惑不解。

首先被绞死的是纳粹外交部长里宾特洛甫。然后，其余9名纳粹头子一个接一个魂归西天。死刑在纽伦堡城监狱里的小健身房执行，其内部颇像一个谷仓。执行死刑时，有电灯照明。

处死里宾特洛甫等10人，大约用了一个半小时。这个一度飞扬跋扈的纳粹外交骗子走进行刑室时是今天凌晨1时11分。1时16分，他脚下的活板被打开。1时30分，监刑官宣布他已毙命。

今天一共动用了两台绞架。走上绞架，要通过13个台阶。最后一个上绞

---

① 合众国际社1946年10月16日电。

架的是奥地利奸细、纳粹驻荷兰长官赛斯–英夸特。他脚下活板被拉开，掉下去被吊死的时间是2时45分。宣布他已毙命是2时57分。

在面临死亡的时候，10名罪犯全都摆出无所畏惧的样子。他们中有的态度激烈，有的听天由命，有的祈求上苍宽恕。

除了纳粹理论家阿尔弗雷德·罗森堡之外，所有的人在绞架前都发表了简短的遗言，遗言中充满民族主义的感情，表达了他们对德国未来的福利和复兴的关心。

只有一个人的临终遗言同纳粹的意识形态有关。那是屠杀犹太人的头号刽子手施特赖歇尔，他比其他死因都更桀骜不驯。在他即将登上通往绞架的台阶时，他用全部力量高呼"希特勒万岁"。

2时12分半，施特赖歇尔在行刑室出现了。就在这里，守卫监狱的美国部队在上周六傍晚举行了一次篮球比赛。

施特赖歇尔走到行刑室门口时，在门口值勤的卫兵敲一下门。其他人被押进来时都是如此。

奉命到监狱院子里的死囚牢提押犯人的美军中校首先进来。紧跟着，走进来施特赖歇尔。

两名美军伍长把他拦住，架住他的双臂。另一个伍长则取下他的手铐，再把他的双手用皮带绑好。

施特赖歇尔和其他罪犯走进行刑室时，首先见到的是站在他们眼前的另一名美军中校。在这位中校监视下，他们的双手被反绑，而他们进来时，却戴着手铐。

这个罪犯形容丑陋、猥琐，身材矮小，他穿着旧得露了线的外衣和系上领扣的绿色旧衬衫，没戴领带。他瞥了一眼矗立在他眼前的3具绞架。其中有两具用来处死罪犯，第三具做备份。

在很快地瞥了一眼绞架后，施特赖歇尔环视行刑室。在看到临场监刑的美国、英国、法国和俄国军官时，他的眼光在他们身上稍停了一会儿。

这时，施特赖歇尔的双手被紧紧地捆在背后。两名卫兵，一边一个，把他引到左边的1号刑台。他以坚定的步伐，走完了通往第一个木台阶的6英尺路。但是，他脸上的肌肉却在紧张地痉挛着。当卫兵要他停下验明正身时，他尖叫一声："希特勒万岁！"

他的尖叫，使记者不由得打了一个冷战。这时，记者正以美国新闻界唯一代表的身份，在现场观看执行死刑。

当他的尖叫声消失的时候，站在台阶旁的另一位美国上校直截了当地说："问他叫什么名字！"

翻译把这句话译成德语后，施特赖歇尔喊道：

"你们知道，问什么！"

翻译又把问题重复一次，这次，他嚎叫道：

"尤利乌斯·施特赖歇尔！"

刑台有8英尺高、8英尺宽，到上面去，要走13层台阶。施特赖歇尔被卫兵推了一下，才走完最后两步，来到绞索前。

绞索是从架在两根柱子上的横梁上挂下来的。行刑人是个美军伍长，他把绞索的一头固定到一根木头上。

卫兵把施特赖歇尔拉转过来，让他面对行刑室正面的入口处。

他再一次瞥了一眼盟军的军官和代表世界新闻界的8名记者，这些人坐在面对绞架的小桌子的后面，他们的背后是墙壁。

施特赖歇尔眼里燃烧着仇恨，他看看临场监刑的人，尖叫起来：

"这是1946年的皮里姆节！"[①]

站在绞架边的美国军官说：

"问他还有什么话要说！"

当翻译把这句话译完时，施特赖歇尔喊道：

"布尔什维克早晚要把你们全部绞死！"

当黑色的绞索套在他的脖子上的时候，有人听到施特赖歇尔说："阿德莱，我亲爱的妻子！"

就在这时，他脚下的活门呼地一声打开了。绞索立即拉直，施特赖歇尔的身体在空中猛烈摇晃。人们清楚地听到，从下面的陷坑里传来了痛苦的呻吟声。

从死囚牢到行刑室，大约要走70步。原来的打算是把罪犯押解过来的时候，不给他们戴械具。然而，当监狱当局发现戈林自杀时，便立即给他们都戴上了手铐。

当等着行刑人把绳索套在他的脖子上的时候，面孔像黄鼠狼的里宾特洛

---

① 皮里姆节是犹太人的节日，每年春季举行，庆祝圣经上的杀犹刽子手哈曼被绞死。

甫对人类发表了最后一次演讲。他用坚定的语调，响亮地说：

"愿上帝拯救德国！"

他又问道：

"可以说几句话吗？"

翻译点头表示同意。这个前纳粹外交变色龙，在德国入侵波兰之前曾与俄国就签订互不侵犯密约进行过谈判，他也曾赞成处死被俘的盟军飞行员。他说：

"我最后的希望是，德国能继续存在，东西方之间能达成谅解。我愿世界永远和平！"

在活板打开前，这个头套绞索的前外交家目不斜视，双唇紧闭。

紧接着里宾特洛甫走上绞台的是威廉·凯特尔元帅，他是普鲁士军国主义和官僚主义统治的象征。

他是根据盟国制定的法律被处死的第一个军事领导人。依照这个法律，职业军人不得以执行上级命令为借口，逃脱对发动侵略战争应负的法律责任。

凯特尔走上刑台时，是在里宾特洛甫脚下活板打开后两分钟。后者还吊在绞索上。

这位元帅当然见不到前外交部长，因为后者吊在平台下面，绳子仍然是直的。

凯特尔看来不像里宾特洛甫那样紧张。尽管他双手反绑，但是他却昂着头，迈着军人的步伐走到绞台边。

当监刑人问他叫什么名字时，他用响亮的声音回答："威廉·凯特尔！"他登上刑台时意气昂扬，似乎在登上阅兵台，接受德国军队的致敬。看来，他根本不需要一左一右两个卫兵扶持。

他在刑台上转过身来，带着普鲁士军人那种传统的傲慢气概看着台下的目击者。当被问到有何遗言时，他双目直视远方，高声说：

"我恳请全能的上帝怜悯德意志人民。为了祖国，有200万德国军人献出了生命。我不过是在步我的儿子们的后尘而已。"

然后，他高呼："一切为了德国！"这时，他脚下哗地一声，他那穿着军服、足蹬皮靴的身体径直掉了下去。在场观察的人都说，他在这里表现出来的勇敢精神，比在法庭上更大。在法庭，他试图用希特勒鬼魂为自己开脱。他声称，一切过错都应归于元首，他不过是在执行命令，因此他不负任何责任。

就在里宾特洛甫和凯特尔还吊在绳子另一端的时候，这个令人毛骨悚然的进程暂停了一会儿。

负责指挥行刑的美军上校向代表盟军联合指挥部的美国将军请示，在场观刑的人是否可以抽烟。在将军表示同意之后，在场的30多个人都掏出香烟来了。

他们中包括美军占领区德国政府的两名代表——巴伐利亚政府首脑魏尔汉姆·霍格纳博士和纽伦堡市检查官杰科伯·雷斯纳博士。

美军官兵们一声不响地走动着，有时悄悄交换几句，而盟国的记者则拼命地记笔记，把这个历史性的血腥场面记录下来。

过了几分钟，一位美国军医在一位俄国军医陪同下，走向第一具绞架，他们掀开屏幕，在绞台后面消失了。两位军医都带着听诊器。

1时30分，他们出来了，开始同一位身材矮小、壮实、脚蹬马靴的美军上校交谈。这位上校转过身来，啪的一声来了个立正，面对监刑人宣布道：

"罪犯业已毙命！"

两名美国担架兵出现了，他们抬着一副担架，走了进去。这时，行刑人从腰旁的刀鞘里抽出一把侦察兵用的刀子，割断了绳索。

很快，里宾特洛甫僵硬的尸体被抬出来了，送到行刑室另一头的硬帆布屏幕的后面。死者的脖子上，仍然套着黑色的绳索。干完这事，不过用10分钟。

指挥行刑的上校面对观看的人说："请把烟熄灭掉，先生们。"然后，他对他称为"诺尔曼"的另一位上校说了些什么，对方说了一声"OK"，就走了出去，到死囚牢里提押罪犯。

被带进来的是恩斯特·卡尔滕布龙纳，他是盖世太保首领，是欧洲中古黑暗时代以来最大规模谋杀的直接指挥者。

卡尔滕布龙纳走进行刑室是1时36分。他很紧张，在登上刑台时，不断舔嘴唇，但他的步履十分坚定。当被问到他叫什么名字时，他的回答声音冷静而低沉。当他在刑台上转过身来时，看到有位美军随军神父按照方济各会教派习惯，身穿法衣，站在他的对面。

监刑人问卡尔滕布龙纳还有什么话要说。他冷静地回答道：

"我想说几句话。"

"我热爱我的德意志人民，热爱我的祖国。"

"我按照我的人民制订的法律,尽了自己一份职责。遗憾的是,领导我国人民的并不是军人,在我并不知道的情况下,犯了罪行。"

这些话,很像他手下的一位特务——他的名字可能是罗道夫·胡埃斯——在法庭上发表的奇谈怪论。这个特务按照卡尔滕布龙纳的命令,在集中营里用毒气处死了300万人。

当行刑人即将把黑色的绞索套到他的脖子上的时候,他还在用冷静、低沉的声音讲话。他讲了一句德国成语,翻译出来,意思大约是——

"让德国交好运吧!"

1时39分,他脚下的活板打开了。

1时44分,监刑人宣布凯特尔元帅毙命,3分钟后,卫兵就把他的尸体抬走了。于是,绞架被腾出来,准备绞死阿尔弗雷德·罗森堡。此人是纳粹理论的奠基人,他试图把纳粹主义变成一种宗教。

罗森堡表情木然,双颊深陷,面色青黄。但他并不紧张,他走向并登上刑台时,步履从容。

罗森堡看了牧师一眼,但没有说话。在他走进刑室后90秒钟,就被吊起来了。处死罗森堡,用的时间比其他人都短。1时52分,监刑人宣布卡尔滕布龙纳毙命,在此之前,行刑室安静了一会儿。接着,汉斯·弗兰克被押了进来。此人是驻波兰长官,前党卫队将军。在所有的死囚中,只有他面带微笑走向死亡。

尽管他很紧张,不断往肚子里吞口水,这个罪犯——在被捕后,他改信了天主教——的表情像在表明,他为能够清偿自己的罪孽感到如释重负。

他安详地报告了自己的名字。当被问到有无临终遗言时,他用几乎听不到的耳语似的声音说:

"我对我被拘押期间得到的待遇表示感激,我请求上帝以怜悯之心接受我的到来。"

当绞索的套子降临到他头上的时候,他又吞了一口口水,闭上了眼睛。

纳粹内政部长、69岁的威廉·弗里克是第6个被处死的。2时5分半,他走进刑室,其时,罗森堡毙命的消息刚宣布。看来,他的步履最不坚定,因为在登上刑台时,在第13个台阶上绊了一下。他的临终遗言是:"德意志万岁!"

2时20分,宣布弗里克毙命,之后,他的尸体被抬走。接着,弗里茨·绍克尔——此人是血债累累的纳粹头目,负责组织奴隶劳动。

绍克尔身穿毛衣，但没穿外衣。他双目圆睁，是10名死囚中态度最恶劣的。

就是这个绍克尔，把数百万人赶到奴役场所，这种罪行，从纪元前到现在，都是空前的。他从刑台上环视着行刑室，突然尖叫道：

"我是无罪而死的。对我的判决是错误的，愿上帝保护德国，使它再次强大起来。愿上帝保护我的家庭。"

2时26分，活板打开，如同施特赖歇尔一样，在绞索被他自己的身体拉紧的时候，绍克尔大声呻吟。

第9个被处死的是阿尔弗雷德·约德尔上将，他是希特勒的战略顾问，也是他的密友。他那黑领子的魏玛共和国制服在背后卷起来，看来是匆匆忙忙地穿上的。当他走进行刑室时，带着明显的紧张表情。

他不断舔嘴唇。当他向前走的时候，看来疲惫不堪，步履不像凯特尔那样稳定。但是，当他说出最后6个字时，声音很安详：

"祝福你，德意志！"

2时34分，约德尔摔到绞架下的陷洞里，在那里，他和绍克尔吊在一起。6分钟后，监刑人宣布约德尔已死亡，他的尸体然后被抬走。

捷克斯洛伐克出生的赛斯-英夸特在这场盟国法律导演的血腥戏剧中，是最后出场的演员。他于2时38分30秒走进行刑室。他戴的那副眼镜，使他在用铁腕统治荷兰的那些年代里，成了人人熟悉的可憎的形象。在那些年代里，他把数以万计的荷兰人送进德国的劳动营。

赛斯-英夸特用紧张、低沉的声音发表了临终演讲。他说：

"我希望，这次处决，是第二次世界大战后采取的最后一次悲剧性行动。我希望各国人民和平相处，相互了解，这将成为从这次大战吸取的教训。"

"我相信德国！"

亚太地区 ★★★★

东方慕尼黑阴谋

淞沪、太原、徐州、武汉四大会战后，日本侵略军虽然占得中国半壁河山，但其有生力量遭到极大的消耗，中日战争进入战略相持阶段。此时，日本转而采用以战为主，以诱和为辅的两手策略，加紧实施"以华治华"的阴谋，特别是在政治上从反蒋转变为诱蒋投降，分裂国共合作，分化抗日统一战线力量。蒋介石也随之使用两手对付日本，一方面坚持以武力抵抗日军进攻，同时在某些时候、某些方面，也不排斥亲自掌控同日本的谈判。

早在1937年11月2日，日本外相广田弘毅就把日本议和条件告诉德国驻日大使狄克逊，再经由德国驻华大使陶德曼，转告了中国政府。这些条件包括：内蒙古自治；华北不驻兵区域扩大到平津铁路以南地区；上海停战区域进一步扩大，并由国际警察管制；停止排日；减低日货进口关税；尊重外国人在华权利。由于全国人民的坚决反对，日本这次劝降国民党的阴谋未能得逞。不过，日本仍然在同中国某些民族败类的"合作"方面取得了一定成效：1937年12月24日，以大汉奸王克敏为首的"中华民国临时政府"在北平成立；1938年3月28日，在日本的扶持下，梁鸿志在南京成立了"中华民国维新政府"；日本人还在内蒙古扶植了以德王为首的"蒙疆联合自治政府"。

1938年11月3日，日本政府发表声明，再次呼吁以蒋介石为首的"国民政府抛弃以前的一贯政策……参加新秩序的建设……"。1939年3月，日本首相平沼在国会演说中提出："蒋介石将军与其所领导之政府，如果能重新考虑其反日态度，与日本共同合作，谋东亚新秩序之建立，则日本准备与之作中止敌对行为之谈判。"

日本的侵华新策略，以只反共不反蒋为核心，这对英美以及蒋介石都有很大的诱惑力。于是，英美劝和、蒋介石愿和的气氛空前地活跃起来。

1938年冬，一些帝国主义国家就曾互相串通，沆瀣一气，密谋召开太平洋会议，解决中日战争问题。武汉失守后，英国不断示意蒋介石议和，首相张伯伦也表示要参加"远东建设"。1939年4月间，英国驻华大使卡尔频繁往返于日蒋之间，积极策动中日谈判。

欧洲战争爆发后，英国忙于应付希特勒的侵略，东方慕尼黑活动的主角，便由美国人来扮演。美国远东政策的基本原则是：扶植日本成为远东反苏反共的有效堡垒；在"门户开放"的幌子下，与日本均分赃物，共霸远东。所以，在日本侵华问题上，美国采取了"坐山观虎斗"的策略。一方面，美国向日本提供大量战略物资和市场，怂恿日本侵华；另一方面，它又接济中国一点东西，让中国作一定的抵抗，等待时机出面干涉，在既保持它的远东利益，又不伤害日本反苏实力的条件下，结束中日战争。

1937年8月，美国总统罗斯福就曾对国民政府特使孔祥熙说："满洲国"成立已有六年，现在不论法理如何，其存在已为事实。目下各国虽未承认，但将来不免有一二国家与日本在互换条件下，开始承认。1941年3月8日，美国国务卿赫尔与日本驻美大使野村举行了第一次会谈；到日本偷袭珍珠港前夕，日美谈判60多次。

同时，蒋介石集团与日美的接触也日益频繁。1938年2月17日，国民党政府外交部主管对日事务的科长董道宁秘密到了伦敦，会见了日本参谋本部第八课课长影佐祯昭。回国时，他携带了影佐致张群、何应钦的亲笔信。内称：董道宁来英，以身传达贵国诚意，使我当局大为感动。4月16日，国民党政府外交部另一要员高宗武与董道宁又从汉口去香港，会晤了日本人西义显。高宗武称，蒋介石要求日本尊重长城以南中国领土主权之确立与行政之完整，即"恢复卢沟桥事变以前原状"——这就是蒋介石谈判的底线。

武汉失守后，以国民党第二号头目汪精卫为代表的国民党亲日派主张与日本直接谈判投降，而蒋介石集团则主张经英美调停议和。汪精卫得悉日本有意促他另立中央后，野心勃发，梦想成为中国的"一号人物"。1938年，他派亲信高宗武等赴日，签订《中日和平草案》。11月中旬，高宗武又同日本军方在上海会谈，达成一系列卖国协议和防共协定。12月18日，汪精卫根据日本事先制订的计划，率领一伙亲信潜离重庆，假道河内，当了汉奸。于是，原来的日蒋周旋转化成了日蒋汪三角交易。

1939年5月6日，汪精卫等人乘日轮"北光丸"号由河内到了上海。9月19日，在日本主子的撮合下，汪精卫、王克敏、梁鸿志在南京召开会议，商谈成立伪中央政府事宜。自10月底开始，汪精卫与日本断断续续在上海进行了两个月的谈判，于12月30日秘密签订了卖国的《日华新关系调整要纲》。与此同时，日本驻香港武官铃木卓尔也同国民党代表宋子良进行了多次会谈，怂恿蒋汪合流。

1940年1月15日，汪精卫向王克敏、梁鸿志发出了"青岛会议"的邀请。1月24日上午，三方正式进行了第一轮会谈并达成协议，确定新中央政府"以反共亲日和平为宗旨"，定名为"国民政府"，首都设在南京，国旗为青天白日旗加小黄三角布条，上书"和平反共建国"字样。25日上午，三方进行了第二轮会谈，决定了伪中央政府的组织机构和各既成汉奸政权的归宿。伪中央政府为标榜"正统"，遥奉重庆国民政府主席林森为"主席"，汪精卫为"行政院长"兼"代主席"。政府设立行政、立法、司法、监察、考试五院和军事委员会，下设若干部委，与重庆国民政府基本相同。

根据"青岛会议"拟定的日程，汪精卫搜罗了几个前清遗老、北洋军阀余孽，以及效忠于他的少数国民党骨干，于3月30日在南京成立了伪政权，并扬言这是"国民政府还都"。五院院长及华北政务委员会委员有：汪精卫、陈公博、温宗尧、梁鸿志、王揖唐、王克敏。

1940年3月7日至10日，日本铃木卓尔、今井武夫等和蒋介石的代表宋子良、章友三、陈超霖等在香港召开了中日会谈预备会议，讨论了中国承认"满洲国"，放弃抗日容共政策，缔结秘密防共协定，日军驻屯内蒙华北以及蒋汪合流等问题。3月17日，日方决定坂垣征四郎中将等人为正式谈判的全权代表。会后，宋子良回重庆报告了预备会议的情况。4月11日，宋子良重返香港，与日方继续会谈。宋子良等说明重庆对承认"满洲国"和驻兵问题有困难。日方立场强硬，不得结果。及至6月6日会谈结束时，双方终于取得一致意见：蒋介石、汪精卫和坂垣征四郎三人在湖南长沙会谈，一举解决所有问题。但是，汪精卫做贼心虚，不敢去长沙，坂垣于是又想同蒋介石单独会谈，实现中日全面停战。蒋介石要求日本拒绝承认汪伪政权，这与日本"和平谈判以汪蒋合作为前提"的既定方针相抵触。矛盾无法解决，会谈延宕下来。1940年11月29日夜，蒋介石的电报到了香港，任命前驻日大使许世英为正式会谈首席代表，而日本于11月30日签订了日汪基本关系条约，承认了早在1940年3月30日就宣告成立的汪伪政权。在此情况下，日蒋为结束中日战争的谈判被迫终止。

1937年11月15日，蒋介石对德国驻华大使陶德曼吐露心迹说，如果他接受了日本灭亡中国的条件，他的政府就会被舆论浪潮所冲倒，中国就要发生革命，唯一的结果就是共产党将在中国占有优势。1941年2月，美国总统罗斯福的代表居里访问重庆时，曾向蒋介石提出："本人来渝，常闻传言，某某等秘密对日进行和议，请直言相告。"蒋介石的回答是：

自由中国绝无一人愿与日本言和。倘英美能继续予以援助，亦决无人表示不满。此间人士皆决意除最后胜利外，他无所求，何言隔（个）别之和平！我人已作此最大之牺牲，日本已陷无援助、无希望之绝境，英美已在精神上、物质上予我以一切援助，故不论日本以任何动人之条件向我求和，而此未成熟之对日和平，余将一律视为中国之失败。余可向阁下保证，对日和议必在英美参加之和平会议席上谈判之，此外无中国可以接受之可能。余愿时机成熟之时，此项会议由美国召集之，一如召集九国公约之华盛顿会议。惟华盛顿会议时，无苏联参加，深盼此会议亦有苏联一席耳。①

① 引自《找寻真实的蒋介石》，杨天石著，山西人民出版社2008年版，第287页。

蒋介石与史迪威

　　1942年1月2日蒋介石充任同盟国中国战区最高统帅后，即于4日致电当时正在美国的国民政府外交部长宋子文，要他请求美国总统罗斯福选派一名高级将领来华，担任中国战区盟军司令部参谋长。这同美方的想法不谋而合。经过反复磋商，罗斯福选定"想象力丰富、灵活多变、自信心强"的美国陆军第3军军长史迪威少将担任此职。

　　约瑟夫·史迪威（Joseph Stilwell，1883—1946），美国佛罗里达州巴拉特卡市人。1904年西点军校毕业，参加过第一次世界大战，担任过美国驻华大使馆武官。1926—1929年出任美军驻天津第15步兵团营长、代理参谋长。他在政治上同情中国共产党，支持中国的民主和进步事业。

⚫史迪威将军

"蠢驴"与"花生米"

　　3月4日，史迪威以中国战区统帅部参谋长、中缅印战区美军总司令、美国援华物资监理、美国政府出席重庆军事会议代表、中国战区与南太平洋战区联络员的多重身份，带领他的参谋人员和警卫人员抵达重庆。3月8日，蒋介石授命他指挥中国入缅第5军和第6军。但是，蒋史二人从合作的第一天起，就在指挥权、隶属关系和战略战术上出现了严重分歧，以致蒋介石每提出一个观点，都遭到史迪威的反驳。史迪威在日记中称蒋介石是"一头蠢驴"，认为蒋介石是一个"顽固、无知、满脑子偏见和自负的暴君"，并给蒋介石起了一个外号——"花生米"。在美国口语中,"花生米"意为"无聊的人"。相应地,蒋介石则说史迪威"无作战经验,徒尚情感","言行无常,似有精神病"。

这年6月下旬,德国加强了在非洲的攻势。为了解救危机,美国军方将全部重型轰炸机和部分运输机调往埃及,其中包括原属中国战区、驻守印度的美国第10航空队和美国派遣来华的A-29轻型轰炸机。美国的这一举动,对第一次遭受缅战失败、失去西南国际通道的中国政府来说,无疑是雪上加霜,蒋史之间的矛盾随之加深。蒋介石指责史迪威工作不力,致使美国援华物资不多又不及时,还命令宋子文同美国政府"重新协商参谋长的职权",希望美方"最好能主动召回史迪威"。只是由于罗斯福把他的行政助理居里派到重庆调解,并增加了对华援助,矛盾才暂时得到缓解。此后,史迪威倾其全力,在印度和中国云南训练中国官兵。

1943年11月底,史迪威随蒋介石参加开罗会议。12月12日,史迪威自开罗回重庆时途经昆明,他在与助手多恩谈话时称,在开罗时奉罗斯福的口头密令,要准备一份暗杀蒋介石的计划。事后,多恩拟定了三种办法:用毒、兵变、坠机,史迪威选择了最末一种,并要多恩进行准备,等候命令。此后,暗杀计划始终没有付诸实施。但是,史迪威在日记中仍然认为,"中国问题的药方是除掉蒋介石","打死大元帅和何(应钦)以及这帮人中的其他人"。

罗斯福当时非常重视中国战场,他认为,假如没有中国,假如中国被打垮了,日本就会把许多师调到其他战场作战,很快拿下澳洲和印度。然而,1944年上半年,国民党正面战场出现了大溃败。7月3日和6日,罗斯福接受参谋长联席会议的建议,两次致电蒋介石,提出目前的危机要求中美授权一人来协调盟国在华的所有军事力量,这个人就是史迪威。罗斯福还说,他将晋升史迪威为四星上将。7月4日,蒋介石在日记中写道:"史氏之愚拙虚妄,不法无礼,可谓无人格已极,而余乃自愧国家贫弱,所以遭此侮辱而已。"8日,蒋介石复电罗斯福,表示原则上同意罗斯福的意见,但希望罗斯福给他一点准备时间,以使史迪威"能毫无障碍地完全指挥中国军队",并希望美方派人来华安排此事。这当然是蒋介石的缓兵之计——他哪能把一国的主权和尊严拱手相让呢?他是想让美国用一名新人来取代史迪威,这样既可以继续获得美国的援助,又能拔掉自己的眼中钉、肉中刺。

1944年9月6日,美国总统特使赫尔利以调停人的身份来到重庆。一开始，史迪威对他印象颇佳，说他"为重庆吹来了一阵清风"。赫尔利向史迪威保证，他会敲着桌子逼蒋就范。9月19日，重庆美军司令部收到罗斯福发给蒋介石的一份电报，史迪威从译电员手中接过电报，兴奋异常，因为罗斯福在电报中以强硬的口气说道："由于您至今未让史迪威指挥中国军队，这可能造成灾难性的后果，我们将没有机会打通与中国的陆上通道，这将危及驼峰航线，对此您要承担后果和个人责任。"史迪威不加思索，拿着电报直奔蒋介石的官邸。当时，蒋介石正在同赫尔利、何应钦、宋子文等一起开会。史迪威把电报直接交给蒋介石，幸灾乐祸地瞅着蒋介石，搞得蒋介石十分难堪。蒋介石当晚在日记中写道："今日实为余平生最大之耻辱也。"他此时已下定决心，要与史迪威撕破脸皮。

9月24日，蒋介石交给赫尔利一份备忘录，声明中国的主权和尊严与个人人格不能受到损害和侮辱，国家和个人都不能在强制命令下进行合作，否则任何牺牲都在所不惜。蒋介石还对赫尔利说："史迪威不懂政治，我不能让他担任中国战区的指挥。"他要赫尔利转给罗斯福一份电报，请求罗斯福换人。据传，蒋介石还在中执委常委会上拍着桌子说："史迪威必须走！……这是一种新的帝国主义，如果我们同意了，只能变成傀儡，那我们还不如到汪精卫那里去。"

这一回，罗斯福动摇了。经过再三权衡，他于10月5日复电蒋介石：由于中国战局严重恶化，美国政府将不再坚持任命一名美国军官指挥中国军队。他同意免去史迪威中国战区参谋长和援华物资监理的职务，但希望史迪威能留下来指挥中国云南的远征军和驻印军。史迪威得知此事后，在给妻子的信中气恼地写道："我被踢到了垃圾堆上！"此时，想当驻华大使的赫尔利趁火打劫，给罗斯福发了一份电报，建议解除史迪威的职务。他在电报中说："如果您偏向史迪威，您将失去蒋介石，并将一同失去中国。"史迪威于是又在日记中写道："赫尔利用一把钝刀子割断了我的喉咙。"

史迪威公路

1944年10月19日，罗斯福致电蒋介石，表示同意由陆军少将魏德迈接替史迪威的工作。一向支持史迪威的美国国务卿马歇尔当天在给史迪威的电报中说："斧子终于砍下来了。"次日下午5时，史迪威向蒋介石的官邸走去。这是两人的最后一次会面。史迪威婉言谢绝了蒋介石授予他的青天白日大勋章，只同蒋介石一起喝了一杯清茶。史迪威希望蒋介石能够记住，他所做的一切都是为了中国的福祉。他在起身告别时，向蒋介石行了一个军礼，同时说道："争取最后胜利！"

此后，史迪威主要承担了两项被许多人看来很难完成的使命：一是训练军队并指挥中美缅北反击战，二是继续修筑中印公路，即大名鼎鼎的"史迪威公路"。

日军占领缅甸后，滇缅公路中断，美英援华物资只靠美军的第14航空队运输，即从印度加尔各答启运，飞越"驼峰"，再到昆明。飞机运载量有限，不能完成运输部队和物资的任务，因此，1943年8月盟军在加拿大魁北克召开了代号为"四分仪"的战备会议，决定修筑一条从印度到中国的公路，并铺设输油管和输气管，为中国抗战输入更多的血液。

这条公路从印度的利多（亦译雷多）起始，途经野人山和胡康河谷，南插缅甸北部的孟拱和密支那。公路在密支那分为南北两线，南线经缅甸八莫、南坎至中国畹町，北线经缅甸甘拜地，通过中国猴桥口岸、腾冲直达龙陵。两条线路最终都与滇缅公路衔接。也就是说，它实际上是由几条公路合并而成，即959.2千米的滇缅公路、300多千米的保密公路和500多千米的利多公路，全长1800多千米，中间要开凿13个涵洞，架设700多座桥梁。公路的很多路段是双向8车道，这在当时的亚洲公路中首屈一指。在一些沼泽地带，公路是用木材全程搭建。

中印公路于1943年11月破土动工。当时以中国工兵第7团和第12团为主，组成了超过1万人的中美联合工程部队，并招募了5万—8万名印度劳工。孙立人的新38师和美军在太平洋战场上唯一的一支黑人队伍——858空降工程兵营负责武装保卫工作。

1945年1月27日，中国云南远征军同中国驻印军在芒友胜利会师，中印公路也同时开通。接着，从印度开出的第一批105辆卡车满载美国物资抵达昆明。史迪威当时从美国发来贺电说："我脱帽向那些为中印公路战斗过和奋斗过的男子汉们致敬。"蒋介石则在公路通车典礼上说："我们打破了敌人的包围。请允许我以约瑟夫·史迪威将军的名字为这条公路命名，纪念他杰出的贡献，纪念他指挥下的盟军部队和中国军队在缅甸战役中以及修筑公路过程中做出的卓越贡献。"

"史迪威公路"在枪林弹雨中为中国战场运送了五万多吨急需的物资。

陈纳德曾对史迪威的长处和短处作了恰如其分的评价。一方面，他认为"史迪威的中国使命无疑是把难度极大的外交工作放到了一位战时职业军人的肩上。……他是一名陆军战士，性格粗犷，勇猛无比，在敌人的炮火下指挥军队作战有如闲庭信步"；另一方面，他又指出，"我与史迪威的全部交往让我相信，他总是把自己完全看成是一名陆军军人，根本不明白外交官的基本职责，而他又没有耐心去弄明白这一切"。

延安观察团

中国共产党领导的人民军队不仅得到全中国人民的拥护和支持，而且也博得当时在华的一些外国开明人士的钦佩。中、缅、印战区美军司令、中国战区参谋长史迪威，美国外交官约翰·谢伟思和约翰·巴顿·戴维斯就是如此。曾任美国驻华大使馆武官，后来担任美军延安观察团团长的大卫·巴雷特（中国名字叫鲍瑞德）上校回忆说："中国在战争中所作牺牲是毫无疑问的，在珍珠港事变以前和以后都是如此。使美国人深为关切的是，如果所有的中国军队都对付日本人，而不是把一部分军队用来封锁，有时甚至是打中国共产党人，那么，中国的努力就会有更好的结果。"

1943年12月6日，美国总统罗斯福在出席开罗会议期间，听取了史迪威关于中国战场情况的汇报，在座的有史迪威的政治顾问戴维斯。罗斯福首先对史迪威说："我们和中国是多年、多年的朋友了。"他告诉史迪威，他同中国还有一段历史渊源：他的祖父曾在19世纪20年代末和50年代两次去中国，在那里住了很久，发了大财，成为百万富翁。

据西奥多·怀特编《史迪威文件》，当时，罗斯福和史迪威还有如下一段对话——罗斯福问史迪威："你认为蒋能支持多久？"

史迪威："形势是够严重的，如果（日本）再发动一次像去年5月那样的攻势（指鄂西战役），蒋可能垮台。"

罗斯福："好，那么我们就要物色别人或另一个党派来继续工作。"

早在1943年6月，戴维斯就向史迪威提出长篇备忘录，建议派遣美军观察团去延安。1944年1月，戴维斯再次上书史迪威和罗斯福，建议采取这一步骤。与此同时，在重庆工作的谢伟思也为此而积极努力。后经中美两国政府同意，中、缅、印战区美军司令部决定派遣"美军延安观察团"到陕甘宁边区和附近解放区去作实地调查，了解军政情况。

1944年7月21日，中、缅、印美军司令部给延安观察团团长大卫·巴雷特一份备忘录，要他就下列项目搜集情报：

敌人的战斗序列；傀儡军的战斗序列；共产党部队的兵力、编制、部署、装备、训练和战斗效力；敌人空军的战斗序列；共产党在敌人中和沦陷区的情报机构的利用和发展；共产党官员的全部名单（谁是谁）；华北敌人的飞机场和空军防御；（轰炸）目标的情报；天气；经济情报；共产党部队的作战；敌人的作战；对共产党目前对作战努力所做贡献的估计；目前共产党控制区的范围（附地图）；帮助共产党增加其作战努力的价值的最有效办法；海军情报；共产党部队的战斗序列；对共产党作战努力的潜在贡献的估计。

7月22日，以大卫·巴雷特为团长的美军延安观察团从重庆飞抵延安，在这第一批人员中有美国大使馆二等秘书，中、缅、印战区美军司令部政治顾问约翰·谢伟思等人。观察团经过实地调查和亲身体验之后，更加深信中国共产党及其领导的人民军队是抗日救国的中流砥柱。在谢伟思等人写给史迪威和美国总统以及美国国务院的报告中，大多如实反映情况，并建议美国以武器装备供应中共领导的人民军队，以增强其抗日力量。

史迪威自己也曾写道：

我信任中国士兵和中国人民；基本上是伟大的、民主的，但不善于治理。没有等级和宗教隔阂……诚实、节俭、勤劳、愉快、独立自主、宽容、友好、彬彬有礼。

我是根据看到的情况来判断国民党和共产党的。国民党是腐败、失职、混乱、搞钱、苛损杂税、言行不一。囤积、黑市、与敌通商。

共产党的纲领是……减税、减租、减息。提高生产和生活水平。参加政治，说到做到。

由于上述原因，史迪威于1944年秋天向蒋介石等正式建议，包围陕甘宁边区的胡宗南的40万军队应解除封锁，开赴抗日前线；用美国租借的战略物资武装中共领导的第18集团军，早日打败共同敌人。但因蒋介石等坚决反对，这个计划未能实现。

日美博弈：边谈边备战

1940年9月底，日本按照最终确定的"南下"战略，在经过精心策划和充分准备后，放出了一个试探气球——侵占了印度支那，其中包括越南重要港口金兰湾。当时的日本陆军大臣东条英机后来在东京审判时声称："日本的南方政策，是由于不断发生的美英方面的经济压迫而不得不采取的。这种南方政策具有两种性质。其一是为解决日华事变，切断美英和重庆的合作。其二是确立日本的自给自足经济体制。"

从这年年末开始，美日之间便有了"私下谈判"。对于这种性质的谈判，日本方面得到了驻美大使野村吉三郎海军上将的"谅解"，美国方面也得到了总统、国务卿、邮电部长的"谅解"。

1941年4月18日，日方收到《美日谅解方案》；5月12日，日方提出修正案。美国要求日本作出保证：当美国为了自卫参加欧洲战争时，日本不得威胁美国在太平洋海域的安全；日方的答复是：日本将履行三国同盟条约的规定，防止美国参加欧洲战争或使欧洲战争波及东亚。

7月24日，美国总统罗斯福把日本驻美大使野村召到白宫，提醒他说：如果日本试图夺取东印度群岛（今印度尼西亚）的石油，荷兰人就会抵抗，英国人则会援助荷兰人，"鉴于我们自己援助英国的政策，结果立即会出现一种极为严重的局势"。相反，如果日本从印度支那撤军，那个地区将出现中立，并可以保证日本自由地购买该地区的大米和原料。罗斯福认为，这是"为避免日本向南太平洋扩张再次做出的一种努力"。

过了两天，由于东京对这一提醒毫无反应，罗斯福果断下令，冻结日本在美国的大约1.37亿美元的资产，结束两国之间的贸易，包括石油贸易。接着，英国和荷兰也拒绝向日本出口石油。日本认为，这是西方国家包围日本的"最后一步"。

在同年8月的大西洋会议期间，罗斯福向英国首相丘吉尔作出许诺：他回华盛顿后将再次召见日本大使野村。8月17日，美国政府对野村发出警告："本政府现在感到有必要向日本政府表示，日本政府如果采取任何进一步的步骤，以武力推行其对邻国的军事统治或以武力相威胁的政策或计划，美国政府必将被迫立即采取它所认为的任何和一切必要的步骤，以保障美国和美国侨民的合法权利与利益，并确保美国的安全与安宁。"

1941年10月中旬，日本近卫文麿内阁在内求扩张、外受遏制的双重压力下被迫下台，由好战分子东条英机将军负责组织新的政府。这一改变加剧了东亚的僵持局面：东京表示愿意为解决争端同华盛顿谈判，条件是美国必须接受日本策划已久的扩张计划；美国希望亚洲局势稳定，但又不愿因此而牺牲它的在华利益，或放弃它一直宣扬的所谓"睦邻理想"。东条英机和他的前任近卫不同，他的扩张野心是不容拖延的。他甚至夸口说："一亿人民只要化为一个钢铁般的整体向前迈进，任何力量都不能阻挡我们。"

日本新内阁于是玩起了两面派的花招。它一方面继续同华盛顿会谈，另一方面又伺机发动战争。

10月23日，东条英机召开军政要员联络会议，集中讨论了有关日本与美国谈判的问题和同美国开战的前景问题。为了缓和同美国的关系，东乡外相主张最好从中国部分撤兵，但却遭到军方的强烈反对。会议争持不下，东条随即提出三种方案让大家裁决。一是即使蒙受巨大的困苦，或者用内大臣木户的话就是"卧薪尝胆"，也要避战；二是立即决定开战；三是在继续谈判的同时，作好必要时开战的准备。陆军总参谋长杉山主张在12月初开战，不过眼下仍要继续同美国谈判。海军代表永野则斩钉截铁地表示："立刻开战！今后再不会有开战的良机！"东条英机为了协调各方面的关系，决定把谈判期限确定在12月1日。

限期初步商定之后，说服美国人达成协议的重担就落在东乡外相的身上。他说，他已草拟了两个递交美国的方案。方案甲的措辞比较婉转，伴称"陆军同意在1946年前从中国撤出包括防御共产主义部队在内的全部驻军"。方案乙是留作万一美国拒绝方案甲时准备提出的，它包括一项在最后达成协议之前，作为最后一着的暂定协议。它的目的是要打消美国对日本侵入印度支那的怀疑，并向美国说明，日本将放弃武力征服东南亚的计划。与此同时，日本即将其在印度支那西部的驻军撤向北部，而美国则要售给日本100万吨航空汽油作为报答。

在此后长达几个小时的讨论中，陆军不但一直反对从印度支那撤军，而且坚持要美国解除对日本资产的冻结，停止"破坏中国事件的和平解决"。陆军副总参谋长塚田说："战争不可避免，假如现在不打，明年、后年也得打。打，现在正是时候。神圣的日本精神将照耀我们的事业！"他认为，日本向南挺进，可能有助于德意击败苏联，并迫使中国投降。占领东南亚对美国资源也是个巨大的打击。他还说："我们将建起一座铜墙铁壁，凭借它，我们能将亚洲的敌人一一击败，同时也能打败美国和英国！"结果，主战派占了上风。

东乡外相正是在这样的情势下去执行他的任务的。他认为，"外交方面几乎没有回旋余地了，成功的希望是渺茫的。"尽管如此，他仍然选派富有谈判经验的前驻德大使来栖三郎去辅佐野村大使。

事实上，美日关系在整个30年代都处在紧张状态中，而造成这种局面的主要原因是日本对中国的侵略政策损害了西方国家的在华利益。早在1922年2月6日，美、英、日、法、意、比、荷、葡就同中国北洋军阀政府在华盛顿会议上签订了《九国公约》，其中规定："维护各国在中国全境之商务、实业机会均等"和"中国门户开放"的原则。1933年3月4日，罗斯福继胡佛之后担任美国总统，接受了"不承认主义"的原则，支持国际条约的"神圣义务"。3月27日，日本示威性地退出了国际联盟。

1939年9月1日欧战爆发，希特勒闪击战在波兰的胜利，更加刺激了日本法西斯南进的欲望。1940年6月29日，日本外相有田发表所谓"大东亚共荣圈"的声明，干脆把英、荷、法在太平洋的属地，甚至菲律宾、澳大利亚和新西兰都纳入了日本的势力范围。

就这样，日本军国主义一边煽动战争，一边进行谈判。

1941年11月5日，日本颁布作战命令并发出警告："对荷兰、美国、英国一战不可避免。"进攻的日期暂定在1941年12月8日。

11月16日，来栖三郎经过长途跋涉，风尘仆仆地抵达华盛顿。两天后，野村大使把他带到美国国务卿赫尔的办公室。对这个身材矮小，戴着眼镜，胡子修得整整齐齐，曾代表日本签订三国同盟条约的使者，看上一眼就足以使赫尔得出此人不可靠的结论。赫尔后来在回忆录中写道："无论是他的外表还是他的态度，都不能得到我们的信任和尊敬。……我一开始就觉得，他是个诡诈的人。……在我眼中，他唯一的可取之处，是他的英语讲得很好，因为他娶了美籍秘书为妻。"

赫尔认为来栖很可能企图利用谈判来麻痹美国，时机一到日本便会向美国发动攻击。他陪野村和日本特使来到白宫，罗斯福装出一副和蔼可亲的样子说："伯利安 ① 说过，朋友之间不是没有商谈余地的。"来栖回答："必须找到一种避免战争的方法，太平洋像个火药桶。"罗斯福表示同意应取得广泛的谅解，同时警告日本特使说："追随希特勒主义和侵略道路，不符合日本本身的最大利益，日本本身的最大利益所在，是沿着我们在当前会谈中勾画出的轮廓的道路走去。如果日本竟然不幸决定追随希特勒主义和侵略道路，我们毫无疑问地相信，日本到头来肯定是失败者。"

就在罗斯福接见日本大使的同一天，东条英机在国会发表演说时，针对日美谈判指出，谈判成功与否有赖于下述三点："美国不得干涉日本对中国事件的解决"；不应"对日本帝国实行直接武力威胁"，并应取消经济封锁；应尽力使"欧战不蔓延至东亚"。

11月26日下午，野村和来栖又被召到美国国务院。5时，赫尔把一份《备忘录》交给他们，这就是所谓的《赫尔备忘录》。其时，美国为了争取同盟国，笼络人心，故意把《备忘录》写得冠冕堂皇。然而，正如东条英机后来在东京审判时所说："备忘录不仅依然坚持美国方面过去的主张，而且还加上了当时日本显然根本不能接受的下列难题，即：1. 日本陆海军不用说，连警察也要从中国全境（包括满洲）和法属印度支那无条件撤兵；2. 不承认满洲政府；3. 不承认南京政府；4. 把三国同盟条约变成一纸空文。"

11月27日上午，美国的《备忘录》传到了东京，并被立即送进正在召开军政要员联络会议的皇宫。电报送到时，刚好是午间休息，大家正在午餐。东条英机宣读了电报内容后，饭堂里一片死寂。随后，不知谁说了一句："这是最后通牒！"东条英机则暴跳如雷，怒吼道："满洲是付出巨大代价得来的，失掉满洲就意味着经济上大难临头！"于是，他责令海军大将山本五十六尽速实施以"Z"命名的对美作战计划。

---

① 伯利安（1860—1925），美国民主党历史上有影响的人士之一，能言善辩，曾在伍德罗·威尔逊总统时期（1913—1920）当过国务卿。

当天下午2时，联络会议继续审议各种情况，并且得出结论：美国的备忘录是对日本的最后通牒，是不能接受的；"从以上现象推断，美国已决心对日开战。也许什么时候就会受到美国的进攻。"会议决定：日美谈判僵局已无望打破，准备由御前会议作出决定。

12月1日，御前会议决定对美、英、荷开战。

12月5日，星期五，据东条英机在东京法庭上的口供："东乡外务大臣说明了对美最后通告的核心，全体成员予以同意。日本政府由外相于12月6日向野村大使发出训令电，指示：对美备忘录已经决定，向美国提交该备忘录的时间，等后边电报决定，作好文件整理及其他各种预备措施，以便备忘录一到，即时向美国提交。第二天，12月7日，发出训令电，指示：该备忘录应于华盛顿时间7日下午1时整由野村大使直接交给美方（尽可能是国务卿）。总而言之，日本政府的意思是对美通告在攻击珍珠港前交付。我当时确信野村大使根据外相的指示，已于指定时间准确无误地交付了通告，但后来才知道，实际上交付被拖延了，日本政府对此极感遗憾。"

就在这一天，罗斯福召开内阁会议，研究美日会谈问题。这时赫尔比平常更加悲观，他说："日本特使不想认真谈判，我肯定他们都不想干。随着时间的推移，我更加确信，他们不光明正大，说话模棱两可，他们是我见过的最恶劣的人。"海军部长诺克斯接着说："你知道，总统先生，我们知道日本舰队在哪里。……我们得到的非常秘密的情报表明，日本舰队已经出航，离开了港口，正在海上行驶。"在罗斯福的追问下，诺克斯承认，关于日本舰队的动向，没有任何准确的情报，但是一切迹象表明，它在向南朝着新加坡的方向驶去。

12月6日晚上，罗斯福仍然亲自向日本天皇裕仁呼吁和平。来栖三郎曾告诉他，这是防止战争的唯一途径。他在电报中说："我们两个人都有恢复传统的和睦，防止人类进一步死亡和毁灭全世界的神圣义务，这不光是为了我们自己伟大国家的人民，而且也是为了邻邦的人民。"

就在罗斯福向日本天皇呼吁和平的当天，日本报纸根据东条英机的指令，继续指责西方国家准备对日开战。报纸的标题有《美国徒劳地拖延谈判，无意与日本和解》《美国领导人商讨对日政策，但未有改变固执态度之迹象》《恶意中伤，包围日本，践踏日本之和平意图，四国同时开始军事准备》等等。

⬆ 珍珠港大火冲天。

　　虽然罗斯福看过截获的日本"停止谈判"的照会，军政要员们也预感到战争就要来临，但是他们却没有提高警惕，更没有作出必要的军事准备。就在12月6日星期六的晚上，美国到处都是歌舞升平，人们都在欢度周末。海军部长诺克斯仍在国家剧场观看《学生王子》；陆军情报局长谢尔曼·迈尔斯将军认为日本那份电报"没有多少军事意义"；陆军参谋长马歇尔将军正与夫人在迈尔斯堡安度周末。瓦胡岛的情况也和华盛顿一样，海、陆两军司令根本就想不到珍珠港会遭到空袭。

　　当晚，美国总统顾问霍普金斯在对罗斯福评论局势时指出，日本随时都会发动袭击，并惋惜美国不能首先发动进攻。

　　"不，"总统说，"我们不能那样做。我们是一个民主国家，一个爱好和平的民族。但我们有一个好传统……"

　　第二天（12月7日）中午，罗斯福和霍普金斯刚吃完午饭，电话铃就响了。罗斯福拿起话筒，听见了对面传来的海军部长诺克斯的声音：

　　"总统先生，看来日本人已经进攻珍珠港了。"

　　"绝不可能！"

日本二战末对外政策阴谋的破产^① ［苏］库塔科夫

日本违反苏日1941年4月13日签订的中立公约，积极支持法西斯德国背信弃义地进攻苏联。日本在靠近苏联边界的中国东北、朝鲜以及南萨哈林岛和千岛群岛集中了相当多的兵力。加上满洲国的军队、内蒙古日本傀儡德王的军队和绥远集团军，驻扎在苏联边境附近的日军总数超过百万。这就迫使苏联最高统帅部要在远东保持大量兵力，而这些兵力又是对德国及仆从国作战急需的，因而，这也就是日本对法西斯德国的实际帮助。

苏联军队对希特勒军队的胜利，尤其是1942—1943年斯大林格勒战役的结果，迫使东京一年一年地推迟进攻苏联的计划，尽管还没有完全取消这一计划。

1943年9月，日本向苏联政府提出关于向莫斯科派出一个特别代表团的问题。日本驻苏联大使佐藤在解释代表团任务的性质时说，代表团不仅想和苏联政府交换意见，而且想接着走访其他国家，研究那里的局势，然后再重新开始与苏联政府谈判。这显然指的是在苏联及其交战国之间进行调停。

苏联政府拒绝了日本关于派遣特别代表团访问的建议。苏联政府在答复中指出，"在当前这场战争正在进行的现有情况下，苏联政府认为与希特勒德国及其欧洲的仆从国停战或媾和的可能性是根本不存在的"。由于上述原因，"苏联政府不能够接受日本政府的建议"。这样一来，苏联政府就粉碎了日本以改善日本在战争中的处境，使希特勒分子免于失败和削弱反法西斯同盟的团结为目的的日本外交阴谋。

---

① 原载新华社内部刊物《参考资料》，熊伊瑂、郭昭熹译自苏联1985年第7期《国际生活》。

由于苏联武装力量实施了进攻性战役，法西斯德国军事战略处境进一步恶化，日本在太平洋战场又遭到军事失利，这就迫使日本上层集团再次回过头来讨论与结束战争有关的问题。在最高战争指导会议的六个大臣中，外相重光和海相米内支持妥协和平。美国和英国的消沉和不坚决的举动使他们相信战争的这种结局是可能的。

米内和重光懂得，只要日本政府本身对美英可能提出的条件没有一个清楚的认识，那么东京的任何一个正式建议都不会成功。外务省和海军的工作人员在极端秘密的情况下开始研究为在不发生革命动荡的情况下摆脱战争可供采取的途径和方法。这就使他们要仔细地研究盟国的要求，首先是美、英、中三国1943年12月在开罗宣言中正式提出的"无条件投降"的提法。

对于统治营垒中那些想采取措施使日本摆脱战争的人来说，宣言提出的条件是个严重的障碍。因此他们认为最好是采取停止苏德战争的那个老办法。

1944年8月，重光对德国大使施塔默尔说，必须使"德国和俄国在缔结和约问题上取得相互谅解"。日本大使大岛把重光的想法告诉了希特勒。

同年9月中旬施塔默尔转达了希特勒的答复，说他没有得到任何有关苏联政府准备与德国取得相互谅解的消息。看来，在苏军顺利进攻的情况下，连希特勒也认为企图开始与苏联谈判是毫无希望的。

尽管苏联政府明确声明苏联在任何情况下都不与希特勒政府谈判，但是重光于1944年9月建议最高战争指导会议讨论《应对苏联采取的外交措施》这一文件。

1944年9月重光向苏联政府提出关于派由前首相和外相广田率领的代表团访问莫斯科的问题。

广田早年曾任驻莫斯科大使，被认为是苏联通。他的任务是"从莫斯科到柏林，尽一切努力恢复两国的友好关系"。但苏联政府坚决拒绝与日本讨论同希特勒分子就缔结单独和约进行任何谈判的问题。

这些策略的失败促使日本外交寻找与自己的敌人——美国和英国缔结和约的方法。日本外交寄希望于这些大国统治集团内的反动分子，因为这些人不希望彻底打败军国主义的日本，指望把日本保留下来，作为反对苏联和反对中国及其他亚洲国家的解放运动的潜在盟国。特别使日本外交人士感到鼓舞的是，1944年底任命前美国驻东京大使格鲁担任美国副国务卿。对于日本人来说，他的观点已不是什么秘密，格鲁是远东慕尼黑政策的最积极的传播者之一。早在战争之初，特别是从1943年起，格鲁公开捍卫过去的"绥靖"政策。他宣传把日本的财阀和宫廷官僚作为最易于接受的力量保留下来的思想，美国在战后的远东政策中就可以依靠这些力量。英国的一些有影响的人物也是从这种立场出发。英国皇家国际关系研究所的一份备忘录《战败时期的日本》是公开送到日本的。备忘录的起草人公然声称必须使战前的日本统治集团继续在日本当政，只是将其中赤裸裸的军国主义分子清除出去。

1944年初日军对国民党军队进攻顺利，因而控制了满洲到新加坡的大片土地，于是，日本统治者便产生了靠牺牲中国人民的利益来达成妥协和约的愿望。然而日本的主要盟友德国的军事形势在1945年初急剧恶化。彻底打败法西斯德国的时刻即将到来。美军在硫磺岛（属小笠原群岛）登陆，美军的基地已接近日本的主要中心。

在这种情况下，日本统治集团中摆脱战争的情绪很强烈，一些年老的政治活动家成立了所谓的和平党。1945年2月天皇分别接见了前首相冈田、近卫和东条等人。他们在同天皇谈话时指出，继续进行战争"将对共产党有利"。他们强调指出，既然战败是不可避免的，那么最好是缔结妥协性和约，以便保住国家体制。

日本上层统治集团急于寻找一种能够保证哪怕是保留一部分侵占领土的战争结局。根据近卫的建议，小矶首相早在1944年秋就企图通过中立的瑞典进行试探。日本人请求瑞典政府弄清楚英国人对停战可能性的意见。日本同意归还第二次世界大战中侵占的领土，可能还包括满洲，以便保住台湾和朝鲜。由于了解自己盟国的豺狼本性，并担心一旦与英美达成协议它们要进行报复，于是，日本政府在1944年9月底下令把中央经济局从柏林迁到瑞士。

1945年3月，瑞典驻东京公使巴耶准备回国。重光外相决定利用这个机会更果断地试探盟国的态度。他请巴耶尽其所能促进开始和谈，并弄清"英美想缔结什么样的和约"。

同时小矶首相不顾军界和重光的意见，采取步骤与国民党政府建立直接联系。1945年3月南京汪精卫傀儡政府的一位官员缪斌被邀请到东京，此人与蒋介石政府的前军政部长何应钦和秘密警察头子戴笠关系密切。

缪斌在东京期间会见了皇室成员东久迩和首相小矶，并与陆军次官进行了会谈。作为和平条件，蒋介石坚持要日本撤出中国，三个月之后重庆政府迁回南京，与英美缔结和约。满洲问题仍然悬而未决。日本政府多次讨论了缪斌的建议。

但是，中国人提出的和约草案遭到陆相和海相的反对，他们和重光都希望出现缔结妥协和约的更加有利的条件。此外，他们并不信任缪斌。他们也担心会引起国内政治后果，即具有法西斯情绪的军官们采取行动。谈判破裂了。

日本军阀仍然认为，日本长期对抗英美和缔结有利和约的现实机会并未完全丧失。日本外交按照军国主义集团的意见行事，甚至在自己的最高一级领导中都不能正确估计1944年底至1945年初出现的国际局势，不能正确做出急需采取停战措施的结论。

1945年4月5日苏联政府声明废除1941年4月13日与日本签订的中立条约。苏联政府的声明指出，从条约缔结之时起国际局势已发生了根本变化，强调指出日本违背了条约条件。这对日本统治集团又是一次严重警告，警告它必须停止侵略战争。但是日本政府这次也没有得出应有的结论。它指望通过施展外交手腕和利用反法西斯同盟国之间存在的矛盾，争取达成能够使日本保留其侵占的某些领土的和约。

4月5日成立了以年老的海军上将铃木为首的新政府。公认的反战派东乡出任外相。

德国的失败使日本人民和政府深感不安。1945年5月11日重臣们和陆海军的头头聚集起来讨论局势。但是在最高战争指导会议中只有东乡一人坚决主张改变国家的方针政策。他费了九牛二虎之力，才得以坚持住必须采取一系列外交措施，以便达到以下目的：第一，防止苏联对日参战；第二，争取苏联友善地对待日本；第三，争取在苏联的调停下与英美缔结和约。

东乡警告说，对日本外交来说，要改正因其过去的所作所为给苏联造成的损失，大概已经为时太晚了。但他并没有失去希望。他说，为实现上述行动计划，日本应准备做出大的让步。他建议日本把根据朴茨茅斯和约划给日本的领土，即南萨哈林岛和千岛群岛归还苏联。谁都没有对东乡提出强烈的反对意见。实际上讨论的不是谈判要付出的代价问题，而是实现上述计划要采取的方法问题。但是停战问题又被搁置起来。日本政治制度的传统习惯起了作用：只要意见不一致，就要推迟做出决定，并试图寻找一种妥协的办法。陆相和海相坚持要求暂缓执行决议的第三点。

这时瑞典公使巴耶于1945年5月回到祖国，便向外交大臣汇报了日本人的请求。这位瑞典大臣要求日本驻斯德哥尔摩公使冈本正式证实巴耶的消息。东乡不知道内阁在谈判中究竟准备走多远，对冈本的询问支吾搪塞，说必须认真研究这一问题。当时巴耶根据重光和东乡过去的要求，甘冒风险向美国大使赫谢尔·琼森转达了日本关于和谈的建议。日本人坚持要求和平条件要规定朝鲜和台湾继续由日本管辖。琼森说，《开罗宣言》明确表述了盟国在这一问题上的立场，美国不能改变它。他暗示朝鲜应转由美国管辖。

日本人看到，美国外交官没有接到直接指示与日本代表保持接触，便把主要注意力用在与美国在瑞士的情报机构的头头杜勒斯进行联系上。日本驻瑞士海军武官藤村通过中间人与杜勒斯建立了联系。藤村5月9日报告东京，说杜勒斯向他暗示，如果日本希望尽快结束战争，他将很高兴把这一点通知华盛顿。藤村竭力使自己的上司相信，有必要接受杜勒斯的效劳。在随后的一些电报中他特别指出，美、英、苏的军队将很快调到远东。但是东京的海军司令部并不急于做出回答。东乡对藤村的报告感兴趣，但他请求藤村转告，日本不准备无条件投降，想得到某些条件。藤村及其一伙从与美国代表的谈话中感到美国统治集团愿意改变早先宣布的战争目标，放弃无条件投降的要求，并在苏联参战之前就缔结和约。

美国情报局与藤村接触的同时找到另一个联系途径。通过日本银行家——设在巴塞尔的国际清算理事会理事北村和这家银行的一位处长吉村与日本公使加濑和武官冈本将军建立了联系。瑞典银行家雅各布松接受日本人的委托，向杜勒斯转达了日本的和平建议：改变"无条件投降"的条件，保留宪法，不触动帝制，对满洲实行国际共管，把朝鲜和台湾留给日本。看来，日本帝国主义还不准备归还所有被它占领的领土和做出让步。

华盛顿通知日本人说，美国本想不触动帝制，但由于苏联、法国和中国的反对，它不能把自己的这一义务明文规定下来。宪法必须修改。对于日本对朝鲜和台湾提出的领土要求，美国没有作任何答复。杜勒斯通过雅各布松传话说，如果日本不在苏联参战前开始谈判的话，它的一切计划都将落空。这样一来，杜勒斯就向日本人泄露了雅尔塔会议关于在欧洲战争结束后苏联将参加对日作战的秘密决定。

日本驻里斯本公使馆参赞井上于5月中旬同美国公使馆工作人员建立了联系。日本人在那里提出了给他们保留第二次世界大战开始前侵占的领土（朝鲜、台湾、满洲）的问题。井上用长期作战和"苏联威胁"来吓唬美国人。

美国和英国十分关心苏联参战，指望借助于苏联武装力量尽快取胜。日本不想做出重大让步。美帝国主义想击溃自己的帝国主义竞争对手，这便妨碍了达成协议。日美谈判没能继续进行下去。

然而，根据最高战争指导会议的决定，东乡1945年5月20日请求前首相和外相广田会见苏联大使马立克并弄清他的态度。广田应以非官方人士身份秘密行动。

只是到了6月3日，广田才在疗养城市箱根的马立克的别墅里拜访了他。广田把自己装扮成苏联人民的朋友对大使说，日本公众一致主张与苏联保持友好关系，日本对"通过什么途径改善苏日关系的问题考虑再三"。第二天在苏联大使馆会见时，广田对大使已经谈起"建立苏日之间的和平友好关系"并用条约形式把这种关系确定下来的必要性。苏联大使没有对广田的夸夸其谈发表意见，因为广田没有担任国家职务，大使把他当作个别人士。

6月6日最高战争指导会议决定"把战争进行到底"，"达到战争的目的"。这一决定得到了有天皇参加的御前会议的批准。

6月12日东乡秘密会见了海相米内，他们决定必须采取措施，以实施六大臣1945年5月14日通过的决议的第三点——争取在苏联的调停下与英美缔结和约。但只是到了6月22日在"六大臣"会议上，东乡才得以提出这样的建议，即在苏联代表团前往波茨坦之前，也就是7月上半月派日本代表去莫斯科。但是东乡并没有急于实现自己的打算。指望在瑞士谈判中取得成功和对军事法西斯集团的恐惧束缚了外交机构的活动。

7月12日，东乡打电话给驻苏大使佐藤，委托他提出派特别代表近卫亲王访问莫斯科的问题。在给苏联外交人民委员会的信中根本没有提调停的事。信中附有天皇的函件，其中只是笼统地表示，天皇"表示愿意尽快结束战争"。鉴于英美要求无条件投降，日本才不得不将战争进行到底。无论在信中，还是在天皇的函件中都没有谈及近卫去苏联的目的或授予他的全权。连日本政府自己也没有授予这种全权。近卫本人不想去莫斯科，因为他要求无限全权，这引起军界的反对。问题的解决便搁置起来。

7月18日佐藤收到了苏联政府的答复。答复没有对日本方面提出任何具体的建议。回信说，由于上述原因，苏联政府认为没有必要对天皇的函件以及近卫代表团做出任何明确的答复……

到了7月25日，佐藤才通知苏联政府，近卫代表团的任务是请苏联政府调停，以便结束战争。

苏联领导人在波茨坦会议上向盟国详细通报了日本的建议。同时苏联代表团团长斯大林声明，苏联将以拒绝的方式来回答日本关于调停的新建议。

7月26日公布了美英中波茨坦公告。盟国呼吁日本投降并警告它，继续反抗将导致迅速而彻底的灭亡。波茨坦公告规定了日本投降后应对日本采取的基本政治原则。

在军界的压力下，日本政府拒绝了波茨坦公告。美帝国主义分子利用日本拒绝公告这个机会，对和平居民使用原子弹。这在军事上没有任何必要。苏联即将参战已预示了日本的失败。美国政府决定屠杀几十万妇女、儿童和老人，使他们遭受难以置信的痛苦，是为了炫耀武力，恫吓其他国家，首先是苏联。美国指望利用炫耀原子弹实力的做法来削弱苏联在解决远东问题时的地位。但原子弹也没有迫使日本领导人投降。

8月8日苏联政府宣布，鉴于日本拒绝波茨坦公告，"日本政府向苏联提出的关于远东战争中进行调停的建议失去了任何基础"。苏联政府同意盟国7月26日的声明，力争"和平尽快到来，使各国人民免遭更多的牺牲和痛苦，使日本人民有可能避免德国在拒绝无条件投降后所遭受的那种危险和破坏，为此宣布，从8月9日起苏联与日本处于战争状态"。

日本接受波茨坦公告

1945年6月底美军占领冲绳，获得了进攻日本本土的海空军重要基地。此后，美军即不断从这里派遣"超级空中堡垒"B-29和各种类型的飞机轰炸日本本土。一个月后，美军炸沉了日本125万吨的船只，破坏了日本的交通运输，使600多家工厂成了断垣残壁。但是，日本法西斯困兽犹斗，妄图以和、战两手苟延残喘。一方面进行战争末期空前庞大的军事动员，广泛搜罗炮灰，妄图挽救失败；一方面努力防止苏联参加对日战争，并请苏联从中斡旋，同美英进行和谈。

为了促使日本法西斯及早投降，美国新任总统杜鲁门意味深长地表示："恐怖轰炸配合陆上进攻，才是最有效的手段。"

何谓"恐怖轰炸"？

早在1939年10月11日，前美国总统罗斯福就下令成立研究原子武器的委员会。两年后，美英科学家证明，铀原子的裂变可以产生巨大的能量。接着，美国科学家又对设计、制造原子弹的工艺进行了积极而有效的科学研究，取得了巨大进展。1945年7月16日，美国在新墨西哥州的沙漠地区阿拉莫戈多试验原子弹成功。

1945年7月17日到8月2日，苏、美、英三国首脑斯大林、杜鲁门、丘吉尔及其外长在柏林西南的波茨坦举行会议，商讨处置战后德国的问题和其他许多重大问题。这次会议包括首脑会议、外长会议和全体会议三种形式，仅全体会议就举行了13次。会议期间，美国陆军部长史汀生向杜鲁门汇报了试验原子弹成功的情况。在以后几天里，杜鲁门和本国军政要员磋商了使用原子弹的细节，并于24日指令美国陆军战略空军司令斯帕茨将军派遣第20航空队第509大队，于8月3日以后，在天气许可的条件下，对日本投掷原子弹。

波茨坦会议最后拟定了征求过中国意见的美、中、英三国促令日本投降的《波茨坦公告》（又称《波茨坦宣言》）。中国派出代表，于7月26日签署了"公告"。28日，"公告"正式公诸于世。8月2日，苏联正式在《波茨坦公告》上签字，使之成为四国对日的共同法律文件。

在此期间，盟国飞机在日本大城市上空散发了30000张《公告》和150万张传单，还同时发出空袭警告。

美动核武　苏联出兵

《波茨坦公告》在东京发表后，日本多次召开最高军事会议和内阁大臣会议。在7月27日的日本最高军事会议上，铃木首相和东乡外相表示接受《公告》，而阿南陆相和丰田海军军令部总长却主张"不予理睬"，并请求天皇向全国发表强硬的声明，激励全国人民把战争继续进行下去。进退两难的铃木首相向陆海军施加的压力屈服了，于是，日本官方的立场是："坚决把这场战争进行下去，直到胜利结束为止。"28日，铃木对报界说："日本政府认为，波茨坦公告并不是什么重要的东西，我们绝不会予以注意。"

美国决定惩治日本，派出飞机对日本本土各地机场、港口、车站、轮渡等目标进行大规模轰炸和炮击。日本政府对此仍未做出任何反应。在这种情况下，杜鲁门于8月6日下令对日本使用原子弹。

这天清晨，天气晴朗。7时，数架美国飞机飞到广岛上空，盘旋几周后即行离去。8时整，美军第20航空队的两架"超级空中堡垒"B-29又从高空进入广岛上空，引起很多市民仰头观看。8时15分，其中一架向广岛投下了世界上第一颗原子弹。原子弹顿时发出令人眼花目眩的强烈的白色闪光，广岛市中心随即发生无与伦比的大爆炸。顷刻间，地面上涌起了巨大的蘑菇云，全市立即被黑暗笼罩。接着，地面上又冒起几百根高大的火柱，广岛市化为一片焦热的火海。

广岛其时有34.3万人，原子弹爆炸后，死者约14万人。[①]在全市7.6万幢

---

① 二战后，日本中央和地方政府分别对广岛原子弹受害者人数进行调查，而广岛市从1979年起对两项调查进行了归拢。2013年3月广岛市公布的最新调查结果是：在原子弹投下时，与广岛市相邻的一些町村的"直接受害者"有38.4743万人，加上在爆炸中心受害的人员和身体状况受害不很明显的人员，共有55.7478万人。

建筑物中，全毁的4.8万幢，半毁的2.2万幢。当天下午，设在广岛的日军第2总司令部将该市被炸情况转报了东京："敌人使用了具有从未见过的破坏力的高性能新型炸弹！……"

8月7日，在美国空军对东京进行大规模轰炸后，杜鲁门发表广播讲话说："在波茨坦发出的最后通牒，旨在拯救日本人民免遭彻底的毁灭。日本政府马上拒绝了最后通牒。如果他们现在还不接受我们的条件，他们的毁灭将自空而降。"同日，日本原子能最高权威仁科芳雄博士等有关人员组成了调查委员会，立即赶赴广岛进行调查。仁科芳雄一行于8日下午到达广岛查看被炸情况，证实美国投下的新型炸弹确为原子弹。他当即报告了东京大本营。

8日下午，日本东乡外相在皇宫地下室晋谒天皇裕仁，奏明美国使用原子弹及其有关事项。裕仁面谕："敌既已使用此种新武器，则战争之继续更不可能。为获得有利条件，不得丧失结束战争之有利时机。应努力迅速结束战争。"

8月8日晚11时，苏联外交人民委员莫洛托夫召见日本驻苏大使佐藤尚武，交给他一份声明：自8月9日零时起，苏联同日本处于战争状态。声明指出："在希特勒德国失败和投降后，日本是坚持继续进行战争的唯一大国。……苏联政府认为，苏联实行这一政策，是使和平早日到来，解救各国人民，使其避免进一步遭受牺牲和痛苦的唯一手段。"

英国首相艾德礼表示欢迎"俄国的这一伟大决定"，他说："苏联政府今日对日宣战，证明了主要盟国间的团结，它定能缩短战争进程，创造促进建立全面和平的条件。"华盛顿也赞赏苏联的行动。

8月9日拂晓，苏联远东红军（远东苏军司令部，司令A.M.华西列夫斯基苏联元帅，参谋长C.Π.伊万诺夫上将）以3个集群，即外贝加尔方面军、第1远东方面军和第2远东方面军，向在数量上处于绝对劣势的满洲日本关东军（司令山田乙三将军）发起进攻。

9日上午，中国共产党主席毛泽东在延安发表了《对日寇的最后一战》的声明，号召全国国民举行全国规模的大反攻。中国人民解放军总部朱德总司令随后发布了进军令，号令中国共产党领导的八路军、新四军、200万民兵和其他部队，在东北、平津、平汉、陇海、济南、沪宁、鄂豫、华南等前线，向日本侵略者发动全面反攻。

天皇宣读《终战诏书》

1945年8月9日上午11时2分，美国飞机又在长崎上空投下了第二颗名为"小胖子"的原子弹。长崎是九州南部的一个港口和工业城市，当时约有居民24万人。这颗原子弹长3.25米，直径1.52米，重4.5吨，爆炸时释放的能量相当于2.1万吨高性能炸药。但是，由于受山谷地形影响和当日无风，原子弹爆炸后破坏程度较轻，但也有70%的工厂被摧毁，约7.4万人死亡，7.5万人受伤。

当天上午11时50分，日本军政要人集中在皇宫的防空洞里召开最高战争指导会议，讨论是否接受《波茨坦公告》的问题。主持会议的铃木首相先让人宣读了《波茨坦公告》，然后提出议案：

> 日本政府准备接受1945年7月26日由美国、英国和中国政府，以及后来由苏联政府签字的在波茨坦发表的联合公告中所列举的条款，但应取得如下谅解，即上述公告并不包含任何有损于陛下作为至高统治者之特权的要求。

接着，外相东乡茂德说明提案理由：对日本来说，《波茨坦公告》虽不体面，但在内阁会议上已得出结论，都认为在目前情况下不得不接受。再加之原子弹的出现，苏联的对日参战，时局急变，对方更加强硬。此时此际，只能提出一条，即维护天皇制度。只要皇室保存，日本民族即有复兴之日。海相米内表示赞成东乡的意见。但是，陆相阿南惟几、陆军总参谋长梅津美治郎等表示坚决反对，主张除维护国体外，必须附带三个条件：由日本自行处理战犯；自主解除武装；盟军不得占领日本本土，万一占领，也应在小范围内，用少量兵力实行短期占领。如果无条件投降，那就不如实行本土决战。就这样，双方各不相让。

下午1时，首相提议，等午后举行内阁例会后再行讨论。

下午2时30分，在内阁举行的例行会议上，铃木征询每个人的意见。阿南仍是主张战争，东乡仍然主张在维护国体的前提下接受《波茨坦公告》。于是，铃木问各大臣：是否赞成东乡的意见？海相米内、农相石黑等六人赞同外相意见，反对的是陆相阿南、法相松阪和国务相安井三人。另有五人没有表态。内阁会议开到晚上10时30分，仍然议而不决，于是铃木说，阁员既不能决定，只好上奏天皇。

⬆1945年8月15日，日本天皇在东京宣布无条件投降。

就在这天，日本一些重臣和政要已通过木户内大臣，几次上奏天皇请求圣断。所以，铃木在御前会议上上奏时，裕仁已胸有成竹。天皇先命铃木就座，当即面谕采纳东乡提案。他说，虽然一直尽听些有取胜自信的话，但计划和实践并不一致。以目前的样子，要对付美英军队，没有胜利的希望。他最后说："军人是朕的股肱，要解除他们的武装，并把朕的臣下作为负有战争责任的人引渡出去，这是不能忍受的事。但是，在大局上应以明治天皇在三国干涉时所作的决断为例，加以效法，忍其所不能忍，为了将人民从悲惨的结局中拯救出来，为了世界人类的幸福，只有做出这样的决定。"铃木马上答奏说，坚决以"圣断"为本次会议的结论。这时已是10日零时30分。

10日凌晨3时，内阁会议继续开会。东乡希望采纳他的提案。铃木强调，这项决议是奉天皇陛下面谕，因此阁员已无提出异议的可能，只需在必要的文件上签字。这样，日本政府就正式接受了《波茨坦公告》。凌晨4时，内阁会议散会。

10日上午6时45分，日本外务省打电报给日本驻中立国瑞士的公使，请驻在国政府把日本接受《波茨坦公告》的照会交给美、英、中、苏四国政府。照会内容除上述御前会议的决议外，还说"日本政府真诚地盼望这一谅解能得到保证，并迫切地希望能很快获得对上述谅解的明确指示"。

东京时间8月12日凌晨，日本方面收听到美国广播的同盟国的答复，主要内容是："自投降之时刻起，日本天皇及日本政府统治国家之权力，即须听从于盟国最高司令官"；"按照波茨坦公告，日本政府之最后形式将依日本人民自由表示之意愿确定之"。

对此，日本法西斯死硬派很不满意，陆海军两总长于上午8时同时上奏天皇，断然反对接受同盟国公告，但海相、内大臣、外相等则主张接受同盟国的促降公告。上午10时半，外相先访首相，11时晋谒天皇，上奏同盟国复照的要旨和日本准备采取的措施。天皇面谕，主张接受。阿南认为，国体问题，殊为不安，应再照会交涉。铃木也认为，国体问题没有解决，应再提出照会。

12日下午6时后，日本驻瑞士和瑞典公使相继发回美国国务卿贝尔纳斯代表四国政府的正式复照。当天晚上，内大臣木户又在宫中同铃木恳谈，告知陛下意图，劝铃木断然接受同盟国的复照。铃木以"圣断"如此，当即表示同意。13日凌晨2时许，日本驻瑞典公使冈本又发回背景报告，说明关于天皇制度问题，经美英与苏联交涉，实质上是承认了日方的条件。冈本的这份报告对日本阁员产生了很大影响。

13日上午9时，日本最高战争指导会议开会，争论仍无结果。下午，日方收到美国广播，其中谴责日本故意拖延，迟迟不作答复。与此同时，美军

⬆1945年9月2日，在东京湾的美国军舰"密苏里"号上，日本外相和日军总参谋长分别代表天皇、日本政府和日本帝国大本营在投降书上签字。

舰载飞机猛烈轰炸关东和东北地区，迫使日本从速投降。

8月14日上午10时50分，御前会议于皇宫防空洞举行。铃木首先上奏近日最高战争指导会议和内阁会议情况，并说在阁议中，赞成外相提案的约占八成，现请陛下亲自听取反对者的意见，再乞圣断。这时，会场凄惨沉寂。最后，天皇裕仁发话：

我的异乎寻常的决心没有改变。

我不是轻率地作结论，而是根据内外形势、国内情况和彼我双方的国力战力来判断的。关于国体，敌方也是承认的，我毫无不安之处。

……如果继续战争，无论国体或是国家的将来都会消失，就是母子都会丢掉。

如果现在停战，可以留下将来发展的基础。……希赞成此意。

在天皇讲话时，会场上时有呜咽之声，有人甚至放声大哭。此后，铃木上奏：当即起草诏书。

8月15日中午，天皇裕仁向全国广播了日本接受同盟国《波茨坦公告》，实行无条件投降的《终战诏书》。

附：日本投降书①
（1945年9月2日签于东京湾）

（一）余等兹对合众国、中华民国及大英帝国各国政府首脑于1945年7月26日在波茨坦宣布及尔后由苏维埃社会主义共和国联盟参加之宣言条款，根据日本天皇、日本帝国政府及日本帝国大本营之命令，代表接受。上述四国以下简称为同盟国。

（二）余等兹宣布：日本帝国大本营与所有之日本国军队以及日本国支配下任何地带之一切军队，对同盟国无条件投降。

（三）余等兹命令：无论何地之一切日本帝国军队及日本臣民，即刻停止敌对行动，保存所有船舶、飞机及军用民用财产，防止损坏，并服从同盟国最高司令官或在其指挥下之日本政府各机关所课之一切要求。

（四）余等兹命令：日本帝国大本营对于处于任何地区之一切日本军队及由日本支配下之一切军队之指挥官，立即发布使彼等自身及其支配下之一切军队无条件投降之命令。

（五）余等兹对所有官厅、陆军及海军之职员，命令其服从及施行同盟国最高司令官为实施投降条款认为适当而由其自己发布或根据其权力委任发布之一切布告、命令及指示；并命令上述职员，除由同盟国最高司令官或根据其权力委任被解除任务者外，均应留于各自原有岗位，继续执行各自之非战斗任务。

（六）余等为天皇、日本国政府及其后继者承允忠实履行波茨坦宣言之条款，发布为实施该宣言之联合国最高司令官或其他同盟国指令代表所要求之一切命令及一切措置。

---

① 引自《国际条约集》（1945—1947），世界知识出版社1961年版，第112—114页。

（七）余等兹命令：日本帝国政府及日本帝国大本营立即解放现在日本控制下之一切联合国战俘及被拘平民，并负责采取对彼等之保护、照顾、给养及即速运输至指定地点之措置。

（八）天皇及日本国政府统治国家之权力，应置于为实施投降条款而采取其所认为适当步骤之同盟国最高司令官之下

1945年9月2日午前9时4分于东京湾签字。

重光葵——受命于并代表日本天皇及日本政府

梅津美治郎——受命于并代表日本大本营

麦克阿瑟——同盟国军最高司令官，代表中、苏、美、英及所有对日作战国家接受

美国代表C. W. 尼米兹

中国代表徐永昌

英国代表布鲁斯·福莱塞

苏联代表德雷维扬库

澳大利亚代表T. A. 布拉梅

加拿大代表穆尔·科斯格雷夫

法兰西共和国临时政府代表勒克莱

荷兰代表D. E. L. 赫尔弗里克

新西兰代表伦纳德·艾西特

东京审判

1945年12月16日—26日，苏、美、英三国外长莫斯科会议决定：驻日盟军最高统帅应采取一切必要的措施，保证使包括惩办日本战犯在内的"日本投降及占领和管制日本"诸条款一一实现。随后，苏、美、中、英、法、澳、加、新、荷九国代表经过多次谈判，决定将日本首要战犯交由这些国家代表所组成的国际军事法庭审判。印度和菲律宾后来参加了这项协议，远东国际军事法庭遂由11国组成。

为了防止日本战犯逃避审判，早在此前的1945年9月，盟军最高统帅麦克阿瑟就下令逮捕甲级战犯。9月11日，前日本首相东条英机被捕。此后，盟军总部又陆续将前陆军大臣荒木贞夫等72人追列为甲级战犯。12月中旬，除前首相近卫文麿等数人自杀外，其余100多名日本甲级战犯全部被盟国逮捕收监。

1946年1月19日，麦克阿瑟签发了"特别通告"，即"设置远东国际军事法庭"（又称东京法庭）的命令，并批准了《远东国际军事法庭宪章》。2月15日，盟军最高统帅部根据各同盟国政府的提名，任命了11名远东国际军事法庭法官，美、中、英、苏、加、法、新、荷、印、菲各一名，法庭庭长是由麦克阿瑟指定的澳大利亚法官韦伯爵士。中国法官是42岁的梅汝璈，首席检察官则是向哲浚。后者经呈报国民政府并获得同意，聘请裘劭恒为远东法庭中方检察官秘书。

梅汝璈1924年从清华大学留美预备班毕业后，在美国学习四年，获芝加哥大学法学博士学位，回国后曾在多所高校教授法律课程。这次，他受国家的重托，于3月20日从上海飞抵东京履行新职。

盟军最高统帅部的中国联络官为了给梅汝璈接风，特意在东京帝国饭店举办宴会，其中一个特别节目是"献剑典礼"——中国联络官和正在东京考察的中央大学顾校长把他们买来的一柄装饰华丽的宝剑赠予梅汝璈先生。梅汝璈深深一鞠躬，双手过顶接过宝剑，说："'红粉送佳人，宝剑赠壮士。'可惜我非壮士，受之有愧。"顾校长忙说："你代表四万万五千万中国人民和千百万死难同胞，到这侵略国的首都来惩罚元凶祸首，天下之壮烈事，以此为最。君不为壮士谁为壮士！"梅汝璈拔剑道："我既受国人之托，决勉力依法行事，断不使战争元凶逃脱法网！"

根据英美法律习惯，被告享有充分的辩护权利，法庭还为此组织了有日美两国著名律师参加的庞大的国际辩护团。因此，审理过程充满了激烈的对抗。

座次之争

远东国际军事法庭，主要是根据1945年7月中、美、英、苏四国敦促日本无条件投降的《波茨坦公告》设立的。审判庭就设在以前的日本陆军省，而庭长室恰恰就是东条英机原来的办公室。

法官到齐后，大家首先关注的是法庭上的座位排列顺序。法庭庭长，

↑东京审判现场

业经盟军最高统帅麦克阿瑟指定，由澳大利亚德高望重的韦伯法官担任。庭长之外还有美、中、英、苏、加、法、新、荷、印、菲的10国法官。庭长当然居中坐，庭长右手的第一把交椅似乎已属美国法官，但庭长左手的第二把交椅该属于谁呢？法官们各执一词，展开热烈讨论。的确，坐在庭长之左右手，不仅可以随时与庭长交换意见，掌握庭审动向，更重要的是表示该法官所属国在审判中的地位。当时的中国虽号称"世界四强"之一，可国力不强，声誉不高。

"若论个人之座位，我本不在意。但既然我们代表各自国家，我还需请示本国政府。"梅汝璈的头一句话就让人吃惊，若法官们各自请示本国政府，何时才能讨论出个眉目来？望着同事们惊讶的神色，中国法官接着说：

"另外，我认为，法庭座次应按日本投降时各受降国的签字顺序排列才合理。首先，今日系审判日本战犯，中国受日本侵害最烈，而抗战时间最久，付出牺牲最大，因此，有八年浴血抗战历史的中国理应排在第二；再者，没有日本的无条件投降，便没有今日的审判，按各受降国签字顺序排座，实属顺理成章。"中国法官说到这里略一停顿，微微一笑说："当然，如果各位同仁不赞成这一办法，我们不妨找个体重测量器来，然后以体重之大小排座。体重者居中，体轻者居旁。"

中国法官话音未落，各国法官已忍俊不禁。笑后，等着庭长韦伯最后拍板。但庭长当时没有表态。

等开庭前一天预演时，庭长竟突然宣布入场顺序为美、英、中、苏、法、加……梅汝璈立即对这一决定坚决抗议并随即脱去黑色丝质法袍，拒绝登台"彩排"。他说："今日预演已有许多记者和电影摄影师在场，一旦明日见报便是既成事实，既然我的建议在同仁中并无很多异议，我请求立即对我的建议进行表决。否则，我只有不参加预演，回国向政府辞职。"庭长召集法官们表决，预演推迟了半个多小时，最终入场顺序和法官座次按日本投降书各受降国的签字顺序美、中、英、苏、加、法……排定。

在座次争议之后，大家纷纷对中国法官刮目相看。与10位同仁相比，梅汝璈不会喝酒，也不会玩洋玩意——高尔夫球，但他有一特点，每日坚持在阳台上打"国粹"——太极拳。有一次法官们出席东京的一个国际性宴会，女主人轮流给11位法官敬酒，走到梅汝璈面前时被婉言谢绝了。女主人笑着对大家说："我发现，东京的国际法庭总算有一个始终保持清醒的法官，他，就是中国的梅法官。"

庭审开始

1946年5月3日，远东国际军事法庭宣布开庭。法庭的左侧是贵宾席，盟国在东京的要员几乎都到场听审。法庭的右侧有两层楼，楼下是四五百名各国新闻记者，楼上是六七百名听众。

审判台上，韦伯坐在中间，他的右边是美国法官，而左边则是中国法官梅汝璈。战犯们在军警的押解下一一进入法庭，坐在审判台的对面。他们是：20世纪30年代煽动青年将校们用武力改造国家的"雄辩家"荒木贞夫、同陆军省合作的原首相平沼骐一郎和广田弘毅、东条内阁的大藏相贺屋兴宣、1940年开始成为日本天皇耳目的内相木户幸一、外相松冈洋右、把战争说成外科手术的海军军令部总长永野修身，等等。天皇裕仁由于"不存在有罪的证据"而免于受审。前排居中是东条英机，他佯作镇静，一动不动，就像死人一样。

这28名甲级战犯是盟军总部国际检察处根据各同盟国的意见选定的。但在这个战犯名单里，并未出现日本天皇裕仁的名字。作为日本的最高元首，裕仁对日本的侵略行为负有不可推卸的责任。战争结束后，国际社会要求审判裕仁的呼声极高。但出于对战后利益的考虑，美国政府和麦克阿瑟宣布"保留天皇制，不逮捕也不起诉天皇"，理由是《波茨坦公告》允许日本在战后保留天皇制度。

梅汝璈主张审判裕仁，他提出，保留天皇制度与起诉裕仁并不矛盾——可以由新天皇即位。梅汝璈的主张得到其他一些法官的支持，只是由于麦克阿瑟的庇护，才使裕仁侥幸逃脱了法律的审判。

开庭后，检察长季南（美国人）首先宣读长达42页的起诉书。然后，根据法庭采用的英美法系规定，28名被告应对起诉书公开声明自己是否有罪。除大川昭明外，其他27人全都声称无罪。

法庭上，几十位美国、日本的律师（每一被告有美、日籍律师各一名）采用了拖延战术。律师代表清濑一郎（兼东条英机的辩护律师）节外生枝，攻击法庭超越管辖范围，声称庭长韦伯应该回避，因而使法庭无法正常工作。由于英美法系规定律师可以直接质询证人，他们便无孔不入，无隙不乘，从询问证人是否犯过罪，是否系精神病人，直至提出是否患有花柳病等不着边际的问题，妨碍检方提供的证人向法庭正常提供证言。

溥仪出庭作证

远东法庭中方检察官秘书裴劭恒为人坦诚、活跃，博得了不少美国同行的好感。一天，当他走进国际检察组资料室时，一位黑人资料保管员十分友好地为他抱出了一沓沓从日本政府接收过来已封存的档案，他从中找到了日本战犯土肥原贤二策划建立伪满洲国的罪证。"九一八"以后，土肥原贤二曾拟定一份密件送到日本驻天津领事馆，嘱咐领事立即将这份密件转送到日本东京外务相，内容是日本为了达到吞并中国的目的，以恢复帝制为饵，诱逼末代皇帝溥仪从天津潜逃至满洲，然后宣布成立"满洲国"，估计中国政府会对"满洲国"的成立采取行动，日本就以保护溥仪为借口，大举进兵中国。

对此，季南总检察长认为，这是个重大收获和突破。"现在我们已经掌握了土肥原贤二的密件，如果再让溥仪亲自到庭作证，那么审判的效果将会更具震撼力。我们先前曾主动找苏方磋商，经他们同意，已经把溥仪押来东京。考虑到溥仪是中国人，由中国人去做通他的工作，比美国人去做可能顺利得多。所以请你同他接触一下试试，相信他会配合的。"裘劭恒当即表示可以一试。

为了使说服溥仪的工作顺利进行，季南作了规定，远东法庭人员中只有他指定的五个人才能进出溥仪住地，其中一个就是裘劭恒。

裘劭恒经常到溥仪住处走动，与他闲聊，介绍祖国的一些变化。渐渐地，溥仪对裘不仅消除了疑虑，而且有了好感。溥仪本人在苏联被押期间，已经向苏方供述了大量材料，现如今与裘劭恒交谈，没有心理障碍，他是有问必答，除了补充他如何被诱逼当上"满洲国"皇帝一事之外，还提供了不少日本战犯的其他罪行，使裘在起诉书上增添了好多有力的证据。

在审理日本策划建立"满洲国"一案时，溥仪前后出庭作证八次。由于先前经裘劭恒的启发帮助，并对审理进程中可能发生的被告律师的刁钻和反诘，都进行了应对预练，溥仪出庭时态度镇定自若，发言有条不紊。溥仪的出庭作证，更充实了日本战犯的罪证，达到了预期的效果。

严正判决

审判历时两年，开庭日数为417天（818次）。近1.2万人提出了口头或书面的证言，被受理的审判和辩护方面的证据近5200件。

1948年4月，法庭进入起草判决书阶段。在梅汝璈的争取下，法官们推定由中国法官负责起草判决书中有关中国的部分。梅汝璈与助手杨寿林、罗集谊、方福枢等通力合作，在300多页、10余万字的初稿上倾注了大量心血。梅汝璈后来回忆说："我像书虫一样，整日在堆积如山的数万页法庭记录中钻来钻去。"

律师在庭上曾称：日本关东军首脑、"九一八"事变的策划者土肥原贤二

⊕松井石根接受审判。

"深得中国民众的信赖"，可盟军缴获的土肥原打回国内的电报上，有他的自吹自擂：凡中国男女老幼听到我的名字，无不谈虎色变。

日本华中派遣军司令松井石根应该对南京大屠杀负直接责任，他却在法庭上声称，曾派出十余名宪兵维持全城秩序。可是，盟军缴获有德国驻南京大使馆发给德国外交部的密电，电文概述了日军在南京城里杀人如麻的情景，并得出结论说：犯罪的不是这个日本人或者那个日本人，而是整个日本皇军，它是一部正在开动的野兽机器。

判决书起草至一半，中国法官又一次在法官会议上慨然陈词："由法庭掌握的大量证据，可以看出，日军在南京的暴行，比德军在奥斯维辛集中营单纯用毒气屠杀，更加惨绝人寰。砍头、劈脑、切腹、挖心、水溺、火烧、砍去四肢、割生殖器、刺穿阴户或肛门等，举凡一个杀人狂所能想象得出的残酷方法，日军都施用了，南京的许多妇女被强奸后又被杀掉，日军还将她们的尸体斩断。对此种人类文明史上罕见之暴行，我建议，在判决书中应该单设一章予以说明。"这一建议得到庭长韦伯和其他法官的一致肯定。

法庭进入最后的秘密评议（量刑）阶段，11国法官在是否判处死刑的问题上，意见发生根本分歧。凡本国已废除死刑的法官，自然不愿投死刑票，譬如庭长、澳大利亚的韦伯爵士就主张将战犯们流放到荒岛上。美国法官同意死刑，但他仅限于对发动战争和虐待俘虏的战犯判处死刑。印度法官竟然主张无罪开释全体战犯。梅汝璈坚决表示："若不能严惩战犯，决无颜再见江东父老，惟蹈海而死，以谢国人。"经过他和助手们的艰苦工作，最后投票时，终以一票的微弱多数把东条英机、土肥原贤二、松井石根等七名首恶送上了绞刑架。

法庭于1948年11月4日开始进行判决，厚达1500页的判决书宣读了七天。法庭最后宣判25人有罪。

被判处绞刑的7人是：东条英机（历任陆军大将、陆相、内相、首相、参谋总长）；广田弘毅（历任驻苏大使、外相、首相）；土肥原贤二（历任陆军大将、驻满特务机关长、陆军航空总监）；板垣征四郎（历任陆军大将、中国派遣军总参谋长、陆相）；木村兵太郎（历任陆军大将、陆军次官、缅甸派遣军司令官）；松井石根（历任陆军大将、上海派遣军司令官）；武藤章（历任陆军中将、陆军省军务局长）。

被判处无期徒刑的16人是：木户幸一、平沼骐一郎、贺屋兴宣、坞田繁太郎、白鸟敏夫、大岛浩、荒木贞夫、星野直树、小矶国昭、畑俊六、梅津美治郎、南次郎、铃木贞一、佐藤贤了、桥本欣五郎、冈敬纯。

被判处有期徒刑的2人是：重光葵（7年）、东乡茂德（20年）。

东京审判的进行，大体是严肃和公正的，得到全世界包括日本本国进步舆论的支持。但是，由于美国在审判中起着主导作用，出于本国的利益和观念，审判对战犯的追究在某些方面相当宽容和不彻底，许多重要战犯和法西斯组织没有受到应有的惩处，大川周明就是一个典型的例子。

在远东军事法庭开庭的第一天，坐在被告席最上面的大川周明两次站起来，使劲拍打坐在他前面的东条英机的秃顶。当庭长下令把他带出法庭时，他一边挣扎，一边高喊："我要杀死东条！"第二天，法庭准许大川退庭去进行精神鉴定，医学专家最后认定他患有精神病。然而，在远东国际军事法庭闭庭后不到两个月，大川周明被释放了。奇怪的是，他的疯病居然马上好了。中国法官梅汝璈在他1962年开始写作、生前只完成四卷的回忆录《远东国际军事法庭》一书中，对大川周明在法庭上的丑恶表演评论道："这是对法律正义的嘲弄。"梅汝璈还有一句话流传甚广，令人深思："我不是复仇主义者，我无意于把日本军国主义欠下我们的血债写在日本人民的账上。但是我相信，忘记过去的苦难可能招致未来的灾祸。"

东条英机自杀未遂

《辞海》：东条英机（1884—1948） 日本战犯。首相（1941—1944）。陆军将领。"九一八"事变后任关东军宪兵司令官。"七七事变"前夕升关东军参谋长。事变发生后，率军侵占中国承德、张家口、大同等地。1938年任陆军次官。同年底转任航空总监。1940—1941年任陆相时，积极主张扩大侵华战争和准备对美英战争。1941年10月授陆军大将衔，并组阁，兼陆相、内相。不久发动太平洋战争，又兼军需相和参谋总长。在国内实行法西斯独裁统治。1944年7月被迫下台。日本投降后，逮捕之前自杀未遂。后定为甲级战犯，被远东国际军事法庭判处绞刑。

⊕ 自杀未遂的东条英机

东条英机自幼就受到日本武士道精神的严重熏染。他曾发誓："在满洲的土地上，就是粉身碎骨也心甘情愿。"在第二次世界大战中，他是与希特勒、墨索里尼齐名的法西斯头目之一，是日本军国主义侵略中国、侵略亚洲的头号战争罪犯。

1945年8月26日，美国军队开始进驻日本。9月2日，同盟国在东京湾的美国"密苏里"号战列舰上举行了日本投降签字仪式。

日本战败后，东条英机一直龟缩在家里。这座欧洲样式的日本平房，由一些日本警察和军人守卫着。9月10日，有几个美国记者去他家察看动静，他装出一副满不在乎的样子，同记者们握手，并拿出了日本名牌香烟"希望"来招待访客。他说，他自己现在同政治完全没有关系，"败军之将，无法谈兵"。他还说，1945年5月25日，美国空军空袭日本时，他家的书房、接待室和房前三棵最好的松树被烧毁了。

9月11日，驻日盟军总部最高统帅麦克阿瑟签署了盟军的第一号逮捕令，下令立刻逮捕以东条英机为首的第一批39名日本甲级战犯。东条英机预计到，他的死期快到了。他内心感到恐惧，唯恐自己像墨索里尼那样，落得个暴尸街头的下场。几天前，他就为自杀做好了准备——让私人医生铃木用墨汁在他的左胸上，准确地标出了心脏的位置；军刀更是形影不离地挂在身旁。他还在经常使用的烟斗里塞满了剧毒的氰化钾。

9月11日中午时分，麦克阿瑟一发布对东条英机的逮捕令，记者和摄影师们就立即奔向他的住所。第一批逮捕队由于迷路未能及时到达，第二批逮捕队一行人中却因有一个美国记者熟悉地形，顺利地到达了东条英机的住地。

下午4时20分，30多名荷枪实弹的美国逮捕队突然包围了东条英机家的平房。东条英机门前的卫兵打开院门，美国兵和记者一拥而进。但是，东条英机的楼门是紧闭着的。不一会儿，二楼书房的窗户突然打开了一条缝，随即露出东条英机霜雪般的微笑和被香烟熏黄的牙齿："你们来此有何贵干？"

老狐狸自然明白这是怎么回事，于是向胜子夫人提出，要她把这个消息告诉已去九州的孩子们。但是，胜子为了知道事情的全部情况，还是决定留在丈夫身边。

东条英机又从窗口探出头来，再次问道："这是正式逮捕吗？"

美国军官保罗·克劳斯少校通过翻译回答说："你是东条大将吧？我们奉麦克阿瑟将军之命，请你到盟军总司令部报到。"

东条英机收敛起脸上的笑容，硬邦邦地问道："你有公文吗？我要看公文。"

"请你把门打开，我这里有文件。"克劳斯高高地举起逮捕令，晃了一晃。

东条英机严肃起来："我就是东条英机，但没有政府的命令，我不与任何人见面！"

克劳斯听后满脸愤怒，不耐烦地对翻译说："快点告诉这狗杂种，别再耽误时间，赶快收拾一下，跟我们走！"

　　"咂"的一声，东条英机把二楼的窗户猛地关上，迅速从抽屉里取出一支科尔特自动手枪。这支手枪是两年前德国法西斯头子希特勒送给他的，他从未使用过，也没有想到第一次使用这把枪，竟是对准自己的心脏！

　　就在克劳斯少校撞开楼门的一刹那间，楼上传来了一声沉闷的枪响。克劳斯少校迅速向楼上跑去，并踢开二楼书房的门，冲了进去。他们发现，东条英机站在一张安乐椅旁，胸口下正不断地淌着鲜血，他右手还拿着一支手枪。克劳斯少校大喝一声："放下手枪！"只听"当啷"一声，东条英机的手枪落到了地板上。瞬间，东条英机摇晃了几下，就倒在了椅子上。克劳斯等上前仔细作了检查，发现子弹是从心脏下边打进去的……

　　克劳斯立即把情况向美军司令部做了报告，然后把东条英机送往医院。日本大夫来了，东条英机却拒绝治疗。大夫马上采取紧急输血措施，然后把他送到了横滨的美军医院。

　　事后，有记者问东条英机："你的枪为什么不往头上打？"东条英机回答说："因为我要让人们认出我的容貌，知道我已经死了。"记者又问："你为什么不剖腹自杀呢？"东条英机说："我怕剖腹自杀不成功，因为旁边没有监护人，没有人给断头。"原来，日本法西斯分子在绝望时，常用剖腹自杀来表示对天皇的效忠，这时旁边要有帮忙的"介错人"——如自杀失败，"介错人"即把自杀者的头颅割下来。

　　美国医师约翰逊觉得大战犯东条英机本来就应该处死，为什么还要抢救他呢？医师的义父回答说："我们抢救东条英机，其用意在于为了好好地把他处以绞刑。"

　　东条英机原想以自杀来逃避世界人民对他的审判，但经过及时抢救和认真治疗，他很快就恢复了健康，被美国占领军转移到第11监狱（第2号室）。这个监狱原名"大森俘虏收容所"，过去曾收容被俘人员。在这里，俘虏们受到残酷的虐待，死亡率极高。这事当时也曾传到东条英机的耳朵里，在国际舆论的压力下，1943年10月，他才不得不来到收容所视察。他拿着象牙手杖，像个绅士似地迈着方步，先看了澡堂，又看了厨房，极力为其不人道的行为辩护。东条英机万万没有想到，正是这个地方，眼下竟成了监禁自己和日本战犯的大牢。

　　不久，远东国际军事法庭把东条英机转移到巢鸭监狱。这所监狱地处东京西北，过去由于野鸭在这里筑巢，故取名"巢鸭"。东条英机到巢鸭监狱后，办理了入狱手续，进行了身体检查，消灭了虱子。几天后，监狱的司令官让东条英机暂时住在四十四号单身牢房。"四"和"死"在日语里发音相同，在东条英机看来，这是一个不吉利的数字，尤其又是"四十四"，那就更加不吉利了。

狱中的战犯们，过去在开内阁会议或御前会议时都是同席的熟人，但是在巢鸭狱中，不论是领取饭菜还是在广场上散步，他们都有意避开东条英机，而东条英机也经常把饭菜拿回单身牢房去吃。

1946年的头几个月，监狱审问室几乎每天都在进行审问。东条英机接受特别检查团审问51次，合计124个小时。他坚持认为，不管是自己还是日本国，都没有干过什么坏事。他说，该受责难的，起初是中国人，以后是美国人、英国人。由于日本慢慢处于被各国"包围"之中，所以日本为了"自卫"，被迫行动。

历史证明，东条英机确实是个冥顽不化、寡廉鲜耻的军国主义者，他在东京国际法庭上的最后一次口供，竟是这样一段话：

"最后——恐怕这是本法庭规则上允许的最后机会——我在这里重复一下。日本帝国的国策，乃至当年合法地占据其职位的官吏所奉行的方针，不是侵略，也不是剥削。我们依照宪法所规定的程序行事，但我国还是遇到了严酷的现实。我们以国家命运为赌注，但输了。战争从国际法上看是否是正义战争和战败的责任如何，分明是各有出处的两个不同问题。第一个问题是和外国的问题，并且也是法律问题。我始终主张这场战争是自卫战争，不是违反现时人们承认的国际法的战争。我从未想到如今我国因曾经进行了这场战争而被胜者起诉为国际犯罪，战败国的合法官吏被指控为国际法上的犯罪个人和违反条约者。"

执行死刑① ［日］《朝日新闻》记者团

总司令部涉外局（1948年12月）23日4时10分紧急宣布：在远东国际军事法庭上被判处死刑的7名战犯，将于23日早晨在巢鸭监狱执行绞刑。执行时间从零点1分开始，33分钟后结束。

首先被押上绞刑台的是土肥原、松井、东条、武藤四名战犯——他们将被同时绞死；接着是板桓、广田、木村三人。21日晚9时，他们每次两人，被叫到监狱的佛堂听取执刑通知。七人都提出希望同监狱的法师花山信胜单独会见一小时。在这些会见中，只有东条一人提出特别要求——想在最后一天吃日本式的饭菜，并得到许可。

七人在最后一天都写了信，会见了法师，还相互致了最后的诀别辞。这一天的饭菜是美国军用餐，有要求者则是日本饭菜。但是，七人都没有食欲。他们在监房里特设的佛坛前最后一次念经。

执行场上，官方监刑人、医生和监狱重要人员都到场了，此外，总司令部还邀请了对日理事会的四国代表监刑：美国代表兼对日理事会长威廉姆·西波尔德公使、中国代表商震上将、英联邦代表巴特里克·肖、苏联代表库茨曼·迪利比扬格中将。

这些监刑人是根据麦克阿瑟的备忘录到场监刑的。备忘录说："对远东国际军事法庭宣判死刑的战犯的执刑，将于12月23日凌晨进行。执刑是向远东国际军事法庭派出代表的各盟国所下达的判决的实现，因此我特地邀请阁下作为盟国的正式监刑人，为使基于远东国际军事法庭判决的执刑确实实施而到场监刑。"

---

① 改编自《东京审判》，［日］《朝日新闻》记者团著，吉佳译，河北人民出版社1988年版。

13 级死亡台阶

在对第一批战犯执刑前20分钟，看守分别把四名战犯从单间牢房带到牢房一楼特设的佛坛前。战犯在这里听完念经后，将被护送到绞刑台。佛坛前的仪式一结束，就由监狱值日军官带路，后面跟着美国陆军牧师和日本法师。战犯按土肥原、松井、东条、武藤的顺序排列，每个人的两边都有两名美军看守护送。一行人静静地走向刑场，行列的最后跟着两名监狱的军官。

被执刑者来到绞刑台时，一个个受到确认。绞刑台入口处早已有监刑人在受刑人到来之前就在那里等着，在他们作了确认后，受刑者就上了13级台阶，站在绞刑台上，面对着监刑人。死刑因一上绞刑台，头上就被戴上黑头巾并被套好绞索。在主执行官向执行指挥官敬礼并报告准备完毕后，执行官就向死刑因方向发出了抽开四张踏台的信号，此时正好是零点1分30秒，即在战犯到达1分钟后。

土肥原于零点7分30秒被宣布死亡，东条为零点10分30秒，武藤为零点11分30秒，松井为零点13分。接着，第二批战犯于凌晨零点10分被带到刑场，同样受刑，踏台于零点20分抽掉。板垣于零点32分30秒被宣布死亡，广田为34分30秒，木村为35分30秒。

受刑者没有借助别人，而是自己走到了死亡的地点。他们在绞刑台上听了几句佛教祈祷，但没有留下遗嘱。死刑因各有一个医生跟随，一旦断定已经死亡，医生便招呼上级医官检验、确认并宣布死亡。死刑因穿的是没有任何标记的美军救护服。

美国陆军的死亡登记人员从灯火通明的绞刑台上放下尸体，送去火化，骨灰和以前处死的其他日本战犯一样撒掉。

死刑犯的最后时刻

在巢鸭监狱目睹东条等七名战犯最后时刻的唯一日本人是法师花山信胜博士。当天下午3点多，他坐吉普车出门，直接去东京大学印度哲学研究室会见内外记者。

花山信胜博士在21日以后在巢鸭监狱实际度过了三天两夜，并且感受了过去乙级、丙级27名战犯执刑时未曾感受到的非同寻常的体验。他疲劳到了极点。他说，早晨给七具尸体念完经，整理完有关战犯最后时刻面容的笔记，就像垮了一样倒在床上睡着了。他详细转述了七名战犯临死时的心情，然后回答了记者们的提问。

问：接到执刑通知后，七名战犯有什么动静？

答：他们非常沉着，好像都很放心，有人在写绝命诗，武藤在昨晚突然被叫去后写道："霜夜时，横下决心，出门去。"

东条写道：

"此一去，尘世高山从头越，弥勒佛边唯去处，何其乐。

明日始，无人畏惧无物愁，弥勒佛边唯寐处，何其悠。"

据他解释，意思是说：

"想起一直在100瓦的灯光昼夜照射下，竟能未得神经衰弱，觉得因为有了信仰，才一直到最后都能保持身心健康。"

土肥原从22日下午3点起，在一个小时的会见时，在佛堂里说：

"睡得很好，睡得这么熟把我叫起来，真难受，可是……"

他还作了和歌：

"往前跨，狭路亦变宽，二河白道如斯否，但愿亦见宽！"

所说的二河白道，是中国名叫善导大师的人在他编著的书里写下的有名的传说，说是在一条水河和一条火河中间有一条非常细的四五寸左右的路，从此岸通向彼岸。不灭的火焰和翻卷的波浪使道路变窄而不能通行。但是，如果下定决心往前走，那就会感到道路宽阔，可以毫无畏惧地走下去。

他还接着说，现在受到心口放光的如来佛的召唤，万分感激，心情恰似久旱逢甘霖一般。念着南无阿弥陀佛勇往直前地前行，有阿弥陀如来的安排，不需要自己费力，那白色的道路将顷刻变成一条康庄大道。

花山博士举起左手的念珠说："这是东条一直戴到最后的念珠。"又举起右手的念珠说："这是松井戴到最后的念珠。这些念珠是在上绞刑台之前他们求我交给家属的，所以两串我都收下了。"

问：念珠的球拔掉了，这是为什么？

答：说是玻璃危险，所以特地拿掉了，穗子也特地割掉了。

问：上绞刑台时也戴着念珠吗？

答：临死前四五分钟给了我。在入口处给我念珠时，我们握手告别。

问：此外还有别的绝命诗吗？

答：板桓说：

"根据波茨坦宣言，我们就是永远和平的牺牲者。跟随日莲和尚，为了永远和平而抛弃我们这把丑骨头，是变粪土为黄金的事，因此我们可以瞑目了。祝愿我国迅速和各国讲和，实现其再建并对世界和平做出贡献，也祈祷中国和大韩国国运隆盛，还感谢巢鸭当局给我们的长期保护。"

他的谢罪歌是：

"双膝跪拜神灵前，一心乞恕罪不浅。"

"无限怀念，中国友人，于今仍见，东亚之外，复有东亚。"

"朝夕待死，片刻亦是，人生之途，全力以赴。"

木村要我转告他的夫人：

"此类事是前世姻缘，应该想开。自己作为长久和平的一块基石，是欢欢喜喜地离开人世的，超脱了死便是永远的生！"

广田说：

"你看得出，我身体没有什么不正常，请转告我只是健康地默默地死去的。自己很早就不搞文学什么的了，倒是读过别人的东西，但自己没有写过，所以没有和歌呀俳句呀什么的。"

松井的作品是：

"天地无恨人无怨，心中唯有无畏念，思宁神安上旅程，无愁无虑趋向前。

何物欲留人世间？唯吾心肺一忠言，自他平等不可忘，于此应怀真诚胆。"

问：最后个别见面的情形如何？

答：从22日上午9点一直到晚上12点，连续不断地进行了会见。按照下面的安排一直会见到12点30分左右。

问：22晚上东条怎么样？

答：东条左手戴着念珠，执刑通知完毕时举手向监狱长一拜，表示对他的感谢。还两次喊"OK、OK"，说翻译一通知，就非常清楚了，还说：

"其实昨晚忘了向监狱长道谢，请代我转达，因为24小时前正在睡觉，没有预告便被拖了出来，以为是要执刑了，但只是提前24小时通知我，非常感谢。"

问：接到执刑通知时情形如何？

答：一次两人叫去听通知，只有东条是字母顺序最后一个，所以是一个人。

关于尸体的处理，各家报纸报道称：当天凌晨2时5分，一辆大型卡车从巢鸭开出，两辆吉普车前后护卫，沿京滨国道直奔横滨方向去了。

23日凌晨3时，在京滨国道上风驰电掣般跑着的两辆大型篷车在两辆吉普车的护卫下进入横滨市，一辆卡车上装着的是七具棺材吧？不久，卫兵和卡车、吉普车共两辆沿京滨国道往回走，装棺材的卡车等待天亮，7时40分，进入横滨市西区久保町的久保山火葬场。

上午8时，火葬场高高耸立的烟囱里开始有一股淡淡的黑烟升向即将下雨似的灰色天空，10时10分，火化结束了吧？一辆吉普车驶出火葬场，不知奔向何方。

这天上午，教会、寺院等，举行了麦克阿瑟所说的和平祈祷。但东京银座等地，圣诞节即将来临，到处人山人海，这样重大的新闻也在腊月岁暮的忙乱中烟消云散。

东京靖国神社供奉的日本战犯

第二次世界大战结束后，远东国际军事法庭审判了28名日本甲级战犯和2000多名乙、丙级战犯，其中有14名甲级战犯的灵位供奉在东京靖国神社中。这些战犯无一不是日本对外侵略战争的发动者与指挥者，他们都对人类和平犯下了滔天罪行。

东京靖国神社位于都千代田区九段坂，里面供奉着自明治维新以来为日本军国主义战死的军人及军属，其中绝大多数是在中日战争和太平洋战争中阵亡的日军官兵和殖民地募集兵。靖国神社在二战前一直由日本军方专门管理，是国家神道的象征；二战后，遵循政教分离原则，靖国神社改组为宗教法人。1978年10月，

⬆ 位于东京的靖国神社

靖国神社偷偷移入甲级战犯牌位，目的是否定远东国际军事法庭的判决。此后30多年来，日本内阁成员等政界要人参拜靖国神社，屡次引发外交纠纷，被认为是在"以身作则"地故意刺激饱受日本军国主义侵略的亚太各国人民的感情、美化日本侵略历史和挑战战后国际秩序。

靖国神社中供奉的14名甲级战犯是：

1. 东条英机

东条英机是日本法西斯统治集团的魁首，是侵苏战争、侵华战争和太平洋战争的主要决策者之一，被称为"战争狂人"。1935年，东条英机任日本关东军宪兵司令官，在"强化治安"的名义下，以"剃头效率"大批逮捕和屠杀中国东北抗日军民。"七七事变"中，他作为全面侵华的急先锋，率"东条兵团"侵入承德、张家口、大同、包头等地。1940年至1941年，东条英机任陆军大臣，极力主张进一步扩大侵华战争和发动对苏战争。1941年10月，东条英机任内阁首相兼陆军大臣等军政要职，大搞"东条独裁"，对内强化法西斯统治，对外扩大侵略战争。1941年12月8日，东条英机悍然发动了太平洋战争。

1945年9月，东条英机作为日本头号战犯被捕，后被远东国际军事法庭判处绞刑。

2. 土肥原贤二

土肥原贤二，日本陆军大将、侵华阴谋家。从1913年开始，他在中国长达30余年的间谍特务生涯中，竭力从事分裂中国、侵略中国的罪恶活动。

他参与策划了"九一八"事变，1931年底劫持溥仪到东北，拼凑伪满傀儡政权，致使东北沦陷长达14年。1935年6月，他逼迫国民党政府签署《秦土协定》，攫取了察哈尔大部主权。1935年10月，他策划了以分裂中国为目标的"华北自治运动"。"七七事变"后，他率日军第14师团入侵中国。

1948年11月12日，土肥原贤二被远东国际军事法庭判处绞刑，12月23日在东京巢鸭监狱执行。

3. 松井石根

松井石根，日本陆军大将、南京大屠杀元凶。1937年8月，松井任侵华日军华中方面军司令官兼上海派遣军司令官。日军占领南京后，制造了惨绝人寰、震惊世界的南京大屠杀。被屠杀的中国军民达30万以上。日军还对南京进行了大抢劫、大纵火，历史名城被毁1/3，财产损失不计其数。

松井石根作为华中方面军司令官，有意纵容部队施行种种暴行，对惨无人道的南京大屠杀负有不可推卸的罪责。

1948年11月12日，他被远东国际军事法庭判处绞刑，12月23日在东京巢鸭监狱执行。

4. 木村兵太郎

木村兵太郎，日本陆军大将、杀人不眨眼的屠夫。曾长期在日本陆军从事野战兵器装备的开发与研制，是日本陆军的"炮兵专家"。1939年3月，木村兵太郎被任命为侵华日军第32师团师团长。

1939年4月，他率领8000多名日军对我国鲁南抗日根据地进行扫荡，命令士兵对手无寸铁的中国老百姓进行血腥屠杀，并将2000多人关押到济南新华院集中营做苦力。此后，每年数以万计的中国劳工从这里被掳掠到东北、日本的矿区。1944年，木村兵太郎在日军面临全面溃退时，被派任驻缅甸方面军司令官。他命令部下对缅甸平民和俘虏进行虐待与屠杀，制造了仰光大屠杀，被称为"缅甸屠夫"。

日本投降后，木村兵太郎被远东国际军事法庭判处绞刑。

5. 广田弘毅

广田弘毅，1932年任日本外务大臣。1936年1月发表了企图吞并中国，将中国置于日本控制下的"广田三原则"。1936年3月出任内阁总理大臣，1937年初参与日本帝国主义发动全面侵华战争的决策，是发动对华全面侵略战争的主谋之一。他表面上主张实行所谓"和平外交"，实质上是为军部对中国扩大侵略、独霸亚洲效力。在担任首相期间，他听命于军部，恢复了"军部大臣现役武官制"，致使军部得以干涉政务，在客观上为军部的独裁铺平了道路。日本战败后，他是被远东国际军事法庭判处绞刑的七名甲级战犯中唯一的文官。

6. 坂垣征四郎

坂垣征四郎，日本陆军大将、"九一八"事变主犯。曾任驻华日军参谋，长期在昆明、武汉、沈阳等地进行阴谋活动。1931年参与策划"九一八"事变，炮制伪满洲国傀儡政权。

1934年任关东军副参谋长，制造内蒙古"独立"和绥远事件。1936年任关东军参谋长，1937年任第5师团师团长。1938年5月，他奉调回国，出任近卫内阁陆军大臣，主张扩大侵华战争，下令扩大战争范围。

1939年到1941年，坂垣征四郎到中国出任日本派遣军总参谋长。1941年太平洋战争爆发后，他带领所属部队参加太平洋战争。

1948年12月23日，他被远东国际军事法庭处以绞刑。

7. 武藤章

武藤章，日本陆军中将、扩大侵华战争的"谋士"。1937年担任侵华日军华中方面军副参谋长，12月协助松井石根攻占南京，是制造南京大屠杀的主谋之一。

在日本参谋本部作战课课长和陆军省军务局局长的职位上，武藤章操纵了历任陆军大臣。从"七七事变"后提出扩大侵华战争的方针，到"八一三"事变后悍然策划杭州湾登陆，武藤章都起了重要作用。

武藤章1942年至1945年先后任驻苏门答腊日军第2守备师团长等职。这期间，他对当地的平民进行屠杀，制造了"马尼拉大惨案"。

战后，他被远东国际军事法庭判处绞刑。

8. 松冈洋右

松冈洋右，侵华舆论制造者。1900年毕业于美国俄勒冈大学，从1904年起进入日本外务省，历任日本驻中国、美国等国外交官。

松冈洋右在"九一八"事变前多次担任日本驻中国领事，竭力鼓吹"满蒙是日本的生命线"，"日本确保和死守满蒙生命线当然是天经地义、无可非议的"，为日本侵华大造舆论。"九一八"事变后作为日本驻国际联盟首席代表，为日本入侵中国东北辩护。1940年担任日本外相，参与缔结德国、意大利和日本的三国同盟。

1945年日本投降后，他作为甲级战犯接受审判，1946年病死。

9. 永野修身

永野修身，日本海军大将、偷袭珍珠港的下令者。"九一八"事变爆发后，他下令在上海制造了"一·二八"事变，造成中国军民伤亡3.4万人，五六十万人无家可归。1941年初，他出任海军军令部总长，指示山本五十六制定海军"南进"计划和偷袭珍珠港的具体方案，并竭尽全力协助东条英机指挥海军进犯东南亚国家。1941年12月，他签署了偷袭美国珍珠港的作战命令。1946年5月3日，他被远东国际军事法庭判为甲级战犯。1947年1月5日，他病死在美军医院，逃避了正义的审判。

10. 白鸟敏夫

白鸟敏夫，对外侵略的吹鼓手。1914年进入外务省，曾先后在日本驻香港、美国、中国和德国等地使馆任职。1930年，白鸟敏夫就任外务省情报部部长。"九一八"事变后，他伙同外务省书记官长森恪和陆军省的铃木贞一等人，主张日本退出国际联盟，支持在中国东北建立傀儡政权。1938年，他就任日本驻意大利大使，在任期间，他向日本政府施加影响，力促日德意三国同盟的结成。1948年，白鸟敏夫被远东国际军事法庭判处无期徒刑。1949年6月3日，在服刑期间病死。

11. 平沼骐一郎

平沼骐一郎，日本天皇制司法官僚的总代表，天皇的狂热追随者和布道师。他所创立的专制主义思想理论和专制主义司法制度，为日本军国主义势力的发展提供了理论依据与制度保障，被称为"日本法西斯教父"。

平沼骐一郎1923年出任司法大臣，1939年1月，近卫内阁辞职，平沼骐一郎组阁，担任首相，不足八个月便下台，1940年至1941年任第二届近卫内阁内务大臣和国务大臣。日本投降后，他于1948年被远东国际军事法庭判处无期徒刑，1952年病死。

12. 小矶国昭

小矶国昭，陆军大将、镇压朝鲜人民的罪魁。历任陆军省军务局长、陆军次官、第5师团师团长、关东军参谋长等职。

1942年，小矶国昭出任驻朝鲜军司令官。他在朝鲜大力推行奴化教育，宣传朝鲜人民与日本人同根同族，愚弄朝鲜民众，残酷镇压朝鲜人民的反抗行动。1944年7月，小矶国昭继东条英机后出任首相。在内外交迫中，他于1945年辞去首相职务。

战后，小矶国昭被远东国际军事法庭判处无期徒刑，1950年在狱中病死。

13. 梅津美治郎

梅津美治郎，日本陆军上将、残杀东北军民的刽子手。1911年从陆军大学毕业后，历任日本驻德国、丹麦使馆武官、参谋本部总务部长等职。

1934年3月至1935年8月，他被任命为日本驻天津的驻屯军司令官。他迫使国民党政府同他签订了有损中国主权的《何梅协定》，攫取了河北和平津地区的大部主权。

1939年至1944年6月，担任关东军司令官的梅津美治郎在中国东北实行残酷的殖民统治，加紧对东北的经济掠夺与控制，对东北抗日联军实行"大讨伐"，给东北地区军民带来深重的灾难。

1948年11月12日，他被远东国际军事法庭判处无期徒刑，1949年病死。

14. 东乡茂德

东乡茂德，疯狂扩张的策划者。1912年进入日本外务省，历任欧美局局长、欧亚局局长、驻德大使、驻苏大使等职。

1939年5月至9月，专门负责处理"诺门坎事件"，与苏联达成停战协定。1941年10月至1942年9月，任东条英机内阁的外务大臣兼拓务大臣，参加太平洋战争的筹划和准备。太平洋战争爆发后，他曾与其他阁僚合作指导太平洋战争及对华战争。

1948年11月12日，他被远东国际军事法庭判处有期徒刑20年。1950年7月，于服刑期间病死于驻日美军陆军医院。

中国审判日本战犯

1945年8月日本投降后，国民政府即参照国际法有关规定，特别是参照《海牙公约》和《日内瓦红十字会条约》，制定了《关于战犯审判条例》，并在同年12月到1947年12月，对2435名日本战犯进行了审判，判处149人死刑，实际执行145人（四人在执行前病死或减刑），其余人被分别判处无期徒刑和有期徒刑，少数人则被无罪释放。

但是，由于一些特殊原因，国民政府审判日本战犯的工作未能有效完成，于是便有了1956年中华人民共和国对日本战犯的审判。

国民政府10城市审判

国民政府审判日本战犯的筹备工作，是在英美盟国的带动下展开的。1943年10月，同盟国各国代表在伦敦成立了"联合国调查战争罪行委员会"，其中有中国政府代表顾维钧参加。1944年2月，国民政府开始了初期的日军罪行调查工作。

1945年12月，国民政府在完成确认战争罪犯和定罪两项工作后，按军事区域划分，在南京、汉口、广州、沈阳、太原、北平、徐州、上海、济南、台北10个城市，设立了审判战犯的军事法庭。南京法庭直属国防部，其余法庭隶属于各地区的最高军事机关。审判初期，各地法庭的主要目标是日军宪兵和监狱官员。他们在当地作恶多端，民众容易指认。

1946年5月3日，远东国际军事法庭开始在东京对日本主要战犯进行审判。在东京审判的引导下，国内审判的重点是日军在华制造的集体屠杀事件。当时主要审判了犯有战争罪行的日军将领，同时也审判了同侵华战争有关的间谍、外籍罪犯，以及为虎作伥的韩国、台湾地区籍战犯。

国民政府审判的最后一幕，是处置日本"中国派遣军"总司令冈村宁次。

冈村宁次是八路军的死对头。1941年，他调集数万日军，对华北抗日根据地进行了残酷的大"扫荡"，造成270万平民死亡。日本投降后，他执行重庆国民政府的命令，指挥日军统一向国军投降，而不向靠近华北日军的八路军投降，因而受到国民政府的欣赏。

抗战胜利后，国共矛盾导致1946年的内战。冈村宁次具有同共产党作战的经验，竟然充当了国民党的军事顾问。因此，他被捕后，直到1947年8月23日才首次出庭受审。国民党高层费尽心机，设法为他开脱罪责，最后做出了无罪释放的判决。这理所当然地引起了国内舆论的强烈不满。1949年1月28日和2月5日，中共两次发表声明，把国民政府军事法庭宣判冈村宁次无罪斥之为"出卖民族利益，勾结日本法西斯军阀的犯罪行为"。

1956年审判的筹备

1956年4月25日，中华人民共和国第一届全国人民代表大会常务委员会第34次会议通过了《关于处理在押日本侵略中国战争中战争犯罪分子的决定》，最高人民检察院于同年6—8月，先后分三批对在押的1017名职务较低、罪行较轻、悔罪表现较好的日本战犯宣布免于起诉，立即释放，由中国红十字会移交日本红十字会乘船回国。同时，最高人民法院特别军事法庭也对罪行较重的前日军将领铃木启久、藤田茂、佐佐真之助、"满洲国"国务院总务厅长官武部六藏等45名日本战犯，分别在沈阳、太原两地进行了公开审判，分别判处8—20年有期徒刑。这些战犯除佐佐真之助在服刑期间病亡之外，其余44人在1964年3月6日全都刑满释放或提前释放，回到日本。

1945年8月日本战败后，苏联红军在中国东北境内俘虏和捕获了一批日本侵华战犯和"满洲国"官员，其中2000余名战犯已被苏联军事法庭判刑，尚余近千名战犯被羁押在苏联海参崴的战犯收容所。

1950年毛泽东出访苏联时，提出将苏联红军在东北战场俘获而尚未判刑的日本战犯引渡到中国，由中国政府对他们进行审判和改造。这年7月18日，在位于中苏边境的黑龙江省绥芬河市，苏方将969名日本战犯和60多名伪满战犯移交给中国政府，由全副武装的军警押解，乘专列抵达辽宁省抚顺，被关押在抚顺战犯管理所。另外，在解放战争中被中国人民解放军俘获的100多名参加蒋介石、阎锡山部队的日本战犯，则收押在太原战犯管理所。

1954年1月，周恩来总理向最高人民检察院提出，要对日本战犯进行侦讯工作，调查清楚他们在中国所犯的主要罪行。2月，最高人民检察院从全国抽调了近千名司法干部和日语翻译，集中在北京学习、集训两个月，然后组成侦讯工作团，奔赴抚顺、太原战犯管理所开展工作，并从近千名战犯中筛选出120名作为重点侦讯对象。

工作人员不畏艰苦，足迹遍及东三省乃至全国各地，对数万名幸存者和知情人进行了调查取证，同时查阅了封存多年的日伪档案和当时发行的报纸杂志。全部侦讯、调查工作从1954年4月至1955年10月，历时一年半，从而掌握了大量第一手材料和有力证据。事实表明，这批战犯自1931年"九一八"事变，至1945年8月15日日本投降这14年，罪行昭彰。关押在太原的日本战犯，既在日本侵华战争中犯罪，投降后又与阎锡山的军队勾结，继续进行侵略犯罪。大规模侦讯工作，为其后最高人民法院免予起诉所释放的1017名战犯奠定了基础。据此，侦讯工作团人员向最高人民检察院和最高人民法院提交了审判武部六藏、藤田茂等36名战犯名单，并提出对其中罪行特别严重的战犯从重处理的建议。

沈阳审判

全国人大常委会的《决定》对处理日本战犯的原则和有关事项作了具体规定，授权最高人民法院组织特别军事法庭对日本侵华战争罪犯进行审判。

特别军事法庭设在辽宁省沈阳市皇姑区黑龙江街的一座具有中国古典风格的建筑中，"中华人民共和国最高人民法院特别军事审判庭"的牌匾显得特别醒目。沈阳是"九一八"事变的发生地，日本侵华的罪恶就从这里开始。将审判战犯特别军事法庭设在这座充满历史沧桑、饱经战火袭扰的城市，具有特别的意义。

特别军事法庭共掌握28000余件控诉书、鉴定书和与本案有关的日伪档案8000余份。法庭坚持做到每一件起诉的罪行，都有大量可靠无误的证据、材料。前"满洲国"国务院总务厅长武部六藏和总务次长古海忠之，曾积极

🔺中华人民共和国最高人民法院特别军事法庭1956年6月9日起在沈阳开庭审判铃木启久等八名日本战犯。图为法庭对被告人进行宣判。

推行日本军国主义的侵华政策，使中国人民遭受了深重灾难。前日军第117师师团长铃木启久中将，指挥所属部队大肆血腥屠杀，制造了骇人听闻的"鲁家峪惨案"，还在长城两侧建立广达640平方公里的"无人区"，使田野、山岭瞬间变成一片焦土，整片土地变成人间地狱。前日军第59师团中将师团长藤田茂，在"秀岭一号"作战中，下令枪杀86名战俘，而在山东省安邑县上段村指挥大"扫荡"时，命令士兵将全村男女老少140余人全部杀害，同时残杀12名俘虏，将全村都烧掉。前"满洲国"宪兵训练处少将处长斋藤美夫，亲手制定奴役中国人民的政策和法令，推行"治安肃正"、"思想对策"等政策，在中国东北各地和广东等地抓捕抗日志士和居民达48172人，其中被杀的有5017人。前"满洲国"北安省、奉天省警务厅厅长兼地方保安局局长三宅秀也，是日本职业警察，为人凶残，他在抓捕中国爱国人士和刑讯逼供、残杀百姓等方面犯下了累累罪行，仅有案可稽的就有3900多人被他杀害致死，抗联英雄杨靖宇将军就是在他的指挥下被杀害的。

经过特别军事法庭调查、审理并确认，武部六藏、铃木启久等36名被告在侵华战争中分别犯有毁灭城镇乡村罪，进行间谍、特务活动罪，制造细菌武器罪，施放毒气罪，强奸妇女罪，侵略中国战争罪，虐待、屠杀战俘罪，违反人道罪等多种罪行。

1956年6月3日，最高人民检察院对武部六藏、铃木启久等45名日本战犯提起公诉，最高人民法院特别军事法庭于9日上午8时30分在沈阳开庭，公开审判铃木启久等八名日本战犯。在大量确凿的证据面前，被告纷纷低头认罪。在特别军事法庭庭审会场上，可以看到这样一幅画面：几乎所有被告都对自己的罪行供认不讳，深有认识，向原告表示真诚悔罪。

经过10天的公开审理，6月19日，特别军事法庭庭长袁光少将宣读审判书：判处铃木启久有期徒刑20年，判处藤田茂、上坂胜有期徒刑18年。

7月1日至7月20日，沈阳特别军事法庭公开审理了武部六藏等28名日本战犯。判处前日本"满洲国"国务院总务厅长官武部六藏、前日本伪满洲国宪兵训练处处长斋藤美夫少将有期徒刑20年；判处前日本"满洲国"国务院总务厅次长古海忠之有期徒刑18年。其余战犯也一一受到惩处。

对另外933名日本战犯，经最高人民检察院核准免予起诉，从宽处理。同年6月16日、7月18日和8月21日，这些战犯分三批由中国红十字会送交日本红十字会，乘日本"兴安丸"号客轮回国。而在中国服刑的日本战犯由于改造较好，1964年3月，中国政府决定将全部在押服刑的日本战犯予以特赦。至此，改造日本战犯的工作画上了一个句号。

太原审判

1952年6月，山西省人民检察署成立了"山西省日籍战犯罪行调查联合办公室"。7月，先后从各单位接收日本战争罪犯136名，属于军事系统65人，行政官吏27人，警宪特30人，其他14人。其中，有原日本关东军高级参谋、阎锡山西北实业公司顾问，曾阴谋策划"皇姑屯事件"，炸死张作霖和操纵控制山西经济命脉的河本大作；有杀害抗日英雄赵一曼的大野泰治；有原日伪山西省政府顾问辅佐官城野宏等。从1954年2月到1956年6月，经过两年多侦讯调查，为司法部门提起公诉、交付审判提供了大量人证物证。

日本投降后，第2战区司令长官阎锡山利令智昏，竟与曾经的敌人同流合污，私下收编驻山西日军残留官兵为其卖命。

1945年8月底，阎锡山在太原绥靖公署会见驻防山西的原日军第1军司令官澄田时，提出将"日本寄存武力于中国"，明确表示把山西境内的日军统一收编，照常驻扎原防地，协助第2战区共同"剿共"。澄田当然不敢如此胆大妄为，他表示如果只留部分可以考虑，但最好采取"个别发动"的办法，即私下与日军官兵达成交易。

作为山西受降主官，阎锡山有权处理辖区内的日军。他一意孤行，聘请澄田等日本将官作为第2战区"总顾问"或"副总顾问"，任命日军旅团长坂井少将为"太原市警备司令"。这样，对中国人民犯下滔天罪行的日军在投降后继续为非作歹。

阎锡山为了掩人耳目，将日军武器上的特别标志"菊花"去掉，打上"晋"字钢印，又将日军出操时将枪架起的情形，拍成照片后送报国民政府，瞒天过海，表示山西日军受降完毕。

由于阎锡山的"个别发动"和"残留运动"，至12月底，约有8000余名日军被留用。内战开始后，曾经在侵华战争中屠杀中国人民的日本官兵，又不同程度地卷入反共的内战中，继续屠杀中国人民。1949年太原解放后，残留的日军官兵被解放军俘获，移交公安机关关押。

1956年夏，在侦讯工作终结时，首先由最高人民检察院对山西在押的次要和悔罪表现较好的120名日本战犯宣布免于起诉。嗣后，交由中国红十字会遣送他们从天津分批乘"兴安丸"轮船归国。在这期间，经最高人民检察院审查确定，关押在山西的日本战犯中，有九人将被起诉。

6月10日至11日，最高人民检察院对富永顺太郎提起公诉，公开审理。特别军事法庭设在山西太原市海子边大礼堂，旁听代表有4000余人。

审判长朱耀堂宣布开庭，首先审判犯有侵略战争罪和特务间谍罪的富永顺太郎，由公诉人控诉了他所犯的罪行。最后，法庭判处富永顺太郎有期徒刑20年。

6月12日至20日，特别军事法庭依照审讯程序，对犯有侵华战争罪的前日本军政人员城野宏等八名战犯，逐个进行了审判。

审理后法庭认定：这些被告分别以日本军政官员等各种身份，参加了侵略中国的战争，违背了国际法准则和人道原则，是犯有严重罪行的战犯。日本投降后，他们又犯有"残留"山西，参加阎锡山部队，反对中国人民解放战争，并妄图寻机复活日本军国主义的罪行。这些战犯多数是曾驻扎在山西各地的前日军指挥官，有的是命令或指挥所属部队残杀平民，制造了骇人听闻的惨案；有的是命令所属部队或亲自俘房、杀害中国抗日军民；有的命令部队烧毁平民房屋，大肆抢劫、掠夺财物。

特别军事法庭经过九天的庭审，对八名日本战犯做出了最后判决。判决城野宏有期徒刑18年；相桌圭15年；菊地修一、永富博之、大业泰治各13年；住冈义一、笠实各11年；神野文吉8年。

新中国成立后对日本战犯的宣判及改造，起到了很好的效用。这些战犯后来被释放回到日本，他们中相当一部分人以亲身的经历告诫国人，力主日中修好，同时，与日本右翼展开坚决的斗争，为增进日中友好往来，做了大量有益的工作。